U0910826

中央财政支持地方高校发展专项资金项目

贵州省区域内一流学科建设项目

贵州省特色重点学科建设项目

贵州省科技厅软科学项目“贵州省社会养老服务体系研究”（编号：黔科合体R字[2012]LKC2010号）

21世纪中国地方公共治理现代化研究

欠发达地区老年人生活质量与社会养老服务体系研究

王武林 著

中国社会科学出版社

图书在版编目（CIP）数据

欠发达地区老年人生活质量与社会养老服务体系研究/王武林著.—北京：中国社会科学出版社，2017.12
ISBN 978 - 7 - 5203 - 1451 - 0

Ⅰ.①欠… Ⅱ.①王… Ⅲ.①不发达地区—农村—老年人—生活质量—研究—中国②不发达地区—养老—社会服务—研究—中国
Ⅳ.①D669.6

中国版本图书馆 CIP 数据核字(2017)第 279271 号

出 版 人　赵剑英
责任编辑　刘晓红
责任校对　周晓东
责任印制　戴　宽

出　　版　中国社会科学出版社
社　　址　北京鼓楼西大街甲 158 号
邮　　编　100720
网　　址　http：//www.csspw.cn
发 行 部　010 - 84083685
门 市 部　010 - 84029450
经　　销　新华书店及其他书店

印　　刷　北京明恒达印务有限公司
装　　订　廊坊市广阳区广增装订厂
版　　次　2017 年 12 月第 1 版
印　　次　2017 年 12 月第 1 次印刷

开　　本　710 × 1000　1/16
印　　张　15.75
插　　页　2
字　　数　215 千字
定　　价　69.00 元

凡购买中国社会科学出版社图书，如有质量问题请与本社营销中心联系调换
电话：010 - 84083683

目　录

第一章　绪论

第一节　研究背景

中国人口老龄化程度日益加深，老年人口规模不断扩大，老龄问题错综复杂。截至2016年年底，中国60岁及以上的老年人口达到23086万人，占总人口的16.7%；65岁及以上的老年人口达15003万人，占总人口的10.8%①，其中失能老人、半失能老人约为4063万人，占老年人口的18.3%②。预计到2020年，中国60岁以上老年人口将增加到2.55亿人左右，占总人口比重提升到17.8%左右；高龄老年人将增加到2900万人左右，独居和空巢老年人将增加到1.18亿人左右，老年抚养比将提高到28%左右③。可见，中国人口老龄化速度日益严重，老龄问题亟待解决。积极应对人口老龄化已经成为从中央到地方的共识。

中国老龄事业发展“十一五”规划纲要指出：和“十五”期间相比，我国人口老龄化具有增长速度加快、数量增大、高龄化更加显著、农村老龄问题突出、城乡和地区之间老龄化程度差异扩大等

---

① 民政部：《中华人民共和国2016年社会服务发展统计公报》，2017年8月3日。

② 全国老龄办、民政部、财政部：《第四次中国城乡老年人生活状况抽样调查结果》，2016年10月9日。

③ 国务院：《国务院关于印发“十三五”国家老龄事业发展和养老体系建设规划的通知》（国发〔2017〕13号），2017年3月6日。

特点；同时还提出，要未雨绸缪，抓住有利机遇，坚持以人为本，贯彻落实科学发展观，加快发展老龄事业，认真解决人口老龄化带来的各种矛盾和问题，提高老年人的生命生活质量，为平稳度过人口老龄化挑战最严峻时期打下坚实基础①。2011 年，国务院办公厅发布的《中国老龄事业发展“十二五”规划》中指出：维护老年人的生活质量与生命尊严，杜绝歧视、虐待老年人现象；充分发挥家庭和社区功能，着力巩固家庭养老地位，优先发展社会养老服务，构建居家为基础、社区为依托、机构为支撑的社会养老服务体系，创建中国特色的新型养老模式。② 2017 年 2 月，国务院印发《“十三五”国家老龄事业发展和养老体系建设规划》指出：“十三五”时期，我国人口老龄化仍快速发展，并与经济发展新常态和社会转型相交织，与工业化、城镇化加速发展相伴随，与家庭小型化、少子化相叠加，针对我国当前老龄事业发展和养老体系建设的短板，应着力完善老龄政策制度，如健全医疗保险制度，探索建立长期护理保险制度等；加强老年人生活保障和服务供给，改善老龄事业发展和养老体系建设支撑条件，确保全体老年人共享全面建成小康社会新成果。中国人口老龄化的一个显著特点是城乡倒置显著，这种城乡倒置的状况将一直持续到2040 年，与城市相比，农村老龄问题的压力更大③。因此，中国人口和计划生育委员会在全国“十一五”人口和计划生育事业发展规划中将积极应对人口老龄化作为“十一五”的主要工作任务之一④。研究老年人生活质量和社会养老服务体系构建是积极应对人口老龄化的重要措施。

---

① 全国老龄工作委员会办公室：《中国老龄事业发展“十一五”规划纲要》，www. chelder. com. cn，2006 年 8 月。

② 国务院办公厅：《国务院关于印发中国老龄事业发展“十二五”规划的通知》（国发〔2011〕28 号），中央政府门户网站，http：//www. gov. cn/zwgk/2011 -09/23/content_ 1954782. htm，2011 年 9 月 23 日。

③ 全国老龄工作委员会办公室：《中国人口老龄化发展趋势预测研究报告》，中国网，2006 年 2 月 24 日。

④ 人口和计划生育委员会：《全国“十一五”人口和计划生育事业发展规划》，2006 年 12 月 28 日。

生活质量是对社会中人们总体生活质量优劣的综合描述，是衡量一个社会整体发展水平的重要指标。自新中国成立尤其是改革开放以来，全国人民的健康水平、物质生活水平等不断提高，但由于经济发展的不平衡性，城乡长期存在二元结构，导致城乡差距不断扩大。与城市居民相比，农村居民受自身条件、生活环境、经济发展水平等多种因素的制约，生活质量相对较低，城乡居民生活质量差距明显。研究作为弱势人口群体的老年人的生活质量是一个非常有意义的课题，特别是在当前社会转型时期人口老龄化加快以及老龄问题日益突出、社会保障制度和养老体系尚未健全和完善等背景下。老年人生活质量的评价是社会养老保障决策过程中的重要依据，通过研究，可以为制定改善和提高老年人生活质量的政策提供决策依据和参考。

综观以往研究，为改善老年人的生活质量，学者对老年人生活质量进行了研究，他们多侧重于老年人生活质量指标体系的建立与量表的开发应用，多从医学的角度探讨影响老年人生活质量的因素。选用“生活质量”为关键词进行检索，从中国期刊网共检索到1995—2000 年论文 275 篇，其中研究老年人生活质量的有 35 篇，占 12.7%，在研究老年人生活质量的论文中，以城市老年人为研究对象的有 11 篇，占 31.4%；以农村老年人为研究对象的有 2 篇，占 5.7%。选用“老年人生活质量”为关键词进行检索，共检索到2001—2005 年论文 99 篇，其中以城市老年人为研究对象的有 28 篇，占 28.3%；以农村老年人为研究对象的有 11 篇，占 11.1%。这些论文主要发表在《中国老年学杂志》《中国社会医学》上，还有《中华老年医学杂志》《中国慢性病控制与预防》《中国心理卫生》《中国康复医学》《中华预防医学杂志》等。

可见，对老年人生活质量的研究正在不断增多，为开展老年人生活质量研究积累了丰富理论和数据。生活质量研究表现出地区上以经济发达地区为主，研究对象上以城市老年人为主，研究视角上以医学角度为主的特点。进入 21 世纪研究老年人生活质量的论著数量在不断增多，但在研究对象上，城市老年人比农村老年人高出2.5倍。

数据表明，经济欠发达的贵州已经步入了人口老龄化的行列，是“未富先老”的典型。2010年第六次全国人口普查数据结果表明，贵州省65岁及以上的人口占全省总人口的8.71%①，显示贵州省已进入老龄化社会；2016年年末，65岁及以上人口为366.88万人，比上年增加6.97万人，占总人口的10.3%，提高了0.12个百分点。老龄人口比重的不断上升导致老年抚养比的持续上升，2016年，贵州省老年抚养比为15.31%，比上年上升了0.22个百分点。

从城乡来看，贵州省老龄化表现为农村高于城镇，大中城市、中心城区人口老龄化加剧并呈高龄化趋势。“六普”资料显示，2010年城镇60岁以上的老龄人口所占比重为10.59%，而农村则占13.99%，农村高于城市3.4%；贵阳市60岁及以上人口占总人口的比例为11.9%，65岁及以上人口占总人口的比例为8.05%；截至2017年4月，贵阳市户籍60岁及以上老年人总数达到63.3万人，比上年净增4万人，占常住人口的15.74%②，比2016年高1.53%，老龄化率达16.05%③。根据近年人口普查数据推测，有关专家认为，按照国际通行的“一个地区60岁以上老年人口占当地总人口的10%即进入老龄化社会的标准”，贵阳市人口年龄早已步入老龄化社会，且老龄化程度逐年加深。预计到2020年，贵阳市60岁以上老年人口数至少将超过70万人；到2030年，老年人将达到87.87万人，占15.02%④。未来二三十年贵阳市人口老龄化速度非常快，人口老龄化势必将加重老龄人口问题。因此，在当前家庭规模小型化、核心化等背景下，研究老年人生活质量具有重要的现

① 国家统计局：《第六次人口普查数据》，中国统计出版社2010年版。

② 贵州省统计局：《2016年贵州省人口变化调查统计报告》，贵州统计信息网，2017年5月25日。

③ 曾秦：《60岁以上老年人，今年比去年增加4万人！贵阳早已步入老龄化社会，程度逐渐加深》，《贵阳晚报》2017年4月21日。

④ 方正伟：《贵阳进入老龄化 65岁以上近40万》，金黔在线，2006年4月25日。

实意义。

以往研究表明，贵州省老年人生活质量研究最早开始于20世纪90年代，直到目前为止，此类研究的相关论文极少。数据的缺乏，给贵州省相关部门研究老龄问题、制订老龄工作规划、制定老龄政策、发展老龄事业等造成了极大的不便，影响到老龄政策法规的制定和农村老龄组织设置，影响到老龄工作有效、稳定、持续、健康的开展，不利于充分团结和调动一切可以团结和调动的力量，不利于充分发挥各级政府的积极性和主动性，积极应对人口老龄化，从而影响构建和谐社会的进程。

因此，在贵州省老龄化速度加快发展的趋势下，老年人的生活质量现状如何？生活质量是优是劣？生活质量的优劣程度？影响生活质量优劣的因素是什么？应当采取什么措施有效利用和合理配置现有资源来改善和提高老年人的生活质量？等等，是贵州省跨入21世纪，进入老龄化社会和构建社会主义和谐社会必将面临和需要解决的问题。

同时，作为经济欠发达省份，在人口老龄化快速发展的背景下，贵州省社会养老服务体系建设滞后，这方面的理论研究和实践研究均有待深化。

2010年，贵州省人口老龄化程度位列全国第十三位，在西部十二省份中位列第四；2015年，全省60岁及以上人口534.01万人，占总人口的比重为15.10%，比2010年第六次人口普查高2.25个百分点，高于全国1.28个百分点[①]；截至2016年年底，全省共有60岁及以上的户籍老年人口560万，占全省总人口的13%。随着全省人口老龄化进程加快，老年人的生活照料、医疗健康、精神文化等需求日益凸显，养老服务问题日趋严峻。加快推进全省社会养老服务体系建设，是贯彻落实科学发展观、应对人口老龄化、全面建

① 贵州省统计局：《2015年贵州省1%人口抽样调查主要数据公报》，2016年4月28日。

设小康社会的内在要求，是加快推进以改善民生为重点的社会建设、构建和谐社会的重要内容，是老年人生活质量的制度保障。对此，贵州省在“十二五”规划纲要中提出“积极应对人口老龄化问题”，颁布《贵州省关于加快推进社会养老服务体系建设的意见》，并在《贵州省社会养老服务体系建设规划（2011—2015）》中提出“全面推进居家养老服务和大力发展社区照料服务”，国务院在颁布的《国务院关于进一步促进贵州经济社会又好又快发展的若干意见》中提出“加强社会福利和养老机构基础设施建设”。可见，贵州老龄问题和应对人口老龄化已经引起省委、省政府的高度重视。

对我国养老服务体系的建设，部分学者作了一定的研究。有学者认为，我国当前“以居家养老为基础、社区服务为依托、机构养老为支撑”的社会养老服务体系表述，没有揭示养老服务的本质特点，存在着核心功能不够明确、目标人群较为模糊、内部诸要素呼应性较差、运行机制开放性不足等问题，在实践中也碰到了一些困难；并从需要理论和系统论出发将社会养老服务体系重构为“为老人提供有效照护，以居家为基础，机构为支撑，社区为平台，社会服务为依托”。有学者从系统理论和增权理论提出改善养老问题和推动社会养老服务事业发展的社会意义和价值，注重对社会养老服务体系的意义和价值的研究。有学者强调养老机构在社会养老服务体系中的作用与功能，提出了清晰定位并再造机构职能，使机构养老服务在承担集中供养及照护服务的同时，对居家养老提供示范和支持，实现机构与家庭、社区的互联互通，从而促进社会养老服务体系的科学发展。另外，有学者还从《社会养老服务体系建设规划（2011—2015）》出发，结合区域实际，对社会养老服务体系建设的条件、原则、目标等提出了具体的要求。

从国内已有研究来看，目前的研究主要集中于对社会养老服务体系内涵、意义和价值、建立目标、建立原则等方面，并以《社会养老服务体系建设规划（2011—2015）》为指导。已有研究既有全国性的，也有区域性的，但缺少对经济欠发达的民族地区的社会养老服务体系的研究。民族地区在建设社会养老服务体系过程中将面临哪些问题？如何建设？建设目标和原则是否与经济发达地区相同？在社会养老服务体系建设过程中，如何评估需求、如何评估质量、如何监督？这些问题目前还没有找到答案，而这些问题的回答将有利于欠发达地区社会养老服务体系建设。因此，以贵州省为例研究社会养老服务体系建设具有代表性和针对性，将为民族地区和经济欠发达地区起到一定的示范作用。

首先，构建社会养老服务体系是老龄社会发展的必然要求。在全国人口老龄化快速发展的背景下，贵州省人口老龄化受大量年轻劳动力流出的影响，人口老龄化速度加快，人口老龄化水平超过了中部甚至是东部一些省份。例如，2010 年，贵州省 65 岁及以上老年人口比例达到 8.57%，已经超过发达地区天津的 8.52%，接近北京市的 8.7%。近年来，虽然贵州省经济发展速度位居全国前列，但经济总量小，经济社会发展水平远远滞后于中部和东部发达地区的省份，面临的人口老龄化挑战和压力更大。近年来，从中央到地方，各级政府高度重视人口老龄化的发展以及老龄问题的解决。因此，老龄社会的现实迫切需要建立和完善社会养老服务体系，应对严峻而复杂的老龄形势。这不仅是响应中央积极应对人口老龄化战略的要求，而且也是一件重大的民生工程，符合广大老年群体的现实需要。

其次，建立和完善社会养老服务体系是老年人生活质量的保障。人口老龄化速度快、老龄化程度高、老年人口规模大是人口老龄化的基本特征。老年人口规模大，老年人口的需求具有多样性和层次性，特别是对各类养老服务的需求，这就要求建立和完善社会养老服务体系，满足老年人的养老服务需求。只有构建了完备的社会养老服务体系，才能为老年人生活提供各类服务，才能保障老年人的生活质量。社会养老服务体系能为老年人提供医疗健康服务、照料服务、文化娱乐服务、教育服务、维权服务、家务劳动服务、再就业服务、心理健康服务等，服务的社会性、福利性和非营利性，以及服务的多样性和专业性，为保障老年人生活质量构建了一个全方位、立体化的服务网络体系，满足了老年人的社会养老服务需求。

因此，研究老年人的生活质量和社会养老服务体系是欠发达地区人口老龄化快速发展的需要，是积极应对人口老龄化的需要，是贯彻中央有关老龄工作要求和精神的需要。

第二节　研究目的与意义

本书的主要研究目的是深入分析欠发达地区老年人生活质量现状、影响因素以及社会养老服务体系的现状、问题和建设路径。在对已有文献进行梳理的基础上，借助国内外研究的理论与实践，立足于当地实际，通过对老年人生活质量和养老服务体系的实地调查，描述老年人生活质量和社会养老服务体系的现状，揭示影响老年人生活质量的主要因素，发现社会养老服务体系存在的问题，探索提高老年人生活质量和构建社会养老服务体系的措施与方法，为制定相关政策提供科学依据和参考。

虽然近年来贵州省老龄事业取得了一定成绩，老年人的生活质量有所提高，社会养老服务体系已初步形成，但是，随着贵州省人口老龄化加速发展，高龄老人、空巢老人、失能和半失能老人日益增多，老年人需求多样化，社会养老服务体系建设滞后，人口老龄化表现出来的新现象、新问题与新特征对贵州省老龄工作提出了新挑战。因此，积极应对人口老龄化成为“十三五”时期的重大任务，人口老龄化现状及特征迫切需要建立和完善社会养老服务体系，切实解决人口老龄化带来的诸多问题，为提高和改善老年人生活质量打下坚实基础。

本书的基本观点包括以下方面：

（1）社会养老服务体系构建是老年人生活质量的有力保障。

（2）老年人生活质量的优劣与社会养老服务体系的完备有关。

（3）在贵州省颁布《贵州省关于加快推进社会养老服务体系建设的意见》后，对社会养老服务体系进行系统研究与论证，提出社会养老服务建设的目标。

（4）解决老龄问题已经超出家庭传统功能，社会养老服务体系建设并非否定家庭养老的功能，而是如何整合资源，更好地发挥家庭在养老中的作用与功能。

（5）老龄问题内涵不仅仅是养老，而且还包括生活照料、医疗健康、精神慰藉等。因此，社会养老服务体系框架设计必须包括政策法规、资金建设、人才培养、需求评估体系、质量评估和监督体系、资源整合和信息化建设等内容。

在贵州进入人口老龄化社会、人口老龄化快速发展的背景下，研究老年人的生活质量和社会养老服务体系构建有着重要的现实意义和理论价值。将欠发达地区老年人的生活质量和社会养老服务体系结合在一起进行研究，不仅对破解欠发达地区面临的严峻老龄问题具有重要的理论意义，而且对做好欠发达地区的老龄事业有重要的现实意义。通过评价老年人生活质量的优劣，揭示影响农村老年人生活质量的因素，不仅可以全面反映老年人生活质量的现状，而且为构建社会养老服务体系指明了方向，为政府有关部门制定和完善老龄政策提供决策参考和依据，使老龄事业健康持续发展，从而加快实现健康老龄化和积极老龄化的目标；同时，对贵州统筹解决新时期人口问题和构建和谐社会也有重大现实意义。

第三节　研究主要内容

我国已经进入老龄时代，老年人口规模不断扩大，老龄化程度不断加深，老龄问题成为“十三五”及未来一段时间我国面临的重大社会问题之一，贵州也概莫能外。2016 年年初，中共中央总书记习近平对加强老龄工作作出重要指示：有效应对我国人口老龄化，事关国家发展全局，事关亿万百姓福祉；要立足当前、着眼长远，加强顶层设计，完善生育、就业、养老等重大政策和制度，做到及时应对、科学应对、综合应对；此事要提上重要议事日程。在中共中央政治局2016年5月27日就我国人口老龄化的形势和对策举行的第三十二次集体学习会议上，习总书记再次强调：坚持党委领导、政府主导、社会参与、全民行动相结合，坚持应对人口老龄化和促进经济社会发展相结合，坚持满足老年人需求和解决人口老龄化问题相结合，努力挖掘人口老龄化给国家发展带来的活力和机遇，努力满足老年人日益增长的物质文化需求，推动老龄事业全面协调可持续发展。国务院总理李克强也指出：要围绕科学应对人口老龄化问题，结合“十三五”规划编制实施，抓紧研究提出相关政策建议，并注重可操作性。由此可见，人口老龄化和老龄问题已经受到中央政府的高度重视，积极应对人口老龄化挑战已经成为“十三五”的重要任务。社会养老服务体系建设被党中央提到了前所未有的高度。由此可见社会养老服务体系建设的紧迫性。

贵州地处我国西部，是一个多民族经济欠发达的省份。2015年，贵州65岁及以上人口为360.01万人，占总人口的10.20%，比重高于2010年第六次普查数据1.63个百分点，高于全国1.28个百分点；截至2016年年底，全省共有60岁及以上的户籍老年人口560万，占全省总人口的13%。贵州人口老龄化程度高，老龄问题突出。针对贵州老龄问题突出的现状，贵州在“十二五”期间已经提出要“积极应对人口老龄化问题”，并颁布《贵州省关于加快推进社会养老服务体系建设的意见》，在国务院颁布的《国务院关于进一步促进贵州经济社会又好又快发展的若干意见》中提出“加强社会福利和养老机构基础设施建设”。可见，贵州老龄问题和应对人口老龄化已经引起省委、省政府的高度重视。因此，贵州省老年人生活质量和社会养老服务体系研究具有重要的现实意义，为应对人口老龄化问题提供政策参考；同时，民族地区社会养老服务体系的构建也是对养老服务体系建设的理论探讨，具有重要的理论意义。

近年来，贵州省老龄事业取得了很大成绩，居家养老全面推进，社区养老网络正在建立，养老机构获得发展。但是，随着贵州省人口老龄化的快速发展，高龄老人、空巢老人、失能和半失能老人日益增多，老年人的需求也日益多样化，社会养老服务体系建设还存在着与新形势和新需求不相适应的地方，为了适应新形势，满足老年人的需求，迫切需要建立社会养老服务体系。贵州省人口老龄化表现出来的新现象、新问题与新特征对贵州省老龄工作提出了新挑战，积极应对人口老龄化成为“十三五”时期的重大任务。结合贵州省实际情况构建社会养老服务体系，切实解决人口老龄化带来的诸多问题，是积极应对人口老龄化、改善老年人生活质量的必然要求。因此，评估老年人的生活质量、构建社会养老服务体系是本书的研究目标。

紧紧围绕研究目标，本书的主要研究内容包括：

（1）贵州省老年人生活质量的现状评价；

（2）贵州省老年人生活质量的影响因素；

（3）提高贵州省老年人生活质量的对策建议；

（4）社会养老服务体系国内研究现状以及内涵界定；

（5）老年人社会养老服务需求的现状与社区社会养老服务的供给现状；

（6）老年人社会养老服务需求与社区社会养老服务供给之间的差距及原因；

（7）从需求与供给的角度提出社会养老服务体系建设的目标，构建社会养老服务体系的框架；

（8）提出社会养老服务体系的建设路径；从社会养老服务的政策法规、资金建设、人才培养、需求评估、质量评估和监督体系、资源整合和信息化建设等方面进行制度设计。

本书拟解决的关键问题有四个：第一，贵州省老年人的生活质量及影响因素；第二，社会养老服务体系必须符合贵州省经济社会发展的实际情况；第三，社会养老服务体系建设目标；第四，贵州社会养老服务体系建设框架及路径。

第四节　研究思路

本书在对老年人生活质量和养老服务体系进行调研的基础上，评估老年人的生活质量，揭示老年人生活质量的影响因素，分析老年人口社会养老服务需求类型、需求程度、需求差异，深入认识社会养老服务体系对应对老龄问题、改善老年人口生活质量的重要意义。在此基础上，界定社会养老服务的内涵，提出建设社会养老服务体系的目标；最后，从政策法规、资金建设、人才培养、需求评估、质量评估和监督体系、资源整合和信息化建设等角度对贵州省社会养老服务体系进行制度设计。因此，本书的研究框架如图 1 -1 所示。

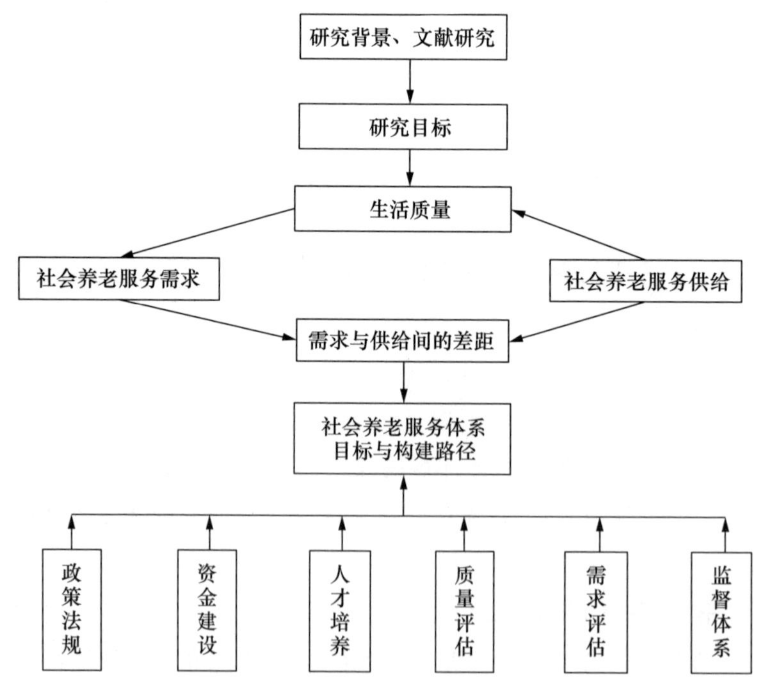

图 1 -1　贵州省社会养老服务体系研究框架

第五节　研究方法

为确保本书研究的系统性、整体性和科学性，本书将采用质性研究与定量研究相结合的方法，具体采用问卷、访谈与观察的调查方法，注重理论研究与实证研究相结合。定量研究的目的主要是评估老年人的生活质量及影响因素和老年人养老服务需求，获取老年人口社会服务需求类型、需求程度、需求差异等。定性研究目的主要是对老龄工作相关部门与机构进行调研，分析当前养老服务体系的经验与不足，分析政策法规、资金建设、人才培养等方面存在的问题。

1. 具体研究方法和研究对象

本书主要采用文献调查法、问卷调查和访谈法、定性和定量相结合、比较和描述分析、单因素分析和多因素分析相结合等方法。本书的研究对象是：在调查地居住 3 年以上的 60 岁及以上的老年人。

2. 抽样方法

对老年人生活质量和社会养老服务体系现状的调查分别独立进行。在老年人生活质量调查方面，首先，根据经济发展水平，将不同乡镇分为经济发展水平高、中、低三类，然后从每一个类中随机抽取一个乡（镇、办事处），共 3 个；其次，将抽中的乡（镇、办事处）的行政村按经济发展水平分为好中差三类，然后从每类中抽出一个行政村，每个乡（镇、办事处）抽 3 个行政村，共 9 个行政村；最后，从抽中的乡（镇、办事处）人口计生站获取抽中行政村≥60 岁的老年人名单，以人为单位编制抽样框，用等距抽样方法，从抽中的每个行政村分别抽取 75 人，共 675 人。

在社会养老服务体系调查方面，数据收集主要采用问卷调查法，调查对象是在调查地居住 3 年以上的 60 岁及以上的老年人，调查涉及老年人的基本情况、健康状况、社会保障情况、收入与支出情况、养老服务设施情况、养老意愿与养老需求等方面的内容。课题组成员在相关社区工作人员的陪同下随机抽取老年人进行问卷调查。

3. 研究工具和调查人员

此次研究主要采用问卷入户访谈的调查方法收集原始研究资料，因此，问卷质量关系到研究成果及研究价值。在问卷设计、编制过程中，对以往国内同类研究作了广泛参考，咨询相关专家及科研人员，与课题组成员对每项指标进行讨论；问卷初稿编制出来后，选择部分老年人进行了试调查，之后对问卷进行了修订、补充和完善，最后定稿。

调查员由研究生和本科生组成，进行现场调查前，对参加调查的调查员进行统一培训，以求达到对标准和认识的统一，了解问卷的结构、交流访谈方式和访谈技巧，使每位调查员对问卷结构和指标都有较完整和正确的理解，最大限度地减少非抽样误差。如在调查中发现问题，调查员需要做好相应记录，保证调查结果的真实性和可靠性。

4. 调查过程

在老年人生活质量调研方面，按抽样方案最后抽取了 QX 街道（高）、MG 乡（中）和 JA 乡（低）作为调查地点。课题组对抽取的两个乡和一个街道办事处的 9 个村的 675 位老年人进行入户问卷调查，整个调查历时 5 个月。最后共回收有效问卷 644 份，占调查样本总数的 95.4%。在入户调查过程中，若抽中的家庭有两位老年人，则访问一位；若仅有一位，则只访问一位。若在调查当天未遇到抽中的调查对象，则抽取其他老年人代替。在社会养老服务体系调查方面，共调查 650 人，其中有效问卷 627 份，占 96.5%。最终，两项调查共计调查老年人 1325 人，有效问卷 1271 份，占 95.9%。

调查从每天上午 8：30 持续到下午 6：00 左右，六人分成三个调查小组，在街道办事处和村委会工作人员的陪同下进行。在调查过程中，对每位老年人均进行入户问卷调查，充分了解其生活各方面状况，对问卷中未涉及而又是老年人比较突出的问题，做了详细记录。每天调查结束后，组织调查员进行讨论，综合情况，整理资料，交流经验，写调查日志等，争取及时、全面地记录最珍贵的第一手调查资料。

5. 资料收集、整理、统计分析

两项调查收集到的资料有：乡镇基本概况、宣传材料、政府工作报告及报表、发展规划或计划、老龄工作报告和资料、相关政策和文件、统计年鉴、回收问卷等。问卷经审核、检验、编码后，统一录入，数据最后使用 SPSS 软件进行统计分析。

第二章 老年人生活质量与社会养老服务体系研究评述

第一节 国外老年人生活质量及评价标准理论回顾

“生活质量”（Quality of Life）作为一个社会学概念，是20世纪50年代美国经济学家加尔布雷斯（J. K. Calbraith）在其所著的《富裕社会》一书中首次提出[①]；加尔布雷斯于1967年和1973年分别发表了《新工业国》和《经济学和公共目标》两本著作，其中他指出经济增长已经不是社会的迫切需要，国民生产总值日益失去衡量社会发展程度的价值，现在所追求的是和谐、悠闲和有保障的生活。实质上，生活质量研究还可以追溯到1927年，在威廉·奥格博（William Ogburn）的领导下，胡佛研究中心1933年发表了《近期美国社会动向》专著，专门讨论和报道美国生活各方面的动向；在以后20年左右的时间里，奥格博的学生在“社会动向”的研究领域发表了许多重要论著，这类研究逐渐发展成为两大主流：社会指标的研究和生活质量的研究[②]。

20世纪50—60年代是生活质量研究的成熟期，生活质量的研

① 冯立天主编：《中国人口生活质量研究》，北京经济学院出版社1992年版。

② ［美］林南等：《生活质量的结构与指标》，《社会学研究》1987年第6期。

究在美国各地蓬勃开展。1957 年密歇根大学的古瑞、威若夫（Veroff）和费尔德（Felcd）联合几个大专院校作了一次全国随机抽样调查，主要研究美国民众的精神健康和幸福感①。海德雷·坎吹尔（Hadley Cantril）1965 年发表了 13 国（包括美国）关于生活满意度和良好感觉的比较研究结果；与此同时，诺曼·布拉德本（Norman Bradburn）也在一项全国民意调查中研究了国家民众的幸福感②。

美国哈佛大学的鲍尔教授 1964 年主编了《社会指标》论文集，着重研究了国家的空间计划对美国社会的间接影响，在论文中他首先正式使用“生活质量”这个术语③。这一研究成果激起了人们对生活质量这一领域的广泛重视。

20 世纪 70 年代，坎贝尔、康维斯（E. Converse）和罗杰（Rodger）作了一项全国抽样调查，主要研究美国社会的生活质量，重点放在对生活整体的满意度及对 13 个生活具体方面满意度的研究上④。美国著名经济学家萨缪尔森（Paul A. Samuelson）在其所著《经济学》修订版中专用一章论述生活质量问题。他认为如果政府和个人真正想要改善生活质量，就应当牺牲一些 GNP，来取得更多的 NEW（经济净福利）⑤。罗斯托在他 1971 年出版的《政治和增长阶段》（*Politics and the Stages of Growth*）一书中深入地探索了生活质量问题，正式提出了“生活质量”的概念，将对生活质量的追求作为经济增长的最后一个阶段⑥。

1975 年，大卫·莫里斯（M. D. Morris）指导下的海外发展委员会（ODC）在其发表的《莫里斯全球社会估价模式》中，将“生活质量”作为衡量社会经济发展的社会指数名称，即“物质生活质量

---

① Gurin Gerald, Veroff, Felcd, *Americans View Their Mental Health*, New York inc Books, 1960.

② 易松国：《生活质量研究进展综述》，《深圳大学学报》1998 年第 1 期。

③ W. W. Rostow, *Politics and the Stages of Growth*, Cambridge, 1971.

④ ［美］林南等：《生活质量的结构与指标》，《社会学研究》1987 年第 6 期。

⑤ 冯立天主编：《中国人口生活质量研究》，北京经济学院出版社 1992 年版。

⑥ W. W. Rostow, *Politics and the Stages of Growth*, Cambridge, 1971.

指数”（PQLI）[①]。此后，国外类似研究层出不穷，并确立了一系列测量生活质量的指标体系。

以美国为主的西方发达国家的学者大都从主观感受方面来理解生活质量，因而他们主要用反映人们生活态度和满意度的主观指标来测量与评估生活质量。有的则从影响人们物质和精神生活的客观条件方面来理解，因此，在测量与评估时也都主要运用衣、食、住、行等反映人们生活条件的客观指标。

伴随着社会经济的不断发展，生活质量研究涉及不同的学科领域，如医学、经济学、社会学、心理学等，由于研究的角度不同，因此在生活质量研究方面形成了不同研究理论。

目前，国外对生活质量的研究已经相当发达。对“生活质量”的研究开始从理论转向应用阶段，研究重点转到测定和评估“生活质量”的社会指标研究上。

第二节　国内老年人生活质量及评价标准理论回顾

随着我国经济社会的发展，人民生活水平的不断提高，我国学者在20世纪70年代后期对生活质量作过理论上的探讨，但大规模经验研究是从20世纪80年代中期以后开始的，而且起初大多是致力于探讨生活质量的评估指标和研究方法。多限于北京、上海、广东等大城市特殊人群的生活质量研究，自20世纪90年代以来有关老年人生活质量的研究才逐渐增多，但研究表现出地区差异。国内对生活质量的研究主要集中在以下几个方面：

首先，对生活质量内涵及指标体系的研究。如北京市社会科学院承担的“首都社会发展战略研究”课题，该课题组在其“首都社

① 冯立天、戴星翼主编：《中国人口生活质量再研究》，高等教育出版社1996年版。

会发展指标及其评估方法”一文中指出，“生活质量是全面衡量生活优劣的尺度，既有物质水平的提高，又有精神道德的内容，物质条件是生活质量的基础，生活质量的提高又促进物质生产的发展”①。美国社会学家林南教授和天津社会科学院社会学所合作在天津市进行了千户居民生活质量问卷调查，他们采用因素分析法和结构模式分析法，通过测量人们对生活各方面的感受和满意程度，提出了一系列生活质量结构与指标模式②。林南与上海社会科学院社会学所合作在上海市进行了一次关于市民生活的千户居民调查，并根据问卷调查资料，建立了关于社会指标与生活质量的结构模型③。复旦大学人口所、南京大学人口所、北京大学经济学院人口所等共同组成的“中国人口生活质量比较研究”课题组在北京召集全国性生活质量学术研讨会，就生活质量的定义、指标以及评估方法等进行了全面的探讨，并于1992年出版了第一部关于生活质量研究的专著——《中国人口生活质量研究》④。这部著作比较全面地反映了我国在生活质量评估指标与方法研究上的成果。

其次，引进、研制和开发各种评价量表，不断完善生活质量的研究方法。国内开展生活质量研究明显晚于国外，因此，研究方法在借鉴国外以往研究的基础上，不断探索新的研究方法，同时开发研制适用于本国国情和文化社会特征的量表，并取得了丰硕的研究成果。如中华医学会老年医学学会流行病学组于1994年制定的老年人生活质量内容及评价标准建议，李凌江、杨德森等参考国内外生活质量问卷编制的QOL—74量表，可以用作社区普通人群生活质量调查。

最后，对不同地区、不同人口群体生活质量进行研究。我国学

---

① 叶南客:《社会发展的新内涵：国内外“生活质量”研究简述》,《社会科学述评》1990年第4期。

② ［美］林南等:《生活质量的结构与指标》,《社会学研究》1987年第6期。

③ 易松国:《生活质量研究进展综述》,《深圳大学学报》1998年第1期。

④ 冯立天主编:《中国人口生活质量研究》，北京经济学院出版社1992年版。

者自开展生活质量研究以来，陆续对城市、农村、老年人、退休干部、知识分子和老年妇女等群体进行研究，并提出了改善生活质量的对策。这为开展人口生活质量研究积累了丰富的科学数据和资料。

此外，一些学者对生活质量的某一侧面或不同区域、不同层次人口、特殊群体的生活质量进行专门研究，另一些学者从不同的侧面对生活质量研究进行了总结和讨论。

国内对生活质量的研究已逐渐从把生活质量作为社会发展的局部指标转向将其作为社会发展的标识，即核心指标来研究；注重从主、客观两个方面来研究生活质量，而在欠发达地区，生活质量研究的重点仍将放在客观指标物质基础方面。

提高全民生活质量已经成为全面建成小康社会的重要内容，因此，对居民生活质量的研究将不断深入。从国内研究的情况可以看出，由于各方面条件的限制，目前的研究还大多集中发达的城市或地区，且大多针对城市社区居民，对老年人口尤其是农村老年人口生活质量的研究较少。

第三节　老年人生活质量的内涵

一　生活质量的含义

目前，尽管生活质量应该包括哪些内容仍没有达成一致的意见，但许多研究者认为生活质量应该是一个多维概念，至少应包括躯体健康、自理能力、心理健康、社会交往、家庭情感支持、生活满意度、经济状况、幸福感等方面。综观国内外生活质量的研究，由于生活质量研究所涉及的学科较多，领域较广，加上研究目的、研究角度、研究方法、研究领域的不同，因此，生活质量的定义也表现出多样性，对生活质量的定义大致可以概括为三种类型：

主观派，即从反映人们生活舒适、便利程度的主观感受方面来评估生活质量，将生活质量定义为人们对于生活及其各个方面的评价和总结。如 Holmes 认为：生活质量意味着一种幸福，是在生活中体现真正的自我，摆脱虚伪，泰然处世的状态①。Levi 将其定义为：由个人或群体所感受到的躯体、心理、社会各方面的良好生活适应状态的一种综合测量，而测量结果使用幸福感、满意感或满足感来表示②。由 20 多个国家和地区参与的 WHO 生活质量研究组将生活质量定义为：不同文化和价值体系中的个体对于他们的目标、期望、标准以及所关心的事情有关生活状况的体验③。美籍华裔社会学家林南将生活质量定义为：人们对生活环境的满意程度和对生活的全面的评价④。

客观派，即从影响人们物质和精神生活的客观条件方面来理解生活质量，将生活质量视为生活条件的综合反映。美国经济学家罗斯托（W. W. Rostow）的生活质量概念也包括自然和社会两方面的内容，自然方面即居民生活环境的美化和净化；社会方面是指社会教育、卫生保健、交通、生活服务、社会风尚乃至社会治安等条件的改善；在罗斯托的理论中，生活质量概念是与经济增长阶段相联系的，从某种意义上讲，是经济增长过程的必然产物⑤。著名经济学家厉以宁教授认为：生活质量是反映人们生活和福利状况的一种标志，它包括自然方面和社会方面的内容；生活质量的自然方面是指人们生活环境的美化、净化等；生活质量的社会方面是指社会文化、教育、卫生、交通、生活服务状况、社会风尚和社会秩序等⑥，该定义与罗斯托提出的相似。冯立天教授主要从物质生活质量指数

---

① Holmes O. W. , *The breakfast tables*, London: Routledge & Son, 1960.

② Levi L. , Anderson L. , *Psychological stress: population, environment, and quality of life*, New York: Spectrum publications halsted press, 1975.

③ WHO, The development of the WHO quality of life assessment instrument. Gneva, WHO, 1993.

④ ［美］林南、卢汉龙：《社会指标与生活质量结构模型探讨》，《中国社会科学》1989 年第 4 期。

⑤ W. W. Rostow, *Politics and the Stages of Growth*, Cambridge, 1971.

⑥ 厉以宁：《社会主义政治经济学》，商务印书馆 1986 年版。

方面对生活质量进行测量和评价①；陈深则认为生活质量是反映人类为了生存与提高（生存）机会所进行的活动的能力和活动的效率，活动能力是指人们生存能力和提高生存机会的潜力；他认为一个人的才能唯有通过有条理、有系统的工作方法方能转化为现实效率②。

主客观派，综合前两种观点，即认为生活质量的内容既包括客观方面也包括主观方面。此派学者把生活质量定义为“社会提高国民生活的充分程度和国民生活需求的满足程度”。生活质量是“社会成员满足生存和发展需要的各方面情况特征的综合反映，是建立在一定的物质条件基础上，社会个体对自身及其社会环境的认同感”。③

由于中国特殊国情，结合实际情况，我国很多人口学家倾向于从客观方面理解生活质量。

二　老年人生活质量内涵

老年人生活质量定义的界定是开展农村老年人生活质量研究的必要前提。

老年人群在生理和心理上都存在诸多自身的特点，所以给老年人生活质量下定义实际上是非常困难的。尽管国内外学者对老年人生活质量的研究已经相当广泛，但涉及老年人生活质量定义的研究却很少见。老年人生活质量是一个内涵十分丰富的概念，目前，生活质量内涵已扩大到躯体功能、精神心理状况、社会适应能力、日常生活功能、经济状况、家庭关系、居住环境状况以及营养状况等多个层面。虽然对老年人生活质量至今还未形成被普遍接受的权威定义，但是国内专家仍对老年人生活质量做出了自己的定义，目前主要有三种：

---

① 冯立天主编：《中国人口生活质量研究》，北京经济学院出版社 1992 年版。

② 詹天庠、陈天平：《关于生活质量评估的指标与方法》，第六届亚洲社会学大会宣读论文，1995 年。

③ 冯立天主编：《中国人口生活质量研究》，北京经济学院出版社 1992 年版。

中华医学会老年医学学会流行病学组认为：老年人生活质量是指60岁以上的老年人群对自己的身体、精神、家庭和社会生活美满程度的全面评价。

陈琪尔教授将老年人生活质量定义为：60岁或65岁以上的老年人群，对自己的身体、精神、家庭和社会环境生活诸方面美满程度的主观、客观总结和评价。

冯立天教授在其主编的《中国人口生活质量再研究》一书中认为，老年人生活质量主要是对物质充裕、身体健康长寿、文化活动丰富、生活环境舒适和家庭关系和睦的追求。

笔者认为以上三个有关老年人生活质量的定义都能较好地表明生活质量的内涵，但笔者较赞同中华医学会和陈琪尔教授的定义，二者主要从测量与评价的角度来界定老年人生活质量，易于理解和掌握，且可操作性强。

三　生活质量评价指标

生活质量的评价是生活质量研究的核心，它是从生理、心理、社会、文化等个人生活中的多个方面来反映，既包括客观的测量项目又涉及必要的主观感受。由于生活质量的定义分为三类，相应地，生活质量的评价指标构成也可以分为三类，即客观方面、主观方面和主客观方面。

客观方面，认为生活质量由反映人们生活诸方面的客观因素构成，因此在测量与评估时也都主要运用衣、食、住、行等反映人们生活条件的客观指标。如美国学者刘本杰根据美国1970年人口普查资料提出了一套由客观因素构成的生活质量指标，它的分项包括5个主要方面：经济、政治、环境、健康和教育，其中每一分项又包括许多不同的个体指标①。在我国，由朱庆芳研究员主持的“社会发展与社会指标”课题组对我国生活质量和社会发展作过多年的追

---

①　詹天庠、陈天平：《关于生活质量评估的指标与方法》，第六届亚洲社会学大会宣读论文，1995年。

踪评估，在对各地区社会发展水平进行比较和评估时，生活质量指标选择了包括居民消费、收入、吃穿用住、物价、劳保福利、环境保护等15个指标；在日后的同样研究中，生活质量方面选择了包括居民消费、收入、吃穿用住、能源、通信、劳保福利、文化支出、物价、“三废”处理率等16个指标；在研究全国小康社会指标体系时，生活质量指标体系扩充为23个指标，增加了日常生活消费品人均指数的数目[①]。

主观方面，认为生活质量是由人们对生活各个层面的认知、情感等主观因素构成，因此，生活质量主要用反映人们生活态度和满意度的主观指标来测量与评估。如采用人们对生活的满意度或幸福感来衡量生活质量。1975年美国坎贝尔（Campbell）等用感觉指标模型研究美国社会的生活质量，他把人们对生活质量的感受分成完全满意到完全不满意等若干等级，研究对生活整体的满意度和对13个具体领域的满意度[②]。美国华裔学者林南把居民生活质量分解成工作、家庭、环境和业余生活等不同层面，共选用37个领域满意度及指标对上海市居民生活质量进行研究[③]。

综合派，认为生活质量评估指标应当由客观指标和主观指标构成，因此，在对生活质量进行测量和评估时，有选择性地从上述的两个指标体系中选用部分指标。我国学者叶南客曾将生活质量的主客观指标结合起来进行研究，提出“生活质量”是由消费水平、消费结构、生活方式、生活感受四类范畴组成[④]。冯立天编著的《中国人口生活质量研究》一书中阐述了主客观指标作用机制，在《中国人口生活质量再研究》一书中除讨论客观指标外，另辟一章讨论

---

① 詹天庠、陈天平：《关于生活质量评估的指标与方法》，第六届亚洲社会学大会宣读论文，1995年。

② Campbell et al. , *The Quality of American Life*, New York: Russell Sage Foundation, 1976: 48.

③ 林南：《生活质量的结构与指标》，《社会学研究》1987年第6期。

④ 叶南客：《苏南城乡居民生活质量评估与提高战略》，《中外社会科学》1992年第3期。

生活满意度指标，并将两者结合起来评估生活质量。北京大学社会学者卢淑华教授研究指出，生活质量的客观指标和主观指标所包含的内容不能互相取代，因此客观指标和主观指标的研究都是必要的①。

目前，绝大多数学者认为，生活质量既包括主观感受也包括客观评价，两者缺一不可。环境、社区、邻里、家庭、收入都决定着生活质量，但这些客观指标不能充分揭示老年人对生活是否满意，是否顺心，不能科学评价老年人生活质量。因此，越来越多的人认为，主观感受也应是生活质量评估必须包含的内容。

四　老年人生活质量评价指标

以往研究表明生活质量是一个多维的概念，因此，老年人的生活质量评价不但要包括客观指标，还要包括老年人自我感觉的主观指标。随着我国社会经济的发展，人口生活质量以及老年人口生活质量的内涵正在发生相应的变化，加之区域差异性和老年人口内部差异性的存在，要全面反映老年人口生活质量是非常复杂和困难的。即使是这样，许多研究者仍然从不同的角度运用不同的方法使用不同的指标对老年人的生活质量进行了研究和评价。

叶南客、唐仲勋认为，老年人生活质量研究主要包括三个大方面：第一，老年人的物质、精神生活的状态特征，主要指老人家庭生活、职业生活、社交生活、闲暇生活的特征水平及其满意度；第二，老年人的价值实现和幸福感，主要指老年与社会群体的双向认识、人际关系的自我认知、老年人的发展机会、自我完善和自尊的需求与满足；第三，老年人的生活条件和环境质量以及由于环境带来的老人生活困境和克服的难易度等②。

冯立天教授认为应从老年人口的健康生活质量、教育文化生活质量、精神文化娱乐生活质量、经济生活质量、婚姻家庭生活质量

---

① 卢淑华、韦鲁英：《生活质量主客观指标作用机制》，《中国社会科学》1992 年第 1 期。

② 叶南客、唐仲勋：《老年生活质量探索》，《社会科学战线》1993 年第 1 期。

几个方面来评价老年人生活质量优劣①。

潘祖光、王瑞梓运用了1992年中国老年人供养体系调查资料，将老年人口生活质量分解成3个核心方面，共选择了37项指标，三个核心方面包括：物质生活水平、健康水平（不含心理健康）和文化水平②。

杨中新教授提出老年人口生活质量研究应该包括10个方面的内容，分别是：经济生活质量、家庭生活质量、婚姻生活质量、健康生活质量、教育生活质量、情趣生活质量、从业生活质量、环境生活质量、政治生活质量、人文生活质量③。

中国协和医科大学中国医学科学院姜晶梅等认为老年人生活质量指标体系应包括老年人个人生活质量（健康、经济生活、文化生活）、老年人家庭生活质量（婚姻、住房、家庭生活满意度）、老年人社区生活质量（社区公益活动参与率）三个方面④。

中华医学会老年医学学会流行病学学组会建议对老年人生活质量进行评价时，评价内容应包括健康状况、生活习惯、日常生活功能、家庭和睦、居住环境状况、经济收入、营养状况、心理卫生、社会交往、生活满意度、体能检查11个方面的内容⑤。

以往研究从不同的学科、不同的角度，研究老年人生活质量评价内容，都有各自的可取之处，为研究老年人生活质量提供了很好的参考资料。

老年人口生活质量内涵的多维性决定了评价生活质量的指标体系的多维性。虽然众多专家和学者从不同视角建立和提出了评价老

---

① 冯立天主编：《中国人口生活质量研究》，北京经济学院出版社1992年版。

② 潘祖光、王瑞梓：《中国老年人口生活质量研究》，《人口研究》1995年第5期。

③ 杨中新：《构建有中国特色的老年人生活质量体系》，《深圳大学学报》（人文社科版）2002年第1期。

④ 姜晶梅、韩少梅等：《中国城乡老年人生活质量综合评价》，《中国卫生统计》2000年第12期。

⑤ 卫生部北京老年医学研究所流行病 学研究室：《老年人生活质量调查内容及评价标准建议（草案）》，《中华老年医学杂志》1996年第5期。

年人生活质量的不同指标体系，但其中部分指标内容是相同或相似的。从老年人生活质量评价指标研究中可以看出，评价老年人口生活质量的指标体系可分为主观类和客观类、个人类和社会类、经济类和环境类、生理类和心理类等。可见，评价老年人生活质量的指标体系基本内容应包含：物质生活、精神文化生活、生命质量、自身素质、生活环境等。

五　评价老年人生活质量的常用量表

适宜的效度和信度较好的量表是评价老年人生活质量的核心。老年人生活评价需要借助一定的工具或手段，研究者根据生活质量评价指标，已经开发和研制了一些生活质量测评量表，由于经济、文化、研究角度、研究对象等的不同，评价老年人生活质量的量表内容也不相同。目前，国内外开发和研制的评价老年人生活质量的量表有数十种，按其内容可分为两类，一类是评价总体生活质量的量表，另一类是评价老年人某一领域的生活质量①。

生活质量量表可以全面而完善地评价老年人的总体生活质量，目前较常用的有5种。

1. SF—36量表

它是在美国健康研究所的医学研究（Medical Outcomes Study）的基础上发展起来的简明健康调查问卷。该量表全面概括了生理、心理、社会及精神等方面的内容，适用于病人的健康状况、治疗效果的测评和普通人群生活质量的评价及健康政策的评估，现在，SF—36已是一种公认的普适性健康调查问卷。为适应不同文化背景国家的需要，不同条目、不同语种版本的SF—36于20世纪90年代初相继问世。各版本均包括体能、体能影响、身体疼痛、一般健康、精力、社会活动、精神影响和精神健康八个领域及一个评价健康变化的指标。国际生活质量评价方案的研究结果表明，SF—36各

---

① 徐涛、姜宝法：《社区老年人生活质量评价及评定方法》，《中国公共卫生》2003年第2期。

翻译版本的内容恰当，信度、效度令人满意，适于各国对老年人生活质量的评价。

2. WHOQOL—100 和 WHOQOL—BRIEF 量表

WHOQOL—100 是在世界卫生组织的领导下，由 20 多个不同文化背景的国家和地区共同研制的量表，适用于一般人群的健康调查，便于对世界各国人口的生活质量进行比较分析。它由躯体健康、心理功能、独立性、社会关系、精神/宗教/信仰和环境 6 个领域构成。WHOQOL—BRIEF 是由 26 个条目组成的简化版，只包括躯体健康、心理功能、社会关系和环境 4 个领域。WHOQOL—BRIEF 量表有良好的信度和效度，适于在大规模流行病学研究和临床试验中对生活质量进行快捷评价。

3. 老年人生活质量调查内容及评价标准建议（草案）

该草案是由中华医学会老年医学学会流行病学组于 1994 年制定的，专用于老年人生活质量评价的特异性调查量表，可较全面地了解我国老年人健康状况及影响因素。该量表包括健康状况、生活习惯、日常生活功能、家庭和睦、居住条件、经济收入、营养状况、心理卫生、社会交往、生活满意度和体能检查 11 项内容。它综合了主客观两方面的内容，可对老年人生活质量的客观状态及主观感受，做出较为翔实准确的评价，目前在国内已被广泛应用，并获得了较满意的结果。

4. 诺丁汉健康调查表（Nottingham Health Profile，NHP）

NHP 量表已被国外广泛地用于测量精力、睡眠、情感、疼痛、活动及社会孤独感六个方面的健康相关生活质量和职业、家务、业余爱好、家庭生活、社会生活、性生活及假期 7 种与健康相关的问题。

5. 生活质量问卷（QOL—74）

由李凌江、杨德森等参考国内外生活质量问卷编制而成，可以用作社区普通人群的生活质量调查。问卷由躯体功能、心理功能、社会功能和物质生活四个维度构成。他们于 1993 年用此问卷调查湖南普通人群的生活质量，认为其信度和效度均令人满意。

评价生活质量的专用量表，这类量表是专用于评价老年人某些方面的生活质量的量表，目前，常用的有4种。

1. 生命质量指数量表（Quality of well Being Index，QW－BI）

QWB量表是Kaplan等于1976年制定的，由两部分组成。有关病人日常生活活动的内容，由21个症状及健康问题条目构成。1998年Andersen等对其在老年人中的应用进行了评定，发现它可用于评价社区老年人生活质量，其结果与其他健康调查量表有很好的关联性。

2. 社会支持量表

Goodger B. 等研究发现，Duke社会支持量表（Duke Social Support Index，DSSI）可通过测定11项社会支持项目，评价社区老年人的生活质量。我国学者汪向东等在20世纪90年代参考国外有关资料，自行设计了只有十个条目的社会支持评定量表（Social Support Rating Scale，SSRS），包括客观支持（3条）、主观支持（4条）和社会支持的利用度（3条）3个维度。

3. 生活满意度量表

生活满意度量表（Life Satisfaction Scales）分为他评量表即生活质量满意度评定量表（Life Satis－faction Rating Scale，LSR）和自评量表，后者由生活满意度指数A（Life Satisfaction Index A，LSIA）、生活满意度指数B（ Life Satisfaction Index B，LSIB）组成。

4. 日常生活独立活动量表（Index of Independence in Activity of Daily Life）

该量表分为两部分，日常生活活动功能（Activities of Daily Life，ADL）和日常家务活动功能（Instrumental Activities of Daily Life，IADL）。ADL包括用餐、穿脱衣服、上下床、上厕所和室内走动等6项。IADL包括购物、做饭、管理钱物、出门坐车、上下一层楼及走300米6项。

第四节　社会养老服务体系研究评述

20世纪末，我国进入老龄化社会，老年人口规模不断扩大，老龄化程度不断提高。我国的经济社会快速发展，社会快速转型，家庭结构变迁造成了家庭的小型化与核心化。在现代化的冲击之下，家庭观念淡化，传统家庭伦理受到影响，家庭功能弱化，特别是养老功能。老龄社会带来的老龄问题已经无法靠个体或家庭力量解决，因此，化解老龄问题必须依靠政府与社会的力量。

老龄问题日益突出，国内的学者结合我国国情与国外经验对我国老龄问题状况、如何解决老龄问题等课题展开了研究，特别是近年来，中央提出积极应对老龄问题，关于老龄问题的研究成果不断涌现。在社会养老服务体系方面也出现了一些研究成果。

一　社会养老服务体系的内涵

在《社会养老服务体系建设规划（2011—2015年）》（2011）中将社会养老服务体系定义为是与经济社会发展水平相适应，以满足老年人养老服务需求、提升老年人生活质量为目标，面向所有老年人，提供生活照料、康复护理、精神慰藉、紧急救援和社会参与等设施，组织、人才和技术要素形成的网络，以及配套的服务标准、运行机制和监管制度。社会养老服务体系建设应以居家为基础、社区为依托、机构为支撑，着眼于老年人的实际需求，优先保障孤老优抚对象及低收入的高龄、独居、失能等困难老年人的服务需求，兼顾全体老年人改善和提高养老服务条件的要求。社会养老服务体系建设是应对人口老龄化的一项长期战略任务，是坚持政府主导，鼓励社会参与，不断完善管理制度，丰富服务内容，健全服务标准，满足人民群众日益增长的养老服务需求的持续发展过程。

社会养老服务体系区别于社会养老保险体系。相比社会养老保险体系注重的经济保障，社会养老服务体系注重的是老年人各方面的服务保障。社会养老服务体系可以借鉴管理学的方法通过对养老服务进行计划、组织、领导、协调、控制以及监督，不断提高老年人的养老生活质量，不仅要建立“老有所依、老有所养”，还要建立“老有所医、老有所为、老有所学、老有所乐”的社会养老服务体系。

二　社会养老服务体系功能定位

在《社会养老服务体系建设规划（2011—2015 年）》（2011）中，我国的社会养老服务体系主要由居家养老、社区养老、机构养老三个有机部分组成。并对三种养老方式进行了明确的界定：居家养老服务涵盖生活照料、家政服务、康复护理、医疗保健、精神慰藉等，以上门服务为主要形式；社区养老服务是居家养老服务的重要支撑，具有社区日间照料和居家养老支持两类功能，主要面向为家庭日间暂时无人或者无力照护的社区老年人提供服务；机构养老服务以设施建设为重点，通过设施建设，实现其基本养老服务功能。机构养老服务体系主要针对老年人养老服务设施的建设。主要包括老年养护机构和其他类型的养老机构。重点职能为：生活照料、紧急救援和康复护具。旨在通过设施建设，实现其基本养老服务功能。

目前来看，我国主要是以居家养老为基础、以社区服务为依托、以机构照料为补充的养老服务体系，其实也可以将其称为传统的家庭养老和社会补给结合的社会养老服务体系，居家养老——社区养老服务成为最符合中国国情的城镇居民养老模式。因此，可以说社区养老服务是居家养老服务的补充。在城市，主要对象为子女白天在外上班无人照料或无充足的精力照顾的老人。通过社区为他们提供养老服务设施，结合志愿者服务为他们打造一个舒适的以社区为单位的养老中心。在农村，主要职能为提供日间照料、短期托养、配餐等服务，以乡镇敬老院为基础，建设日间照料和短期托养的养老床位，逐步向区域性养老服务中心转变。特别是在相对贫穷的地区，要关注和重视留守老人的养老问题。张乃仁把居家养老定义为：分散居住在自己的家庭养老，而不是集中居住养老机构养老，这种养老方式以家庭养老为主、社会养老为辅，通过积极调动社会各方面的力量，组合成一个最符合老年人意愿的，最有利于保持和加强老年人自立能力的，最切实可行的和最有效的养老保障体系①。机构养老则是一种老年人在政府管理下兴办的社会专业养老机构中的养老形式。

当然，这样的划分方式也并不是完全科学的。董红亚（2012）则认为目前其核心功能不够明确②。养老服务的本质，即为老年人提供有质量的服务，是社会养老服务体系的核心功能。但现有体系只是反映了老年人的居住方式——是在家庭还是在机构，没有对“养老服务”这一基本问题做出解释，明确其核心功能，致使养老机构发展缺乏分类，居家养老服务浅表化，由此模糊和淡化了养老服务体系的建设目标。

完善的社会养老服务体系是建立在个人、家庭、社区和国家基础之上的一种养老方式，是调动一切可以调用的优势资源为老年人群提供全方位服务的体系。按照居住方式划分的模式在一定程度上对于应对我国日益严峻的人口老龄化所引起的社会抚养比、社会保障及消费结构等问题起到了积极的作用。按照老年人所需求的服务划分可以进一步明确养老服务体系的目标，在某种意义上可以更加全面地满足老年人的需求。

三　社会养老服务体系现状、问题及成因

1. 社会养老服务体系现状

目前，提供社会养老服务的部门主要是由民政部的社会福利与慈善事业促进司负责的，全国老龄工作委员会是国务院主管全国老龄工作的议事协调机构。虽然有专门的机构来负责社会养老服务，但依然存在很多的问题，所以我们要认真了解现在社会养老服务体

① 张乃仁：《社会化养老服务体系建设研究综述》，《南阳师范学院学报》2013 年第 4 期。

② 董红亚：《我国社会养老服务体系的解析和重构》，《社会科学》2012 年第 3 期。

系的现状。

第一，国家给予了更多的财政支持。2007 年 10 月，党的十七大报告提出“探索建立农村养老保险制度”，2011 年 7 月 1 日起实施的《中华人民共和国社会保险法》对农村养老保险做了调整。老农保并没有明确的财政补贴标准，只有集体经济适当补助，随着我国经济体制的转化，集体经济补助逐渐消失，既而新型农村社会养老保险明确规定，国家财政直接支付国家养老金，省、县两级财政对参保人员给予补贴。新型农村养老保险的养老金待遇的确定方式也发生了变化，原来的养老金待遇完全由个人账户积累总额确定，而新型农村社会养老金实行基础养老金和个人账户相结合的模式。基础养老金由国家财政支出，支出金额也会随着国家经济的发展而变化，这样的模式在一定程度上增加了新型农村养老的灵活性，抵制了由于通货膨胀等金融问题所带来的货币价值问题。

第二，养老服务设施的不断完善和改进。2011 年 9 月，全国老龄委发布的《中国老龄事业发展“十二五”规划》提出在“十二五”期间，使全国每千名老年人拥有养老床位数达到 30 张，新增各类养老床位 342 万张，并将养老纳入经济发展规划。在《社会养老服务体系建设规划（2011—2015 年）》（2011）中指出：截至 2010 年年底，全国各类收养性养老机构已达 4 万个，养老床位达 314. 9 万张。社区养老服务设施进一步改善，社区日间照料服务逐步拓展，已建成含日间照料功能的综合性社区服务中心 1. 2 万个，留宿照料床位 1. 2 万张，日间照料床位 4. 7 万张。同时，政府更加注重对高龄老人的保障。张海宁在《民政部加快推进养老服务事业发展》（2013）中提到：截至 2012 年年底，全国有 18 个省份建立了高龄老人津贴制度，22 个省份建立了困难老人养老服务补贴制度，所有省份都制定了支持社会力量兴办社会福利机构的政策，全国养老床位数达到 390 万张，每千名老人拥有的养老床位数达到 20. 5 张。民政部公布的《2016 年社会服务发展统计公报》显示：截至 2016 年年底，全国各类养老服务机构和设施共 14. 0 万个，比上年增长 20.7%；各类养老床位合计 730.2 万张，比上年增长 8.6%，每千名老年人拥有养老床位 31.6 张，比上年增长 4.3%，其中社区留宿和日常照料床位 322.9 万张；全国享受高龄补贴的老年人共 2355.4 万人，比上年增长 9.3%。

第三，家庭结构的变化可能导致对社会养老的需求加大。由于之前我国独生子女政策的影响，目前我国的家庭结构主要是由 4—2—1[①] 的结构构成，对于现阶段要扶养父母及祖父母的个体来说，单纯依靠家庭养老的方式无疑给这部分群体造成巨大的压力和负担，而导致对社会养老需求的增加。林宝认为：家庭规模继续缩小，意味着家庭内部养老负担正在加大，转而寻求社会化养老服务的可能性正在增加[②]。《中国家庭发展报告（2015 年）》显示，中国家庭平均规模为 3.35 万人。在 20 世纪 50 年代以前家庭户平均人数基本上保持在 5.3 人的水平上，20 世纪 80 年代以来，家庭户平均规模缩小的趋势更加显著，1990 年缩减到 3.96 人，2010 年缩减到 3.10 人，2012 年家庭户平均规模为 3.02 人。中国已是家庭平均规模较小的国家。家庭规模缩小，时间资源紧张，家庭的养老能力被削弱，难以满足家庭养老需求的迅速增长。

第四，法律制度的不断完善和进步。2012 年 12 月 28 日中华人民共和国第十一届全国人民代表大会修订通过了《中华人民共和国老年人权益保障法》，并于 2013 年 7 月 1 日施行。《中华人民共和国老年人权益保障法》中包括了家庭赡养与扶养、社会保障、社会服务、社会优待、宜居环境、参与社会发展、法律责任等方面，并将农历九月初九定为老年节。这部法律的颁布对老年人生活做出了充分的保障，也为老年人这一弱势群体维护自身利益提供了切实的

---

① 4—2—1：从传统的养老方式来看，一个个体需要对其父母及父母双方各自的父母进行抚养，换句话说，一个独生子女有可能承担 6 个人的养老费用，这无疑对这个个体带来了巨大的经济负担和精神压力。

② 林宝：《建设以老年人为中心的多层次社会养老服务体系》，《学术前沿论丛》2011 年。

法律依据和法律保障。

第五，政府逐渐放宽了社会资本进入养老服务业的限制。《社会养老服务体系建设规划（2011—2015 年）》提出“通过公建民营，民办补助，政府购买服务，贴息补助等方式引导养老服务设施建设”。2012 年 7 月，民政部发布的《关于鼓励民间资本进入养老服务领域的实施意见》规定“民办养老机构免征营业税，并根据投资额度、建设规模给予补助”。2014 年 9 月，民政部和发改委联合颁布的《关于加快推进健康与养老服务工程建设的通知》提出“放宽市场准入，鼓励社会资本投资健康与养老服务工程”。社会资本进入养老服务业的建设，可以满足对养老服务水平、养老环境、医疗看护人员技术等方面有较高需求的民众，同时可以减轻政府资金压力，缓解民众对养老设施、机构的需求压力。

2. 社会养老服务体系存在的问题

中国的社会养老服务体系虽然在不断的完善和改革中，但是依然存在很多问题。许佃兵和孙其昂认为目前我国的社会养老服务体系是在夹缝中成长的，尽管当今社会已经形成了初级的社会养老服务体系，但这一社会养老服务体系对于完全解决社会养老问题，促进年轻人群体与老年人群体之间的平衡发展可谓相当之困难①。各种社会养老服务模式之间尚不能形成良性互动，并且各自还面临不同的发展困境，社会养老服务体系依然存在着一系列问题。

第一，政府、养老机构、社区的养老服务体系并不完善。林宝认为政府公共服务职能不到位，对养老服务体系建设的推动不力；社区养老服务发展严重滞后，无法对居家养老形成有效支撑；养老机构功能紊乱，质量参差不齐，影响机构养老的补充作用②。董红亚认为目前现有的体系中，服务主体、服务对象、内容、方式以及

① 许佃兵、孙其昂：《完善我国社会养老服务体系的深层思考——基于江苏养老服务现状的考察分析》，《学海》2011 年第 6 期。

② 林宝：《以需求管理为基础构建居家养老服务体系》，载《2012 · 学术前沿论丛——科学发展：深化改革与改善民生》（上）2012 年 5 月。

保障措施模糊不清。特别是国家、社会和家庭三个供给主体职责不够明晰，或者说是基于此的家庭、社区和养老机构三大平台缺乏呼应，甚至相互隔阂；另外运行机制开放性不足①。现有体系实际上把居家老年人的服务限定在社区的地域内，由社区居委会或社区居家养老服务站提供，排除了市场化机制。

第二，养老服务资源没有得到真正的合理利用。董红亚（2012）认为在实践中出现了两种偏向：其一，把服务目标定在10%老人，弃90%于不顾。其二，直接导致机构福利反导向。一方面公办机构目标人群入院率低，另一方面由于福利机构床位的排他性质，经济条件和身体条件比较好的老人入住机构支付费用远低于市场交换的费用，却较长时间（入住后长则30年以上）享受着国家提供的公共资源。

第三，专业服务人员少且服务质量低。对于提供给老年人服务的这些人员的素质和态度问题依然值得我们关注。李红芳认为由于老龄人口日益增多，加上传统文化的影响，养老机构在养老能力、专业人员服务质量等方面都面临着巨大的挑战②。谭琳通过分析天津市养老机构入住老人的特点和不同类型养老机构的现状，探讨了养老院发展过程中存在的问题，并指出养老机构在自身经营管理、服务内容、服务水平等方面还有待进一步的提高③。目前我国所培养的专业服务人员并不能满足我国庞大的老年人群体的需求，养老机构现有服务人员部分为素质低、未受过专业培训的工作者，在他们有限的能力下所提供的服务也是有限的，这在一定程度上导致他们的服务质量的下降。

第四，没有完善的监督机制。一方面养老机构的年检和评估均为政府审核，没有第三方评估，可能造成了某些政府职员权力过大

---

① 董红亚：《我国社会养老服务体系的解析和重构》，《社会科学》2012年第3期。

② 李红芳：《“代沟”问题研究简述》，《青年研究》1999年第8期。

③ 谢钧、谭琳：《城市社会养老机构如何适应日益增长的养老需求？——天津市社会养老机构及入住老人的调查分析》，《市场与人口分析》2000年第5期。

而出现寻租行为。另一方面，一些捐款没有公开透明的完善的体系，出现很多捐款堆积或不知去向的问题，这在一定程度上打击了对我国养老服务做出贡献的社会人士的积极性，不利于我国养老服务建设的发展。

3. 社会养老服务体系存在问题的原因

近年来，我国加快社会转型发展，为了适应发展的需要，人口、经济、政治、文化等也随之不断地变化，同时，原有的养老服务体系已不能满足当代经济社会发展的需求，所以，建立新型的社会养老服务体系成为当务之急。

首先，养老服务资金总额需求大，财政养老负担重。《中国老龄事业发展“十一五”计划纲要（2006—2010）》指出，到2010年，60岁以上的老年人口将达到1.74亿，约占总人口的12.78%，年均增长537万人。我国快速增长的老年人口在2014年将达到2亿，2026年将达到3亿，2037年超过4亿，2051年达到最大值，即中国每3人中就有1人年龄在60岁以上。《中国老龄事业发展“十二五”规划》指出，从2011年到2015年，全国60岁以上老年人将由1.78亿增加到2.21亿，平均每年增加老年人860万，老年人口比重将由13.3%增加到16%。未来20年，我国人口老龄化日益严重，到2013年全国老年人口规模将会翻一番。《“十三五”国家老龄事业发展和养老体系建设规划》提出，预计到2020年，全国60岁以上老年人将增加到2.55亿左右，占总人口的比重提升到17.8%左右，高龄老人将增加到2900万左右，独居和空巢老人将增加到1.18亿人左右，老年抚养比将提高到28%左右。我国老龄事业改革发展和养老体系建设面临着严峻形势，用于老年人的社会保障支出将持续增长。不断增加的老年人口对养老服务的资金总额需求也在不断增大，仅仅依靠政府的投入资金远远不能满足。刘益梅认为，快速增长的老龄人口以及未富先老的社会现实，使社会对人口老龄化的承受力较弱，老年人的经济赡养、医疗保健、生活照料等需求将呈现一种大范围的比较普遍的要求[①]。如果这些要求不能得到有效的解决，将会在较大范围内引起社会的动荡和不安，形成社会问题。江苏100个县（市、区）中，已确定苏北46个薄弱地区的养老由省财政重点保障。2013年起每年投入1.7亿元建设农村敬老院，全部投给这些薄弱地区，连续投10年，总额将达17亿元。此外，有关专家推算，预计2020年，江苏老年人口仅护理服务和生活照料的潜在市场规模将超过1000亿元，岗位潜在需求超过100万个，庞大的老年人口总量以及由此形成的对老年产品和服务的巨大需求[②]，光靠政府投入远远不够。昆山市锦溪镇民政办主任徐家根介绍：养老院每年要投入90万元；日间照料中心已经投入150万元，每年的运营费至少需要15万元；老年护理医院，镇里也要投入7000万元。即使像锦溪这样的"富裕镇"，财政的"养老"担子也不轻，未来凭自身财力提高养老服务水平，有些力不从心。

其次，养老机构的建设没有考虑到实际应用的需要。地方政府积极响应国家的政策投入大量资金筹备设备、服务健全的养老机构，但是并没有考虑到实际需求。例如江苏昆山锦溪镇有一所投资1300万元、设施齐全、环境优良的福利院，但是镇上现有的93名五保户老人中只有23名住进福利院。农村老年人思想较为封闭，不愿意接触新鲜事物，对于离开自己的扎根地，改变自己多年的生活习性是一件很难接受的事，所以对于在乡镇建立这样的养老机构，即使设备齐全，大部分的农村老年人依然不愿意离开自己的住所。北京师范大学收入分配研究院执行院长李实认为：农村养老要多补人头，少补床头。目前我们国家实行的是床位补贴及税收优惠、费用减免等政策，但是农村老年人大多低收入甚至无收入，农村养老产业利润不高。因此，目前在地方建设养老机构时没有根据本地区

---

① 刘益梅：《人口老龄化背景下社会化养老服务体系的探讨》，《广西社会科学》2011年第7期。

② 安莹：《江苏省首只养老产业投资基金　首期规模达20亿元》，华夏经纬网，2016年4月7日。

的实际需要，从老年人自身条件出发，合理利用养老资源。

最后，政府负责社会养老的职能部门行业管理职能依然比较薄弱。单大圣认为主管部门应当主要承担的设置规划、审批、年检、机构评估、提供行业发展服务方面的职能偏弱，完善的行业管理体制尚未建立，存在养老服务体系还不健全、建设标准和服务规范缺乏、行业准入缺失、机构自律和市场监管缺位等方面的问题①。目前我国针对民办养老服务机构虽然下发了文件，在税收、土地、信贷、水、电等方面做出了原则性的规定，但由于有关部门和地方没有制定可操作的措施和办法，国家政策落实难的情况还普遍存在。民办养老机构无证经营的现象十分普遍，管理上无规章可循、随意性大，跟老人签订入住的合同也不规范，经常发生民事责任纠纷。民政、公安消防、卫生、国土等多个部门都来管，却缺乏一致行动的能力。与此同时，一些享受国家补贴的应主要面向低收入的、难以被市场接纳的老年群体的公办养老机构直接参与市场竞争，对入住对象不管贫困与否不做甄别，挤占了民办养老服务机构的发展空间。

此外，目前存在大量的青年志愿者，特别是大学生青年服务群体，他们积极参与爱心服务，利用节假日到养老院去服务照顾老年人。政府部门应该充分运用这部分群体的力量，拓宽社会养老服务体系的服务力量，改变传统的养老模式。

四　完善社会养老服务体系的政策建议

1. 国外社会养老服务体系建设的经验

刘明涛通过对国外养老服务体系的“社区模式”“立法模式”以及运行的“人员职业化和志愿者相结合模式”进行分析认为：发达国家已逐步形成了机构健全、组织完备的社区服务体系，通过综合比较并分析它们各自的特点，可以为我国养老服务事业的健康和持续发展提供宝贵的经验，重视社区在养老中的作用较为关键。以

---

① 单大圣：《中国养老服务管理体制的改革与发展》，《经济论坛》2011 年第 9 期。

政府为主导，构建完善的法律体系，以社区为终端，营造良好的生活环境，以培养专业人员为纽带，创造科学的养老方式，将是我国发展养老服务事业值得借鉴的宝贵之处①。

刘晓梅通过对国外的养老服务模式分析认为：第一，养老服务要充分发挥政府的保障和引导作用；第二，社会化是未来养老服务的必由之路；第三，产业化是实现养老服务社会化的现实途径；第四，专业化是提高养老服务水平的基本保证。即要突出政府的责任、加快社会保障体系建设、提前布局养老服务产业②。

综上所述，我们可以看到：国外的养老服务体系充分重视政府的作用，建立完善的法律体系保障，注重提高老年生活质量，社会养老服务不仅仅是政府的责任，还要调动社会各种积极力量，提前布局养老服务产业的发展。

2. 国内社会养老服务体系建设的经验③

江苏是全国率先进入老龄化社会的省份之一，也是全国老龄化程度最高的省份。2015 年年底，全省 60 周岁以上户籍老年人口达到 1648.3 万人，占全省户籍总人口的 21.36%，比全国高出 5 个百分点，其中 65 周岁以上户籍老年人口 1115 万人，占全省户籍总人口的 14.45%。目前江苏老年人口呈现出基数大、增速快、寿龄高、空巢和失能比例高的特点。预计到 2020 年，全省 60 岁以上老年人口将达到 1950 万人，占总人口的 25%，到 2030 年将超过 30%④。与此同时，随着工业化、城镇化的快速发展，农村青壮年人口大量流入城镇，江苏省的“老人村”现象也非常突出，农村居民养老服

---

① 刘明涛：《长春市养老服务体系运行机制研究》，硕士学位论文，长春理工大学，2011 年。

② 刘晓梅：《我国社会养老服务面临的形势及路径选择》，《人口研究》2012 年第 9 期。

③ 王伟健：《农民养老，咋办才好？——关于江苏省农村居民养老服务的调查手记》，《人民日报》2013 年 10 月 14 日第 18 版。

④ 江苏省人民政府办公厅：《江苏省“十三五”养老服务业发展规划》，2016 年 9 月 8 日。

务需求亟待得到满足。根据自身的发展特点，江苏已确定了三种农村养老机构的建设形式：村建养老区、村办养老院、家办托老所。截至2015年年底，苏南、苏中、苏北农村社区居家养老服务中心覆盖率分别达到90%、80%和70%。

江苏昆山锦溪镇虬泽村养老服务体系的建设具体问题具体分析，考虑到农村老年人平时生活交际范围和生活习惯等方面，建立了自己的养老服务体系：养老机构设置上，在本村建立日间照料中心，全村46名老人每天按时到照料中心就餐；资金来源上，照料中心中晚餐完全免费，就餐经费除国家补助的8元伙食费外，其余均由村里自行负担；在娱乐设施上，照料中心除了食堂外，还包括有健身器材、厨房、休息厅、阅览室、棋牌室等，装修一新。江苏省赣榆县根据本县经济发展水平在当地村里建设低成本、小户型的“养老新区”，让老人“离家不离村，村中享天伦”。

这样的养老模式将政府、村庄、社会力量结合在一起，调动了可以调动的有利资源，一方面解决了国家的财政负担，另一方面解决了老年群体的养老问题，同时还站在农村老年人的角度制定了合理的政策。北京师范大学收入分配研究院执行院长李实认为：为农村居民提供养老服务，必须坚持“农民自愿”的原则。这样的模式真正意义上从老人自身利益出发，创建了和谐的老年人养老体系。

3. 完善社会养老服务体系建设的建议

新修订的《中华人民共和国老年人保障法》的颁布和实施充分说明我国政府正在不断积极地推动建立多层次、多元化的养老社会服务体系。但日益增长的老年人口已与现有社会能够提供给老年人的服务不相适应、社会提供的为老年人服务场所及设备不能得到充分有效的利用、对失能及半失能老年人的监管体系不够完善、政府在政策支持方面的力度不够以及养老服务资金的来源较为单一等问题。在社会快速转型和人口老龄化程度不断加快加深的背景下，如何破解老龄问题，满足老年群体的需求，建设和谐老龄社会，建立和完善社会养老服务体系成为破解老龄问题的有效路径。国内学者就如何建设社会养老服务体系提出了一些宝贵的建议。

第一，政府要在政策、资金等方面给予积极的支持。在政策上积极支持和鼓励专业人才的教育和培养工作，进而提升服务人员素质。对养老机构的经营管理、服务内容、服务水平等方面进行进一步的规范，提升服务质量；在资金上构建社会养老服务体系首先要有扶持政策保障、财政经费保障、福利基金的支持①。养老服务体系的社会化需要国家积极的政策扶持和引导、充足的资金构建和支持。

第二，加强资源整合和信息化。目前我国养老机构供需不平衡，有些地区虽然建立了养老机构，并且具有较为完善的设施，但是依然会出现很高的空床率，而有些地区床位则出现了供不应求的现象，这就需要建立完善的需求评估体系，提高资源的有效利用率；同时，完善的养老服务体系的建设还需要有良好的运行技术支撑。因此规范养老服务行业标准、建立社区养老服务网络系统是必要的。要加强老年人口居家养老服务的监控体系，建立数据监控系统，建设数据监控系统应包括养老机构中老年人的具体信息、养老机构的收费、护理员数量及水平等；健全养老服务信息管理系统，并纳入政府职能部门数据库管理，即时向社会提供机构养老和居家养老服务需求和资源供应信息。良好的网络系统可以保障服务的准确性和及时性，提高服务质量。

第三，加强对老年人口的监控和监督。一方面是建立第三方评估制度②。对养老机构申办时的评估，及年检的评估都应有第三方参与，这样更加客观公平，也防止了某些政府职员权力过大而出现寻租行为。另一方面是加强媒体的监督。媒体的监督力量是不容忽视的。此外还包括完善公众的监督。捐款的使用公开透明化，使公民可以充分享有其知情权，接受社会公众的质询、查询，保障社会

---

① 吕津：《中国城市老年人口居家养老服务管理体系的研究》，博士学位论文，吉林大学，2010 年。

② 同上。

监督渠道的畅通。

第四，重视老年人群体“精神”保障。并不是每个享受养老服务的老年人都需要国家或者是社会服务机构提供物质和资金的帮助。例如，一些高学历的教授、国家高干并不为他们的养老经济来源犯愁，这些人群由于受教育程度高，同时存在对国外教育的认可，将自己子女送往国外进修，但是年老之时，自己子女不在身边，不能及时地给予照料，这部分人群在生活上孤单、在心理上极度空虚，因此，我们在保证“老有所养”的同时，重视老年人精神层面的保障，可以通过兴办老年大学等老年活动来丰富老年人的生活。

第五，加强养老服务发展的市场化进程。江苏 100 个县（市、区）中，已确定苏北 46 个薄弱地区的养老由省财政重点保障。从 2013 年起每年投入 1.7 亿元建设农村敬老院，全部投给这些薄弱地区，连续投 10 年，总额将达 17 亿元。《江苏省“十三五”养老服务业发展规划》提出，到 2020 年，江苏省城乡社区养老服务基本实现全覆盖，城市街道开展日间照料服务，城市社区提供助餐服务，城乡标准化社区养老服务中心建成率分别达到 80%、40% 以上，千名老年人拥有床位数达到 40 张以上，社会力量举办或经营床位数占总床位的 70% 以上。完善的养老服务体系的建设光靠政府补助是远远不够的，这就需要将养老服务的发展市场化，例如，农民利用自家的房子或租赁当地的空余房产，办起家庭托老所，照顾附近地区的老年人。启东、海门、张家港、泰州等地的家庭托老已成为一种养老新业态。连云港市新浦区新南街道，形成了“家庭托老一条街”，有 9 家家办托老所，没要政府一分钱却照顾了 150 余位高龄、空巢、失能半失能老年人。近年来，社会力量进入投资养老服务业的积极性高涨，众多国内外知名企业、服务组织进入养老服务业务。截至 2015 年年底，建成省级健康养老服务业集聚区 1 个，在证交所挂牌养老服务企业 5 家，投资建成 20 亿元以上的养老服务项目5个[①]。此外，2016年4月，江苏省财政厅和金陵饭店集团共同设立了江苏省养老产业投资基金，它是江苏省第一只养老产业基金，也是全国最早设立的养老产业基金之一，首期规模达到20亿元，基金存续期为8—10年，重点投资于面向老年人的医疗护理、康复保健等领域[②]。

从老年人生活质量研究和社会养老服务体系研究的既有成果来看，国外关于老年人生活质量的研究已经取得了较为丰硕的成果，特别是在老年生活质量的测评量表开发和生活质量相关理论探索方面。国内关于老年人生活质量的研究主要集中于对经济发达地区老年人生活质量的评估，侧重于生活质量理论的实践运用。关于社会养老服务体系的研究，对于构建一个什么样的社会养老服务体系，学界已经取得了一些基本共识，但是在实践操作过程中还存在着一系列问题。

由于欠发达地区经济社会发展滞后，近年来的发展重心主要集中于经济发展，这就决定了发展过程中资源配置主要服务于经济建设，而对社会建设、文化建设关注不足，在老年人生活质量和社会养老服务体系构建的研究上还存在一些不足，既缺乏理论跟进，也缺乏实践探索。因此，对于欠发达、欠开发和欠开放的贵州省而言，老年人生活质量研究和社会养老服务体系研究是新常态下人口老龄化发展趋势的需要，是积极应对人口老龄化的体现，是贯彻中央相关文件精神的要求。老年人生活质量与社会养老服务体系的研究不仅丰富了欠发达地区这一领域的研究成果，而且也是对生活质量与社会养老服务体系理论与实践的有益探索。

---

① 江苏省人民政府办公厅：《江苏省“十三五”养老服务业发展规划》，2016年9月8日。

② 安莹：《江苏省首只养老产业投资基金，首期规模达20亿元》，华夏经纬网，2016年4月7日。

第三章　贵州省人口老龄化的现状、趋势与挑战

自20世纪70年代实施计划生育政策以来，贵州省人口再生产实现了由“高出生率、低死亡率和高自然增长率”到“低出生率、低死亡率和低自然增长率”，60岁及以上人口占总人口的比例不断攀升。按国际同行标准，贵州省2003年开始迈入老龄化社会，人口年龄结构由年轻型转变为老年型，并且由于受“打工潮”“学生潮”的影响，14—59岁人口外流，加速了贵州省人口老龄化。到2010年60岁及以上人口已达到446.13万人，占常住人口总数的12.84%，65岁及以上人口达297.43万人，占常住人口总数的8.57%①，这表明贵州省已经进入了快速老龄化社会。

贵州省作为我国经济欠发达的省份之一，认识和应对人口老龄化是经济新常态下的一项重大课题。经济发展进入新常态，是贵州乃至全国经济社会发展的必经阶段，新常态不仅指当前社会经济发展呈现出的若干新特征，也包含新的战略方针、新的制度条件、新的思想方法以及新的工作理念。因此，在人口老龄化快速发展的势态下，需要以经济发展新常态为大背景认识养老问题，破解养老难题。人口老龄化是经济社会发展的一种新常态，既要充分利用和挖掘经济社会发展对人口老龄化带来的机遇，同时应处理好老龄化对新常态下经济增长、创新驱动、结构调整、社会发展等方面的挑战。

---

① 贵州省统计局：《贵州省2010年第六次人口普查主要数据公报》，2011年5月。

第一节　贵州省人口老龄化的现状

贵州省人口老龄化程度较高，老年人口规模较大。随着医疗水平和生活水平的提高，人口平均寿命延长，死亡率下降，婴儿存活率提高，生育率逐步降低，人口再生产类型的转变，人口老龄化是社会经济发展的必然产物。

根据贵州省历次人口普查数据显示：1953—1964 年老年人口比重有所下降，这是由于在 20 世纪五六十年代出现了生育高峰期，这个阶段 0—14 岁人口数量增加了 115.44 万，人口比重有所增大；1964—1990 年，老年人口比重从 5.29% 上升到 6.7%，这个阶段老年人口比重的增加比较缓慢，其原因是 1950—1960 年生育高峰期出生人口逐渐进入了生育年龄，尽管受到计划生育政策的限制，出生人口数仍然较多，所以老年人口比重较小；1990—2000 年，老年人口增加了 101.75 万，年均增长率达到 3.75%，是 1982—1990 年阶段老年人口年均增长率的两倍，导致老年人口比重快速增加；2000—2010 年，老年人口数量增加了 115.46 万人，年均增长率为 3.04%，虽增长速度相对放缓，但还是比 1990—2000 年增加的老年人口数多出 13.71 万人，这说明进入 21 世纪以来，老年人口数量还在持续增加，老龄化进程进一步加快（见表 3－1）。

表 3－1　　贵州省四次人口普查人口年龄结构变化情况　　单位:%

指标	1982 年	1990 年	2000 年	2010 年
0—14 岁常住人口比重	40.88	32.67	30.17	25.26
15—59 岁常住人口比重	52.25	62.70	60.45	61.89
60 岁及以上常住人口比重	6.87	4.63	9.38	12.85

注：（1）人口比重为各年龄阶段人口数与总人口的比例；（2）数据来源于贵州省统计局发布的贵州省历年人口普查公告。

贵州省2003年进入老龄化社会，2010年第六次人口普查统计全省60岁以上老年人口446.13万人，占常住口数的12.85%，65岁及以上人口为297.7万人，占总人口的8.57%①，2010年全国60岁及以上人口所占比例为13.26%，65岁及以上人口占8.87%，贵州人口老龄化程度接近全国水平。2010年贵州人口老龄化程度位列全国第十三位，在西部十二省份中位列第四。2012年贵州省60岁以上的老年人479万人，占常住人口的13.75%，其中65岁以上的老年人323万人，占常住人口数的9.27%②。2015年，贵州65岁及以上人口为360.01万人，占总人口的10.20%，比重高于2010年第六次普查数据1.63个百分点，高于全国1.28个百分点。2016年年末，贵州65岁及以上人口为366.88万人，比上年增加6.97万人，占总人口的10.3%，提高了0.12个百分点。老龄人口比重的不断上升导致老年抚养比的持续上升，2016年贵州省老年抚养比为15.31%，比上年上升了0.22个百分点③。可见，贵州人口老龄化程度较高，老年人口规模较大。

第二节　贵州省人口老龄化的特征

一　贵州省人口老龄化速度快

根据历次人口普查资料，我国老年人口比例自1964年第二次人口普查后逐渐升高，其中第三次到第六次全国人口普查的数据显示，全国65岁及以上人口占比分别为4.91%、5.57%、6.96%、8.87%，老龄化程度持续上升。贵州省第三次到第六次人口普查数

① 贵州省统计局：《贵州省2010年第六次人口普查主要数据公报》，2011年5月10日。

② 唐映祥：《贵州省养老服务机构发展现状及对策建议》，http://www.gzll.org.cn/show.php?id=544，2013年11月6日。

③ 贵州省统计局：《2016年贵州省人口变化调查统计报告》，贵州统计信息网，2017年5月25日。

据表明，老年人口比重分别为4.66%、4.61%、5.97%、8.71%①，贵州省老龄化程度整体呈上升趋势。与全国人口老龄化程度相比，贵州省人口老龄化程度较低。但贵州省人口老龄化速度快于全国平均水平。1982—1990年，贵州省老龄化速度低于全国水平；1990—2000年，贵州省老龄化进程与全国相比基本持平。第五次人口普查贵州65岁及以上人口为203.9万人，占5.79%②，10年间，65岁以及上人口从203.9万人增加到297.7万人，增加了近100万；人口老龄化水平上升了2.78个百分点；同期，全国65岁及以上老年人口比例从6.96%上升到8.87%，仅上升了1.91个百分点。贵州人口老龄化速度比全国速度快。2016年年末，贵州65岁及以上人口为366.88万人，占总人口的10.3%，比重高于2010年第六次普查数据1.73个百分点，同期全国65岁及以上老年人口比例从8.87%上升到10.8%③，上升了1.93个百分点。可见，贵州省老龄化速度已经超过了全国平均水平。

二　贵州省人口高龄化趋势明显

贵州省人口高龄化特征明显，高龄化快速发展。2000年贵州省80岁以上的高龄老年人27.30万，占老年人总数的8.25%；2012年，80岁以上的高龄老年人52.21万人，比2000年增加24.91万人，占60岁以上老年人口总数的10.9%，比2000年上升2.65个百分点④。截至2013年年底，贵州省60岁以上老年人已达500多万人，其中80岁以上老年人约为54万，约占总人口的1.54%⑤。《贵州省老龄事业发展“十二五”规划》提出，到2015年，全省80岁以上高龄老人将达到60万，约占老年人口的9.4%。可见，贵

① 贵州省统计局：《贵州统计年鉴2013》，中国统计出版社2013年版，第39—40页。

② 贵州省统计局：《第五次人口普查公报——贵州（第1号）》，2001年4月9日。

③ 民政部：《中华人民共和国2016年社会服务发展统计公报》，2017年8月3日。

④ 唐映祥：《贵州省养老服务机构发展现状及对策建议》，http：//www.gzll.org.cn/show.php? id=544，2013年11月6日。

⑤ 林萌：《贵州三个“长寿带”百岁老人近500占全省近半》，《贵阳晚报》2014年4月21日。

州省人口高龄化速度较快。

三　人口流动加速了贵州省老龄化进程

人口流动是推动贵州省人口老龄化的一个重要因素。贵州省经济发展相对落后，劳动力尤其是大量青壮年农村劳动力向经济发达地区流动。1990 年和 2000 年人口普查数据显示，贵州省净流出省外人口分别为223.97 万人和223.89 万人，到了2010 年，净流出省外人口达710.0 万人，占本省户籍人口的 16.95%，人口流出量是1990 年的 3.17 倍，且在流出人口中 60 岁以上人口仅占 0.91%①。因此，农村大量青壮年劳动力向经济发达地区的流动加速了贵州省人口老龄化的进程。

四　贵州省人口老龄化程度城乡倒置严重

贵州省农村人口老龄化程度高于城镇。从城乡来看，无论是从60 岁及以上老年人口比重还是65 岁及以上老年人口比重，贵州省城镇老龄化程度均明显低于农村。1982—2010 年，城镇老年人口比重一直低于农村，且这个差值呈逐年增长的趋势；到2010 年，城镇60 岁及以上老年人口比重为 10.59%，农村为 13.99%，两者相差3.4 个百分点，农村老龄化程度严重高于城镇，且农村老龄化进程也同样高于城镇（见表3－2）。

表3－2　　　贵州省城乡人口老龄化程度及差异　　　单位:%

	1982 年		1990 年		2000 年		2010 年	
	60 岁及以上	65 岁及以上	60 岁及以上	65 岁及以上	60 岁及以上	65 岁及以上	60 岁及以上	65 岁及以上
城镇	6.74	4.51	7.05	4.47	8.84	5.61	10.59	7.17
农村	6.89	4.70	7.07	4.65	9.55	6.08	13.99	9.49
差值	-0.15	-0.19	-0.02	-0.18	-0.71	-0.47	-3.4	-2.32

注：(1) 差值=城镇老年人口比重－农村老年人口比重；(2) 数据来源于贵州省统计局发布的贵州省历年人口普查公报。

① 国家统计局：《中国 2010 年人口普查资料》，中国统计出版社 2012 年版。

五　贵州省人口老龄化“未富先老”特征明显

贵州人口老龄化“未富先老”特征明显。贵州地处西部，是一个多民族经济欠发达的省份。贵州人均 GDP 在全国排名一直倒数，且人均收入与全国平均水平差距较大。贵州省在 2003 年进入老龄化社会，当时人均 GDP 为 3603 元，而我国在 2000 年进入老龄化社会时，人均 GDP 约为 7858 元，是贵州省的两倍有余。贵州全省各少数民族人口为 1282.27 万人，占总人口的 36.33%①，2016 年贵州省地区生产总值为 11734.43 亿元，人均 GDP 为 33127 元，比上年增加了 3280 元，农村常住居民人均可支配收入 8090.28 元，比上年增长 8.8%，城镇常住居民人均可支配收入 26742.62 元，比上年增长了 9.5 个百分点②。与全国其他地区相比，贵州经济发展水平处于末位，但是贵州人口老龄化程度却位列全国第十三位，人口老龄化“未富先老”的特征显著。贵州省人口老龄化进程远快于经济发展速度，是我国“未富先老”省份的典型，养老问题十分突出，这无疑给贵州省老龄工作带来了严峻的挑战。

第三节　贵州省人口老龄化发展趋势

一　人口老龄化进入快速发展阶段

随着经济社会的快速发展，贵州人口再生产类型已经实现了由新中国成立初期的高出生、高死亡、高增长向目前的低出生、低死亡、低增长的转变，人口年龄结构已经由年轻型转向了老年型。贵州 65 岁及以上的老年人口由 1982 年的 134 万人增加到 2016 年的 366.88 万人，增长了 232.88 万人；同时，65 岁及以上老年人口占

---

① 贵州省统计局：《2015 年贵州省 1% 人口抽样调查主要数据公报》，2016 年 4 月 28 日。

② 贵州省统计局：《2016 年贵州省国民经济和社会发展统计公报》，2017 年 3 月 22 日。

总人口的比例从4.66%上升到10.32%，上升了5.66个百分点（见表3－3）。可见，贵州人口老龄化速度较快，老年人口数量多、规模大。

表3－3　　贵州省人口老龄化程度变动情况　　单位：万人，%

年份	1982	1990	2000	2010	2012	2013	2015	2016
65岁及以上人口数	134.00	149.40	203.90	297.90	323.00	338.51	360.01	366.88
65岁及以上人口比例	4.66	4.61	5.79	8.57	9.27	9.66	10.20	10.32

资料来源：1982年、1990年、2000年和2010年数据来源于历次人口普查；2012年数据来源于唐映祥《贵州省养老服务机构发展现状及对策建议》，2013年11月6日；2013年、2015年、2016年数据来源于《贵州统计年鉴》。

随着贵州省经济社会不断发展，医疗卫生事业的不断进步，人口出生率的持续降低，人均预期寿命的不断延长，贵州省人口老龄化程度将快速提高，老年人口规模日益扩大。2010年，贵州省人口出生率为13.96‰，死亡率为6.55‰，自然增长率为7.41‰，与2000年第五次人口普查相比，出生率下降6.63个千分点、死亡率下降了0.98个千分点、自然增长率下降了5.65个千分点。2016年，贵州省人口出生率为13.43‰，死亡率为6.93‰，自然增长率为6.50‰，与2010年第六次人口普查相比，出生率下降了0.53个千分点、死亡率上升了0.38个千分点、自然增长率下降0.91个千分点。出生率的持续降低，再加上贵州大量的青壮年人口外出务工，导致贵州省人口年龄结构老龄化加剧。

到21世纪中叶，贵州省人口老龄化速度将不断加快。据预测，贵州省人口老年化发展趋势分为三个阶段：缓慢增长阶段（2012—2021年）、快速增长阶段（2022—2038年）、高位持续阶段（2039—2050年）；60岁及以上老年人口在2012—2021年将以1.73%的年递增率增长，2022—2038年老年人口将以2.85%的年递增率增长①。

可见，贵州省人口老龄化的速度越来越快将对贵州省社会养老服务体系提出严峻的挑战。

二 老年人口规模不断扩大

贵州省人口老年系数将不断上升，老年人口规模不断扩大。贵州省 60 岁及以上的常住和户籍老年系数分别从 2012 年的 12.02% 和 13.50% 快速上升到 2050 年的 29.51% 和 24.47%，增幅分别达 145.51% 和 81.26%；65 岁及以上老年系数的增幅分别达 160.51% 和 100.54%；70 岁及以上老年系数的增幅分别达 184.96% 和 149.29%；80 岁及以上老年系数的增幅分别达 234.82% 和 218.26%。到 2050 年贵州省户籍及常住人口中，每 10 人中将有 60 岁以上老人 3 人和 2.4 人，将有 65 岁以上老人 2.1 人和 1.9 人。随着老年人口系数的不断上升，老年人口数量不断扩大。60 岁以上的老年人口，到 2021 年将达到 550 万；到 2038 年将达到 885 万，到 2059 年将达到 1207 万人②。

可见，贵州省老年人口规模将不断扩大。贵州省老年人口规模不断增加将对贵州省社会养老服务体系提出严峻的挑战。

三 老年人口抚养比迅速上升

随着贵州省人口老龄化速度加快，老年人口规模的不断扩大，老年人口抚养比迅速上升。老年人口抚养比在 2022 年前呈缓慢上升态势，之后迅速上升，常住人口和户籍人口老年抚养比从 2022 年的 22.80% 和 19.95% 上升到 2050 年的 38.60% 和 49.46%，分别增加了 15.80 个百分点和 29.51 个百分点；同时，常住人口老年抚养比于 2039 年达到高峰值 38.61%，并稳定在峰值区域，届时不到 3 个劳动力需抚养 1 个 60 岁以上老年人；从户籍老年抚养比看，2063 年达到高峰值 62.19%，意味着届时几乎每 3 个劳动力就要抚养 2

---

① 韦璞、武学丽：《贵州省人口老龄化历程、特征与趋势》，《社会福利》2013 年第 6 期。

② 同上。

个 60 岁以上老年人[①]。

可见，未来一段时间内，贵州老年人口抚养比将快速上升，这将给贵州经济、社会、文化等领域发展带来深刻的影响。

第四节　贵州省人口老龄化的挑战

贵州省人口老龄化的现状以及发展趋势将给贵州经济社会发展提出严峻的挑战，同时，高龄老人、空巢老人、失能和半失能老人日益增多，老年人需求多样化，社会养老服务体系建设滞后，人口老龄化表现出来的新现象、新问题与新特征对贵州省老龄工作提出了新的挑战。

一　社会养老服务体系面临巨大挑战

随着老龄化的发展，人口结构的改变，家庭规模的缩小，家庭养老功能也随之弱化。因此，老年人养老服务的需求向社会转移。目前，贵州养老服务体系建设取得了一些成绩，但由于人口老龄化程度的不断加深，养老服务体系建设仍然处于初步阶段，养老服务体系还存在诸多不足之处。

（1）着眼于养老服务的潜在需求，而忽略了有效需求。用经济学的语言来说，既有消费欲望又有支付能力的需求即为有效需求，而虽有消费欲望但无支付能力的需求是潜在需求[②]。2010—2015 年，养老服务业炙手可热，投资者只看到了老龄化加速所带来的商机，却忽略了一个最基本的社会事实——老年人自身的养老意愿和经济能力。因此，对于养老服务业的发展，要站在老年人的角度，科学规划，合理开发。

---

① 韦璞、武学丽：《贵州省人口老龄化历程、特征与趋势》，《社会福利》2013 年第 6 期。

② 顾海、马超、吉黎：《医疗领域的城乡差距与城乡不公正》，《南京大学学报》2015 年第 4 期。

（2）政策涉及养老各个方面，但没有重点突破。贵州省“十二五”期间出台了一系列养老服务政策，看似涉及养老各个方面，却没有找到问题的真正突破口。根据贵州省民政厅对空巢老人调查报告显示，截至2013年，贵州60岁及以上空巢老人达150.3万，占老年人口数的30%，比2012年空巢老人总数增加36.96万人。其中，身体健康状况较好的空巢老人仅占24.54%，身体一般的占57.93%，身体较差或者非常差的空巢老人占到17.53%，也就是说有相当多的空巢老人生活不能自理，需要他人照顾。这部分老年人对养老服务的需求是刚性的，也是迫切的，解决空巢老人尤其是空巢失能老人的养老问题意义重大，应当将其作为养老服务体系发展的重点和突破口。

（3）政府与市场功能定位不准，限制养老服务体系发展。作为公共产品和准公共产品的养老服务，长期以来政府对其承担着主要的责任①，但是，政府并不是万能的，面对贵州省老龄化程度高，老龄化进程快，以及老年人养老服务需求的多样化、个性化的发展现状，应发挥社会功能和市场功能，通过政府主导、市场参与的方式来完善养老服务体系的发展。

（4）管理机构分散，管理效率不高。老龄工作涉及民政部、社会保障、残联、卫生部门等多个相关机构，从当前各机构的运行状况以及养老服务工作的开展情况来看，由于这种分散化的管理和运作模式导致各部门之间分工不明确，存在多头管理或者无人管理的现象，从而弱化了养老服务机构管理合力。

二　医疗卫生健康服务体系承受巨大压力

由于增龄和生理机能的下降，老年人患病、患慢性病的概率增加，老年人中患病者的比例也在不断增加，看病难、看病贵问题突出。看病难主要是因为缺少医疗资源，且医疗资源分布不均所导致的；老年人患病特征、老年人经济状况、高昂的药价以及检查费用

① 唐钧：《中国老年服务的现状、问题和发展前景》，《社会治理》2015年第3期。

等原因导致了老年人看病贵问题。如果老年人的医疗健康需求未得到满足，健康老龄化便无从谈起，同时也会使老年人的照料问题更加突出。

根据《中国老龄事业发展报告（2014）》数据显示，我国城乡超过3600万的老年人已处于完全失能或半失能状态，且其中有很大比例的老年人患有各种慢性疾病，我国60岁以上老年人有7220万人均不同程度地患有慢性病，发病率在54%左右。可见，随着人口老龄化、高龄化的发展，老年人对医疗卫生的需求也随之变大。目前，贵州省医疗卫生健康体系发展矛盾主要表现在两个方面：

（1）老年群体对医疗服务需求的增长速度与医疗资源配置的动态调整不协调。老年专科机构、医护人员数量、医护人员的专业程度远不能满足老年人的需求。以医院的住院床位为例，老年人身体状况差，住院的概率要比一般人高，而医院一床难求，这就逼迫老人不得不选择长期住院，导致“押床”现象产生，进而导致医院床位更加紧张，形成不良循环。“押床”现象是老人们的无奈之举，社区以及养老机构医疗卫生条件不高，医护人员专业程度有限，无法满足老人的医疗需求，而医院医疗卫生资源不足，使老人对医疗卫生的需求与医疗资源供给之间的矛盾日趋严重。

（2）医疗资源城乡分布不均衡。贵州作为我国经济发展欠发达地区之一，其省内城乡之间的经济发展相去甚远，地区经济发展的不平衡导致医疗卫生资源分布不合理，尤其是对于边远农村、山区的老人，所享有的卫生资源难以保证。根据卫生部的调查数据，在贫困地区患病而未就诊的占72%，应当住院治疗而未住院的达89%，因病致贫或返贫的达50%。由于农村地区医疗及养老保障基础设施不完善，拉低了全省医疗保障和养老保障的覆盖率，虽然近些年来贵州省政府相关部门出台了相关政策，情况有所改善，但医疗卫生资源的公平性仍有待提高。

三　老年人的精神文化需求迫切

一方面，由于居住方式的变化，空巢老人、独居老人增多；贵州每年有800万农民工外出务工，留守老人规模较大，截至2016年5月，贵州省跨省外出务工609.38万人，同比下降0.16%，省内就地就近转移就业254.64万人，同比增长6.74%[①]；家庭结构小型化和核心化使家庭关系更加简单，家庭代际间缺少沟通与交流，老人与子女间互动的频度少，互动内容单一，老年人的精神慰藉需求难以获得满足。另一方面，当前，老年人的需求类型已经从生存型向发展型转变，因此，老年人在基本生存需求获得满足以后，他们逐渐关注自己的精神文化需求，发展自己的兴趣爱好，追求实现自身的个人价值与社会价值。因此，随着人口老龄化程度不断加剧，老年人的精神文化需求不断增大。如何满足老年人不断增长的精神文化需求是贵州人口老龄化面临的一个重大挑战。

四　传统养老模式将受到巨大冲击

随着人口老龄化的发展和人口流动性的增强，我国原有的家庭结构发生巨大变化，使家庭养老功能逐渐弱化，传统家庭养老模式受到巨大冲击。

（1）“核心家庭”的出现使老人在家庭中的地位和权威降低。传统的数代同堂的大家庭中，老人是家庭的核心，有着至高无上的地位和权威，凡事以“孝”字为先，日常生活计划以老人为中心，听从老人安排。但是，随着社会的发展以及核心家庭的大量出现，老人渐渐失去了在家庭中的核心地位，这种转变不仅改变了传统家庭中伦理等级秩序，老人在家庭生活中的影响力和控制力也被慢慢削弱。年青一代因为生活和工作的双重压力，无暇将时间和精力过多地投入老人身上，使老人生活质量和心理健康状况均受到了影响。尤其对于农村老人说，随着年青一代在经济和生活上的独立性增强，其经济收入不再上缴父母，老人们掌管家庭经济的权力随之

---

① 章婧：《贵州省跨省外出务工609.38万人》，贵阳网，2017年3月23日。

变弱，而农村老人年轻时积蓄有限，老年时无经济收入来源，农村养老保障水平又相对较低，保障体系不完善，所以这些只能依赖儿女养老的农村老人生活条件差，更谈不上老有所养、老有所乐。

（2）家庭规模的小型化使传统家庭养老模式丧失养老基础。国家卫生计生委公布的《中国家庭发展报告2015》显示，我国家庭正经历着小型化，两人家庭和三人家庭成为家庭类型主体，家庭规模的缩小使可以获得的家庭养老资源更加紧缺，对于贵州“未富先老”的社会现状来说，家庭结构的小型化对当前的养老服务的冲击力更强。此外，贵州农村的经济发展远不及城镇，而农村的老龄化程度和老龄化进程均高于城镇，导致农村地区的老人可以获得养老资源更为稀少，从而陷入养老困境。

（3）人口流动造成家庭养老地理不可及性增强。贵州经济发展相对落后，在20世纪末出现“打工潮”现象，大量劳动力尤其是农村青年劳动力被经济发达地区吸引。因此，产生了大量留守老人和空巢老人。子女外出打工，与父母之间的感情交流将减少，老人难免会感到孤单寂寞，缺乏精神慰藉，造成精神和心理上的空虚。同时，使依赖家庭养老的老年人缺乏生活上的照料，生活状况不容乐观。

五　人口老龄化城乡倒置使农村老人养老问题更加突出

现阶段贵州省人口老龄化城乡倒置现象严重，农村地区不仅老年人口多，老龄化程度高，而且老年抚养比也高于城镇。与养老服务体系相对完善的城镇相比，贵州农村养老服务的发展还存在很大差距。农村老人养老问题主要表现在以下几个方面：

（1）养老经济支持不足。从农村家庭自身角度来说，种地成本的不断攀升、农产品价格的不稳定性以及失地农民持续增加，导致农村居民务农收入低下；从保险制度设计的角度来说，农村基本养老金每人每月最低70元，其保障力度低于我国农村低保平均标准水平，而农村基本养老金缺乏动态调整机制，也就是说这个保障水平还会因物价的上涨而大打折扣。

（2）农村家庭养老功能弱化。计划生育政策的强制实施以及农村地区经济能力的限制使得贵州农村地区中年人口儿女数量相对过去较少，部分农村地区也出现了“四二一”型家庭，即一对夫妇需要赡养四对老人。独生子女家庭的出现，家庭规模的变小，使得农村家庭养老功能弱化。同时，当前贵州农村大多数家庭的居住方式也在发生着变化，代际分离的居住方式已成为普遍现象，这也意味着老年人不仅面临着养老经济支持不足，还存在日常生活无人照料、精神空虚等问题。

（3）农村养老服务缺口大。养老资源的区域分布不平衡是贵州省普遍存在的问题，随着农村老龄化的加速发展，相对城市而言，农村养老服务业缺口更大。养老服务基础设施不完善、资金投入不足、建设滞后，养老体系不健全，而且由于农村养老机构的单位性质和经费来源不够明确，工作人员待遇低，所以一些具备专业技能的人不愿去农村养老机构工作，导致农村养老机构缺乏专业的养护人员，使养老服务工作陷入困境。

（4）农村老年人社会化养老参与不足。受传统观念的影响，贵州省农村老年人倾向于选择家庭养老。目前大部分农村地区，只有极少数五保老人参加集体养老，其余绝大多数老人还是主要通过子女或家庭赡养的方式来养老。农村老年人社会养老参与性不足，使得农村地区建立的社区养老服务中心基本处于闲置状态，造成社会养老资源浪费的同时，自身的晚年生活质量也无法得到有效改善。

六　失能、半失能老人护理照料问题严峻

老年人随着年龄的增长身体机能将逐渐退化，失能老人、半失能老人的比例也随之升高，这部分老人会产生不同程度的生活照料和医疗卫生服务，且对护理照料的需求是刚性的。而贵州省长期照料服务严重缺失，长期照料问题突出。家庭结构小型化和核心化使得核心家庭不断增多，居住在四代、三代或者二代家庭中的老年人日益减少。个体老龄化造成的生理机能的下降，老年人虽然能活得越来越长，但是老年人健康预期寿命不一定长，因此，由疾病或增

龄所造成的日常生活不能自理或半自理的老年人日益增多。据“六普统计”调查，贵州省老年人生活不能自理的比例为3.4%，其中城镇为2.49%、农村为3.73%，80岁以上老年人生活不能自理的占13.13%，无配偶老年人生活不能自理的比例为5.85%，比有配偶的老年人高出2倍多①。2016年，全省失能和半失能老人达到105万人，占老年人总数的18.9%，预计到2020年将达到120万人以上②。由于老年人居住方式的改变，家庭子女人数的减少，子女养老观念的变化，以及年轻子女日益追求个人发展，家庭提供照料的功能正在逐渐丧失，靠家庭、靠子女来解决老年人日常生活照料问题已经越来越不现实。在新闻媒体上经常会看到一些关于独居老人去世后很长时间才被人发现的报道。因此，构建适合贵州省省情的长期照料服务迫在眉睫。

（1）失能老人对常见疾病缺乏认知。根据贵州2010年人口普查数据，全省常住人口中，文盲人口为303.85万人，占比为8.74%，小学以下文化程度人口为136.81万人，占比超过3.94%③。贵州省整体文化水平的低下是造成失能老人缺乏健康相关行为认知的重要因素，超过60%的老人是因为对自己身体症状缺乏认知而没有及时地寻求治疗，导致疾病恶化，无法挽回。

（2）家庭照料面临的挑战。家庭对失能老人的照料是家庭成员的责任，而失能老人也享有被照顾的权利。但现实情况是，对于失能老人来说，他们生活无法自理，需要长期的生活照料；对于家庭成员来说，由于对失能老人的照料是长期性的，再加上家庭规模的缩小，家庭成员也相应减少，所以无论是从时间上还是从人力上考虑，对失能老人的长期家庭照料都难以实现。

---

① 唐映祥：《贵州省养老服务机构发展现状及对策建议》，http：//www.gzll.org.cn/show.php？id=544，2013年11月6日。

② 胡楠赟：《贵州大力发展医养结合 提升老年人生活“获得感”》，多彩贵州网，2017年7月19日。

③ 贵州省统计局：《贵州省2010年第六次人口普查主要数据公报》，2011年5月。

（3）社区照顾面临的挑战。由于家庭在长期照料方面存在很大的局限性，探索将长期照料服务建立在社区照顾体系之上，形成社区化家庭养老照料的新模式是非常有必要的。长期社区照料服务体系应包括专业医护队伍、完善的管理和监督机构、政府政策的支持和引导。而贵州省当前在社区养老方面对失能老人的关注较少，相关的配套政策不完善，管理机构不健全，监督缺失，社区养老机构虽配有护理人员，但护理人员数量有限，专业程度不高，在长期护理服务方面没有形成完整的体系，从而阻碍照料工作的顺利开展。

（4）机构养老面临的挑战。首先，失能老人入住养老机构的门槛高，其原因，一方面是相关基础设施和医疗设备跟不上，另一方面是失能老人年纪较大，再加上行动不便，易发生意外，所以养老机构为了避免承担风险拒绝接收。其次，对于有意愿接收失能老人的养老机构，其对失能老人收取的养老费用要远高于非失能老人，大多数老人承担不起高昂的养老费，只能选择放弃。

七　农村老年人中贫困问题严重

贵州贫困面大，贫困程度深，按国家新的贫困标准计算全省有贫困人口1149万人，贫困人口占全国贫困人口的9%，享受农村低保老年人182.5万人，其中农业户口的老年人占老年人总数的83%；截至2010年年底，全省有城市低保老年人7.56万人，农村低保老年人165万人，占城乡享受低保对象的29.3%，占老年人总数的38.7%，其中农村享受低保的老年人占总数的37.0%[①]。2012年，全省享受城市居民低保的老年人8.3万人，占城市低保总数的15.65%，享受农村低保老年人167.9万人，占农村低保总数的32.73%[②]。2015年，全省有493万贫困人口，占全国的8.77%，贫困人口总数位列全国第一。可见，贵州农村老年人贫困问题严重。如何让农村老年人脱贫、减贫，过上有尊严的生活是贵州省人

① 唐映祥：《贵州省养老服务机构发展现状及对策建议》，http：//www.gzll.org.cn/show.php? id=544，2013年11月6日。

② 丁治学：《在贵州省第三次老龄工作会议上的讲话》，2013年7月18日。

口老龄化面临的严峻挑战。

贵州人口老龄化和高龄化发展速度快，人口老龄化程度较高，人口老龄化“未富先老”更为显著，面对贵州人口老龄化提出的挑战，如何解决这些老龄问题，是关系贵州经济社会和谐稳定发展的一个关键。因此，认清老年人的生活质量，建立和完善社会养老服务体系是解决新时期贵州老龄问题的一个有效途径；同时，有利于满足老年人日常生活中的各类服务需求，有利于提高老年人的生活质量。

第五节　贵州省人口老龄化的机遇

一　“未富先老”有利于着力推进城乡社会养老服务体系建设

贵州省“十二五”时期是老龄化发展的高峰期，为积极应对人口老龄化，贵州省政府相关部门采取有力措施，出台了一系列相关政策，推动了社会养老服务体系的发展。截至2012年年底，全省88个县（市、区）建立100岁高龄补贴制度的占84.1%，其中有55.7%的县（市、区）建立了80—89岁高龄补贴制度，标志着适度普惠的老年福利制度已初步建立①。全省城市社区中开展居家养老服务的占97.8%，部分农村地区开展了居家养老服务，为高龄、空巢、独居、低收入的老人就近提供养老服务；同时，“十二五”期间养老机构建设也不断加强，据统计，全省各级在社会养老服务体系建设方面的投资资金达20亿元，是“十一五”期间资金投入的三倍，养老机构迅速发展，截至2014年全省共有养老床位12万张，平均每千位老人拥有床位23张，比2010年末每千人增加了18张②。

---

① 贵州省统计局：《贵州省2012年国民经济和社会发展统计公报》，2013年2月27日。

② 段昌婧：《我省加快养老服务业》，《贵州都市报》2014年5月10日。

2015年是“十二五”收官之年，面对即将来临的“十三五”重要战略机遇期，贵州在养老服务体系建设方面将取得长足发展。首先，随着人口向高龄化方向发展，老年人的身体健康状况也逐渐被重视并受到关注，而贵州省一直以来把养老服务体系建设重点放在如何“养”，忽略了“医”，这为探索“医养结合”养老新模式提供了契机；其次，目前农村地区养老服务体系建设处于初级阶段，而农村人口老龄化程度高于城镇，且发展速度快于城镇，为推进养老服务的城乡平衡提供了发展动力；最后，人口老龄化的加速发展，也进一步促进了养老服务机构服务管理水平的提升。

二　大数据产业为发展养老服务业提供了良好机遇

当前养老服务业发展存在的突出问题是管理和服务的碎片化，而这些问题的根源在于信息的碎片化。因此，以互联网大数据信息服务为基础，建立一个与保险基金和机构服务无缝联接的老年服务机构联盟，形成大服务产业，是解决管理和服务碎片化问题，推进养老服务产业发展的有效途径[①]。老年服务大数据平台的建立将会实现居家养老、社区养老以及机构养老的统一管理、规划和实施。同时，在提供相关服务的过程中，也会逐步形成有关老年服务的“大数据”网络系统，能够更加方便、更加快捷地为老人提供养老服务，避免管理碎片化和信息滞后等带来的服务不对称问题。

在养老服务保障方面，通过建立老年人“大数据”网络系统，利用数据预测模型，推断老年人的身体健康状况，从而能够为老年人提供更加精确化的服务，提升工作效率，降低养老服务成本，形成更加人性化的养老服务体系。

在政府服务方面，一方面“大数据”可以打破信息壁垒，通过信息共享机制，形成工作联动，推动工作的高效开展；另一方面，数据的公开化、透明化，可以为社会公众提供监督渠道，对养老服

---

① 唐钧：《“护联网”织就老年服务大网》，《中国人力资源社会保障》2015年第8期。

务的质量和内容进行更有效的监督，同时，也可以提高政府决策的科学性和合理性。

三　大健康新医药产业发展有利于积聚优质医疗资源

目前，贵州省养老服务体系还处于医养分离的状态，社区养老服务中心以及养老机构将重点放在了养老服务的提供上，忽略了老年人的医疗卫生需求。随着近年来贵州省人口老龄化和高龄化程度的不断提高，以及失能、半失能老人比例的增高，老年人的医疗卫生需求也随之增加。因此，养、护、康合一的养老方式将会是今后养老服务的发展方向，这为大健康新医药产业发展提供了潜在的消费市场。

贵州省在发展大健康新医药产业上具有得天独厚的生态优势、资源优势和产业优势。近年来，贵州省重点围绕药材种植、医药科研、医药制造、医疗服务等领域，构建医药健康新格局，大力促进医药健康产业发展。贵州省结合自身所独具的生态区位优势，将中药和苗药的生产发展列为大健康新医药产业的重中之重，并大力发展康复疗养、养生养老等大健康产业，不仅通过以医药为主的产业链开发拉动贵州经济发展，又有利于积聚优质医疗资源为老年人提供更好的医疗健康服务。

贵州省发展大健康新医药产业还具备强大的政策优势。习近平总书记勉励“贵州要牢牢守住发展和生态两条底线，因地制宜选择好发展产业”，大健康新医药产业的发展是对总书记讲话精神的贯彻落实。贵州省将大健康新医药产业和大数据产业发展作为姊妹篇来规划布局，将其纳入重点培育的新兴产业，贵州省步入大健康时代。

四　生态、区位优势为发展医养服务业提供了先天优势

贵州地处亚欧大陆东部，属于中国西南地区云贵高原亚热带湿润季风气候，冬暖夏凉，整体生态环境良好，具有发展医养服务业的先天优势。近年来，贵州省加大医养服务业的发展力度，建设一批避暑型、疗养型、康复型等多种类型的度假养老服务基地和目的

地，并鼓励和引导相关行业积极拓展适合老年人特点的文化娱乐、体育健身、休闲旅游、健康服务、法律服务、精神慰藉等服务，努力将贵州打造成为具有较高知名度和国内领先水平的健康养老基地。

贵州快速改善的交通网络凸显了贵州的区位优势，为发展医养服务业打下了扎实基础。贵州地处西南腹地，与四川、重庆、广西、云南、湖南接壤，是我国西南直达华东、华南的交通枢纽。贵州省一批快速铁路、高速公路等重点项目的建成，形成了贵阳至成都、重庆、昆明等地 2 小时，到广州 3 小时，到上海 3 小时的快速铁路交通圈，这为医养服务业提供了发展载体，将进一步推进贵州省医养服务业以及养生养老产业的发展。

五　农村人口老龄化形势为构建农村关爱养老服务体系提供了机遇

农村人口老龄化的加剧，既对当前农村养老服务体系提出了挑战，又为推进农村养老服务发展提供了机遇。虽然贵州省农村养老服务已经取得了一定的成就，但是仍然存在服务水平低、服务体系不完善的问题，未能有效地保障农村老年人口的生活质量。新型城镇化的推进，贵州省农村经济社会发展呈现出新的特征，这为构建农村关爱养老服务体系提供了重要机遇。

首先，土地养老功能弱化，老人社会养老需求增加，将促进社会基本养老保险的发展。土地养老依靠土地收入为家庭成员提供保障，是贵州省农村的传统养老方式。土地既是生产资料，又是农民赖以生存的保障，农民失去了土地，也就意味着失去了这一基本保障。因此，土地养老是农民最后的一道养老防线，是农村家庭养老的核心①。而土地使用方式的转变使得农民从中获得受益极为有限，难以获得持续的养老保障，征地补偿费用又不能满足老年人长期养

① 位涛、闫琳琳：《中国农村土地养老保障贡献研究》，《人口与经济》2014 年第 1 期。

老需求。在这样的背景下，家庭养老已经不足以保障农村老年人的晚年生活，而社会基本养老保险作为土地养老的替代品和补充品，其养老保障功能将凸显出来。

其次，农村留守老人、空巢老人比例的增高，为居家养老提供了发展可能。新型城镇化的推进同时也进一步促进了农村人口的流动，大量劳动力人口外流，留守老人、空巢老人增多，在给家庭养老造成困境的同时，又为农村居家养老提供了创新机会。农村以村落为单位，人口相对集中，在现有人居环境上进行村改社区，发展农村社区居家养老方式无疑是解决当前农村养老问题的最佳选择。

最后，贵州农村老年人口的高龄化以及失能化，推进农村医养服务业的发展。目前，贵州省城乡医疗资源分布不均，城市医院和农村卫生院提供医护人员的发展平台和发展环境差异甚大，导致农村医疗设备相对落后，医护人员数量不足，专业水平不高，农村人口享受到的医疗服务大大低于城镇人口。因此，农村老年人对医疗服务的需求极为迫切，所以政府应当发挥主导作用，健全和完善农村医养服务体系，建设一支专业的医护人才队伍，为高龄老人、失能老人提供专业化护理，为其晚年生活保驾护航。

贵州省人口老龄化形势严峻，老年人口比例高，老龄化进程快，且人口老龄化城乡倒置严重，这在一定程度上给贵州省社会养老体系提出了严重挑战，同时，又为养老服务体系的进一步完善提供了动力。一方面，贵州省人口老龄化的加速发展以及“未富先老”的社会现状有利于推动城乡社会养老服务体系的建设和老年人关爱服务体系的完善；另一方面，当前贵州处于社会经济发展转型时期，是一个必须紧紧抓住并且大有作为的战略机遇期。利用大数据、大健康等新型产业的兴起大力发展并健全社会养老服务体系，借助贵州省生态以及区位优势开发集医疗、保健、养生等于一体的医养服务业，在缓解老龄压力的同时，又可促进社会经济的发展，更重要的是提高老年人的生活质量。

养老保障的健全和完善需要依托于经济的发展，而经济发展状态又决定着养老保障的发展思路。贵州省经历着经济非常态、常态、新常态的发展过程，社会经济发展处于重要的战略机遇期，养老保障事业也处在改革的关键时期，新的机遇和挑战并存。因此，积极应对人口老龄化需从贵州省经济社会发展的阶段性特征出发，适应新常态，创新养老事业发展思路，破解养老难题。

第四章　贵州省老年人生活质量现状评价

第一节　贵州省老年人生活质量研究现状

农村老年人生活质量研究明显晚于和少于城市社区老年人生活质量研究。在中国期刊网全文数据库（2000—2017 年）以篇名为“老年人生活质量”进行文献搜索，结果共 519 篇，涉及欠发达地区老年人生活质量的文献仅 13 篇（占 2.5%），且主要发表在医学类期刊上。可见，国内开展欠发达地区老年人生活质量研究较少，且多是从医学的角度出发。贵州省开展农村老年人生活质量的研究较晚，而且极少。目前，从中国期刊全文数据库能查阅到的有关贵州省老年人生活质量研究的文献仅有 4 篇。

20 世纪 90 年代，曾国珩等人自拟问卷对贵州省遵义县高坪镇 1110 名老年人生活质量进行的研究，将生理健康和主观满意度相结合对老年人生活质量进行评价。贵阳医学院黄文勇等采用 ADL、IADL 和 LSIA 量表，对贵阳市城区老年人生活质量进行研究，目的是探讨城市老年人生活质量现状及其影响因素①。他们的研究结果表明，城区老年人慢性病的患病率为 57.8%，ADL 和 IADI 损害率分别为 9.4% 和 23.2%，老年人社会支持程度相对较低；城区老年

① 黄文勇、宋沈超、杨敬源、赵方贵：《贵阳市城区老年人生活质量研究》，《实用预防医学》1999 年第 5 期。

人的年龄、收入状况、健康自评、慢性病、日常生活功能、负性生活事件、社会支持程度等与老年人生活质量高度关联，他们认为老年人生活质量受较多因素影响，要提高老年人的生活质量，就要采取综合措施来改善他们的整体健康水平。他们还对贵阳市城区老年人生活满意度进行了研究①。

2001 年，贵州省人民医院心血管病研究所潘仰中等，对贵州省黔灵镇社区 2400 位老年人高血压知晓率、医疗率与控制率进行调查，目的在于了解老年人群高血压的患病率、有关危险因素及防治状况②。此项研究的主要内容并不是生活质量，而仅是生活质量中的一个很小的方面，其结果对提高社区老年人群生活质量有积极意义。

可见，贵州省以往对老年人生活质量开展的研究相当少，大多是 20 世纪八九十年代，进入 21 世纪以来关于老年人生活质量的研究极少。近年来，关于贵州省老年人生活质量的研究不多，不能适时反映老年人生活质量现状；而且既有研究没有为我们提供老年人生活质量的全况和优劣程度，仅为我们了解老年人生活质量提供了某一方面的材料，为开展欠发达地区老年人生活质量研究提供了借鉴。

目前，老龄问题已经受到中央和各级政府的高度重视，甚至作为重大事项被写入国家和地方“十三五”规划。老年人生活状况和生活质量的资料和数据的缺乏，将会给社会养老服务体系建设以及相关政策制定造成一定的影响。新时期新的人口发展思路和发展战略，要求必须开展老年人生活质量研究，为如何积极应对人口老龄化提供借鉴。

---

① 黄文勇、宋沈超、喻茂娟、赵方贵：《贵阳市城区老年人生活满意度研究》，《贵阳医学院学报》1999 年第 3 期。

② 潘仰中等：《贵州省黔灵镇社区老年人高血压知晓率、医疗率与控制率调查》，《中国临床康复》2003 年第 7 期。

第二节　贵州省老年人生活质量评价指标及标准

一　数据来源与评价量表选取

老年人生活质量评价的数据来源于对贵州省两个乡镇和一个街道的老年人的入户问卷调查，力求对老年人生活质量进行系统、客观、综合的描述，充分认识老年人生活质量现状以及老年人生活质量的优劣，在此基础上，研究和揭示影响老年人生活质量优劣的因素，最后对改善和提高老年人生活质量的对策措施进行了积极探索。

老年人生活质量评价主要采用中华医学会老年医学学会流行病学组研制的老年人生活质量评价量表，该量表已被国内专家和学者广泛应用于老年人生活质量研究，具有较好的信度和效度，简单易行，可操作性强。选取该评价量表主要基于以下考虑：

第一，该评价量表是专门用于老年人生活质量评价，可以较全面地评估老年人生活质量。

第二，该评价量表评价指标和评价方法具体明了，易于实际操作和统计分析。

第三，该评价量表评价指标较全面，适应性强，已被国内研究者广泛应用于老年人生活质量研究，而且具有很好的信度和效度。

在选用“老年人生活质量”作为关键词在中国期刊网的核心期刊上检索到 41 篇论文，其中应用 SF—36 量表研究老年人生活质量的有 4 篇，占 9.8%；采用中华医学会老年医学学会流行病学组研制的老年人生活质量调查内容及评价标准建议（草案）研究老年人生活质量的有 10 篇，占 24.4%，其中研究老年人生活质量的有 2 篇。

二　贵州省老年人生活质量评价指标

本书从老年人生活质量的内涵出发，在参考借鉴以往研究成果的基础上，结合贵州省当地实际，选择评价指标。考虑到老年人生活质量是一个多维概念，在选择指标时，吸纳了以往的研究成果，评价指标既有客观指标也有主观指标，力求准确科学地反映和评估老年人生活质量。本书的评价指标主要参考中华医学会老年医学学会流行病学学组会议的指标体系。

本书认为生活质量的指标应当包含三个方面：首先是客观指标，如住房、经济收入、家用设施等，它是生活质量的客观物质基础；其次是主观指标，如对生活质量各领域的满意度，它是生活质量的主观反映；最后是综合指标，如主观幸福感，它是对老年人对客观和主观情况或条件所做的全面性、总体性概括。在评价老年人生活质量时，以客观指标为主，主观指标为辅，主观指标和综合指标仅从侧面反映生活质量。

除老年人个人基本情况和家庭状况的指标外，本书主要参考中华医学会老龄医学分会流行病学组研制的《老年人生活质量调查内容及评价标准建议（草案)》（详情见附录 3），选择涉及老年人的生活质量 11 个领域的指标，主要包括健康状况、生活习惯、日常生活功能、家庭和睦、居住环境状况、经济状况、营养状况、心理状况、社会交往、体能状况和生活满意度等多项指标。老年人基本状况包含年龄、性别、民族、政治面貌、教育程度、宗教信仰等；老年人家庭状况包含婚姻状况、子女数及分性别子女数、居住方式、配偶年龄及健康状况等。11 个领域指标的内容如下：

Q_1 = 健康状况领域，包含患病种类、近两周身体健康状况、健康状况自评、慢性病患病率等指标。

Q_2 = 生活习惯领域，包含抽烟、喝酒、刷牙、睡眠情况等指标。

Q_3 = 日常生活功能领域，包含日常生活活动能力（ADL）和日常家务活动能力（IADL）[①] 指标。

Q_4 = 家庭和睦领域，包含老年人与子女、配偶、儿媳的关系、

① 刘晶：《城市居家老年人生活质量指标体系》，博士学位论文，华东师范大学，2005 年。

家庭关系满意度自评等指标。

Q_5 = 居住环境状况领域，包含住房面积、家庭设施、家用电器和住房类型等指标，还涉及生活周围的自然环境包括空气、水和噪声污染。

Q_6 = 经济状况领域，包含老年人月收入。

Q_7 = 营养状况领域，包含偏食、进餐是否按时定量、日进餐次数、食用油种类、每周食用肉类次数、水果和奶制品次数等指标。

Q_8 = 心理状况卫生状况领域，包含近三年负性事件、目前担心事件、正负性心理感受等指标。

Q_9 = 社会交往领域，包含与家人、邻居和亲戚朋友的交往频度等指标。

Q_{10} = 体能状况领域，包含视力与听力、牙齿状况等指标。

Q_{11} = 生活满意度领域，包含对吃穿条件、居住环境状况、生活环境、经济状况、医疗保健、身体健康、子女孝顺、家庭关系、人际关系、文娱休闲活动和夫妻关系的满意度等指标。

老年人生活质量是老年人生活优劣的一个综合性指标，其内涵丰富，若将老年人生活质量视为一个系统，那么以上 11 个领域就是其子系统，每个子系统中包含若干指标。老年人生活质量可用公式表述为：

$$YQ = XQ_1 + XQ_2 + XQ_3 + XQ_4 + XQ_5 + XQ_6 + XQ_7 + XQ_8 + XQ_9 + XQ_{10} + XQ_{11}$$

此公式表明，老年人生活质量是生活质量 11 个领域相互作用的结果，生活质量中 11 个领域相互关联。

老年人生活质量评价量表主要借鉴中华医学会老年医学分会对老年人生活质量评价方法，即分等级评分方法，对老年人生活质量的各个领域和总体生活质量进行评价。

量表编制主要根据《老年人生活质量调查内容及评价标准建议》的内容，同时还加入了老年人基本情况和一些其他指标，将其设计为不同的问题，考虑到调查的可行性与可操作性，反映某个领域的指标可能不完全分布于问卷的相同位置，为了方便被调查者回答和保持思维上的一致性，所有问题并不按指标反映的内容排列。量表在编制后，经过对当地老年人进行试调查，不断修订和完善，形成最终的调查量表。

第三节　贵州省老年人社会经济特征

一　调查地概况

调查地位于黔中腹地，地貌以山地和丘陵为主，区位条件优越，交通、通信、能源等基础设施较为完善。调查地下辖 2 镇 7 乡、18 个社区服务中心，共 122 个行政村，52 个社区居委会。调查地为多民族杂居地区。2016 年，调查地常住人口 65.21 万人，比上年增加 1.04 万人，有苗、汉、布依等 38 个民族。调查地财政总收入 71.08 亿元，全年城镇常住居民人均可支配收入 28874 元，农村常住居民人均可支配收入 13463 元。①

2015 年，调查地有公办敬老院 2 所，共有床位 140 张。共有“五保老人”134 人，其中集中供养的“五保老人”仅为 21 人，集中供养率为 15.6%，床位利用率仅达到 15%②。2017 年，调查地有 21 家民办公寓，其中 1 家是公办民营，是贵州省 88 个县中民办老年公寓最多的区，年服务老年人 800 多人次，平均入住率不到 55%，城乡居民享受低保总人数为 6676 人，其中农村低保对象为 3773 人，占总数的 56.52%。③

2016 年，调查地各级各类医疗卫生机构 343 所，其中社会办医

---

① 调查地统计局：《国民经济和社会发展统计公报（2016 年）》。

② 调查地人民政府办公室：《公办敬老院“公建民营”实施方案》，2015 年 7 月 9 日。

③ 邹雨茉：《老人养老院坠亡，谁的不可承受之重》，《南方周末》2016 年 12 月 14 日。

136 所；新增医疗机构 17 所，其中社会办医 15 所；年末签约社区全科医生 1.3 万人，提供服务 6.9 万人次；乡村签约服务 3.2 万份，服务人数 12.3 万人，签约率达 55%；年末卫生机构床位 0.36 万张，执业助理医师 0.16 万人①。

根据抽样方案，抽取调查地经济发展水平处于高、中、低的 QX 街道办事处、MG 苗族布依族乡和 JA 乡（农民人均纯收入依次分别为 3368 元、2796 元和 2410 元）作为调查地点。

QX 街道办事处总面积为 34.85 平方公里，现辖 4 个社区、6 个行政村、有 29 个村民组，总人口 24913 人，其中非农业户口 28463 人，占总人口的 74.00%。MG 乡总面积为 68.29 平方公里，辖 9 个行政村，60 个村民小组，2 个居委会。人口主要以苗族、布依族为主，总人口为 20780 人。JA 乡总面积 48.66 平方公里，辖 7 个行政村，60 个村民组，人口以汉、苗、布依为主，总人口为 13877 人，少数民族人口 2639 人，占全乡人口的 18.55%。

调查地老年系数为 10.1%，被抽选的乡（办事处）老年系数均在 9% 以上，其中 QX 办事处达到 12% 以上；实际调查样本占被抽取样本的 95.4%（见表 4－1）。

表 4－1　　抽选乡老年系数及调查样本情况　　单位：人，%

	总人口	60 岁及以上人数	老年系数	抽取样本数	抽取样本占老年人口比例	实际调查样本占抽取样本比例
调查地	324079	32616	10.1	675	2.1	95.4
JA 乡	13877	1254	9.0	225	17.9	93.3
MG 乡	20780	1978	9.5	225	11.4	97.8
QX 办事处	24913	3089	12.4	225	7.3	95.1

资料来源：调查地统计局统计年鉴（2005 年），调查地老龄工作委员会，JA 乡、MG 乡计生站和 QX 街道办事处。

① 调查地统计局：《国民经济和社会发展统计公报（2016 年）》。

二　被调查样本基本情况

QX 街道办事处抽取的三个村分别是杨中村、麦乃村和陈亮村，共调查 214 人。MG 乡抽取的三个村分别是改毛村、上板村和沙坡村，共调查 220 人；JA 乡抽取的三个村分别是小山村、雪厂村和拐耳村，共调查 210 人。共调查 9 个村，644 名老年人（见表 4－2）。

表 4－2　　调查老年人的年龄性别分布情况　　单位：%

调查地	村	60—69 岁			70—79 岁			80 岁及以上			合计
		女	男	小计	女	男	小计	女	男	小计	
JA 乡	雪厂村	14. 65	11. 18	12. 84	5. 26	7. 34	6. 20	5. 88	4. 17	5. 33	9. 47
	小山村	9. 55	7. 06	8. 26	6. 77	10. 09	8. 26	5. 88	8. 33	6. 67	8. 07
	拐耳村	15. 29	13. 53	14. 37	15. 04	13. 76	14. 46	9. 80	16. 67	12. 00	14. 13
	小计	39. 49	31. 76	35. 47	27. 07	31. 19	28. 93	21. 57	29. 17	24. 00	31. 68
MG 乡	改毛村	15. 92	17. 65	16. 82	14. 29	20. 18	16. 94	15. 69	8. 33	13. 33	16. 46
	沙坡村	11. 46	12. 35	11. 93	15. 04	8. 26	11. 98	19. 61	12. 50	17. 33	12. 58
	上板村	7. 01	7. 65	7. 34	4. 51	5. 50	4. 96	7. 84	8. 33	8. 00	6. 52
	小计	34. 39	37. 65	36. 09	33. 83	33. 94	33. 88	43. 14	29. 17	38. 67	35. 56
QX 办事处	杨中村	12. 10	14. 12	13. 15	19. 55	11. 93	16. 12	9. 80	12. 50	10. 67	13. 98
	麦乃村	5. 10	6. 47	5. 81	3. 76	5. 50	4. 55	13. 73	12. 50	13. 33	6. 21
	陈亮村	8. 92	10. 00	9. 48	15. 79	17. 43	16. 53	11. 76	16. 67	13. 33	12. 58
	小计	26. 12	30. 59	28. 44	39. 10	34. 87	37. 19	35. 29	41. 66	37. 33	32. 76
合计		100. 00	100. 00	100. 00	100. 00	100. 00	100. 00	100. 00	100. 00	100. 00	100. 00

资料来源：根据贵州省老年人生活状况调查资料整理。

1. 人口学特征

被调查老年人的性别结构。被调查老年人中，男性老年人 303 位，占 47. 05%；女性老年人 341 位，占 52. 95%。

被调查老年人的文化程度。老年人文化程度低，3/5 未上过学，文盲率高。从文化程度来看，被调查老年人中，从未上过学的占 60. 51%，识字很少的占 10. 06%，小学文化的占 22. 37%，初中文化的占5.71%，高中以上老年人仅占1.35%。

被调查老年人的婚姻结构。丧偶老年人占1/3以上，女性老年人丧偶率高于男性。已婚有偶老年人占57.53%，丧偶老年人占38.70%，其他占3.77%。女性老年人丧偶率为52.94%，比男性老年人高30.03%。

被调查老年人的年龄结构。低龄老年人占1/2以上，高龄老年人相对较少。从年龄分布来看，60—64岁的占26.84%，65—69岁的占23.39%，70—74岁的占21.74%，75—79岁的占16.04%，80—84岁的占7.95%，85岁及以上的占4.04%。最高年龄为97岁，最低年龄为60岁。平均年龄70.20+7.29岁。老年人配偶平均年龄为66.69+7.48岁。

被调查老年人的居住方式。独居和两老户占1/3以上，其中独居者占1/4以上。被调查老年人为两老户和独居户的比例分别为27.3%和10.9%，二者占38.2%；其他户占61.8%。

被调查老年人的家庭结构。家庭规模较小，老年人拥有子女数在4人左右。老年人平均家庭规模为3.45人，人均拥有子女3.97人，其中男孩为2.12人，女孩为1.94人。

2. 健康状况和医疗保障状况

两周患病率高，就诊率低。在被调查的644名老年人中，有患病史的有191人，占29.66%。近两周患病的有269人，两周患病率为41.77%（269/644）；患病天数为1904天，人均患病7.09（1904/269）天；就诊人数为63人，两周就诊率为23.42%（63/269），就诊次数为141次，人均就诊2.24（141/63）次。两周患病未就诊的有206人，未就诊率为76.58%（206/269）。

两周卧床有61人，卧床不起天数为274天，平均卧床天数为4.49（274/61）天；两周每千人因病卧床人数为94.7人，两周每千人卧床天数为425.5天。

慢性病患病率高，患病种类多。在被调查的老年人中，患慢性病的有519人，慢性病患病率为80.59%。慢性病顺序（按患病率由高到低)：关节炎(71.70%)>慢性支气管炎(12.50%)>高血压(11.99%)>慢性胃肠道疾病(10.90%)>哮喘(8.28%)>白内障(7.33%)。由于老年人到医院做过体检的很少，因此，患有其他慢性病的比例占21.56%。其中，同时患一种慢性病的占43.17%，同时患两种及以上的占37.42%，同时患三种及以上的占13.20%，同时患四种及以上的占4.50%。

老年人定期体检者比例较低。曾经到医院做过体检的老年人有57人，仅占8.85%，现在定期到医院做体检的老年人有12人，仅占1.86%。老年人生病后选择看医生的占28.53%，自己买药的占39.50%，告诉家人的占15.75%，不看病拖和硬撑的占7.99%，其他占8.21%。

老年人医疗健康保健需求大，医疗费用大多自己承担。在晚年生活中，老年人认为身体健康最重要的居第一位，占53.19%，其次是物质生活，占28.36%；再次是心情愉悦，占10.16%；在老年人当前最需要解决的问题中，有42.65%的老年人认为是健康医疗保健方面，37.59%的认为是物质生活水平方面。医疗费用完全由自己和家人负担的有354人，占54.97%，能享受公费医疗的仅有7人，占1.07%。

村卫生室是老年人看病的首选地点。生病后，选择看病和买药的地点依次是：村卫生室（33.16%）>个体诊所（28.10%）>乡镇医院（21.77%）>区县级医院（16.97%）。在选择看病地点考虑的首要因素：看病方便占49.24%，价格合理占23.23%，医疗水平高和技术好的占17.68%，其他9.85%。

相关政策知晓率低。老年人对农村最低生活保障制度、新型农村合作医疗和老年人权益保障法知晓率的调查发现，老年人对三项政策不知道的比例依次分别是：59.56%、25.24%和89.30%。这表明老年人政策知晓率低。

第四节 贵州省老年人生活质量现状评价

按中华医学会老年学学会流行病学学组会制定的评价标准，将生活质量所含的11项领域内容，每项分为良、中、差三等，分别赋予3分、2分和1分，总分为33分，最低分为11分，最高分为33分。生活质量评价总分30—33分为良，22—29分为中，11—21分为差。

一 贵州省老年人生活质量总评

老年人生活质量整体上属中等偏下水平。按中评价标准，生活质量平均分为21.74+3.98分，刚刚进入中等水平的行列；按100分计算为65.88分，贵州省老年人生活质量属中等偏下水平。与深圳市老年人生活质量相比[①]，老年人生活质量得分低5.43分，这表明贵州省老年人生活质量低于国内其他地区（见表4-3）。

表4-3　　老年人生活质量总评　　单位：分，人，%

项目	均数+标准差	占3分比例	差		中		良	
			N	%	N	%	N	%
生活质量总评价	21.74+3.98	65.88（33）	190	29.50	333	51.71	121	18.79
健康状况评价	1.94+0.76	64.54	209	32.45	267	41.46	168	26.09
生活习惯评价	1.65+0.66	54.87	295	45.81	282	43.79	67	10.40
日常生活功能评价	2.05+0.78	68.22	180	27.95	254	39.44	210	32.61
家庭和睦评价	2.32+0.79	77.33	129	20.03	180	27.95	335	52.02
居住环境状况评价	1.98+0.59	65.99	119	18.48	419	65.06	106	16.46
经济状况评价	1.98+0.71	65.94	167	25.93	324	50.31	153	23.76

① 徐涛、姜宝法等：《深圳市农村老年人生活质量及其影响因素研究》，《中华老年医学杂志》2003年第22期。

续表

项目	均数+标准差	占3分比例	差		中		良	
			N	%	N	%	N	%
营养状况评价	1.76 +0.69	58.54	252	39.13	297	46.12	95	14.75
心理卫生状况评价	2.01 +0.66	67.08	147	22.83	342	53.10	155	24.07
社会交往评价	1.96 +0.75	65.42	192	29.81	284	44.10	168	26.09
体能状况评价	2.02 +0.73	67.39	165	25.62	300	46.58	179	27.80
生活满意度评价	2.08 +0.73	69.20	148	22.98	299	46.43	197	30.59

资料来源：根据贵州省老年人生活状况调查资料整理。

11个领域最高分为2.32分，生活习惯和营养状况得分最低。11个领域中，分值在2.00分以上的有5项，分值在1.80—2.00分的有4项，分值在1.80分以下的有2项。生活质量11个领域中，按分值从高到低排列依次是：家庭和睦 > 生活满意度 > 日常生活功能 > 体能状况 > 心理卫生状况 > 居住环境状况 > 经济状况 > 社会交往 > 健康状况 > 营养状况 > 生活习惯。在生活质量的11个领域中，分别换算为100分制，家庭和睦得分最高，达到77.33分。得分在60分以下的有两项：营养状况和生活习惯，分别是58.54分和54.87分；健康状况的得分排倒数第三位，得分为64.54分。其他7个领域得分均在60—70分。

生活质量差的老年人所占比重高于生活质量良的比重。总体上看，被调查的老年人生活质量为良、中、差分别占18.79%、51.71%和29.50%，生活质量为差的比重比良的高10.71个百分点。与国内其他地区同类研究相比（深圳市老年人生活质量良、中、差分别占24.9%、69.8%和5.3%①），良的比例低6.11个百分点，差的比例高24.2个百分点。这表明贵州省老年人生活质量相对较差。

① 徐涛、姜宝法等：《深圳市农村老年人生活质量及其影响因素研究》，《中华老年医学杂志》2003年第22期。

生活质量主观领域得分高于客观领域。老年人家庭和睦评价、生活满意度评价和心理卫生状况评价得分分别为2.32分、2.08分和2.01分，普遍高于其他8个领域得分。这是否能表明老年人生活质量的主观领域实际状况比客观领域更优？这与实际调查中遇到的情况不相一致，这说明老年人生活质量的主观与客观方面存在分离或脱离。

二　健康状况评价

1. 健康状况评价指标说明

健康状况包含12个指标，分别是：有无慢性病（Q_{24}），是否残疾（Q_{257}），是否口齿不清（Q_{253}），是否驼背（Q_{254}），是否反应迟钝（Q_{255}），是否腿脚不便（Q_{256}），是否有抑郁情绪（Q_{213}），家务活动能力（Q_{37}），日常生活活动功能（Q_{40}），视力功能（Q_{125}），听力功能（Q_{126}），记忆能力（Q_{219}）。

2. 健康状况评价评分标准

被调查者回答为“有”或者“是”的计0分，答案是“无”或者“否”的计1分，这些问题分别是：有无慢性病（Q_{24}），是否残疾（Q_{257}），是否口齿不清（Q_{253}），是否驼背（Q_{254}），是否反应迟钝（Q_{255}），是否腿脚不便（Q_{256}），是否有抑郁情绪（Q_{213}）。

其他5项按3分赋值，“好”计3分，“一般”计2分，“不好”计1分，分别是：家务活动能力（Q_{37}），日常生活活动功能（Q_{40}），视力功能（Q_{125}），听力功能（Q_{126}），记忆能力（Q_{219}）。

健康状况（Q_1）总分值 $= Q_{24} + Q_{257} + Q_{253} + Q_{254} + Q_{255} + Q_{256} + Q_{213} + Q_{37} + Q_{40} + Q_{125} + Q_{126} + Q_{219}$

分值范围：4—20分，总分在16—20分为良，13—15分为中，7—12分为差。

3. 健康状况评价结果

健康状况得分属中等偏下水平。经计算健康状况得分为13.701 +2.438分，评价等级得分为1.936分，属中等偏下水平。健康状况评价为差者所占比重高出评价为良者6.36个百分点（见表4 -4）。

表 4－4　　　　老年人健康状况评价　　　　单位：分，人，%

项目	均数＋标准差	差		中		良	
		N	%	N	%	N	%
健康状况总评	1.936＋0.763	209	32.45	267	41.46	168	26.09
家务活动能力	2.047＋1.000	336	52.17	150	23.29	156	24.54
日常生活活动功能	2.046＋0.777	183	28.42	251	38.98	210	32.60
听力功能	2.287＋0.833	108	16.77	107	16.61	429	66.62
视力功能	2.498＋0.766	157	24.38	145	22.52	342	53.10
记忆能力	1.719＋0.763	303	47.05	219	34.01	122	18.94

资料来源：根据贵州省老年人生活状况调查资料整理。

老年人日常生活基本功能、听力和视力较好，记忆力明显下降。进入老年期以后，老年人的家务活动能力明显下降，此项功能差的占52.17%，但维持比较正常的日常生活活动功能（差的仅占28.42%）；大多数的老年人仍保持有较好的听力和视力功能，此两项功能为良的比例分别为66.62%和53.10%。老年人存在不同程度的记忆力功能下降的问题，记忆力差的占47.05%。

老年人慢性病患病率极高，严重影响健康状况。老年人慢性病患病率高，所占比例达80.59%；日常生活行动不方便或非常困难的老年人所占比重高达74.84%；精神状态不好，经常有抑郁情绪的老年人占1/2以上；思维不敏捷，反映比较迟钝的老年人也较多，占43.63%；老年人由于长年体力劳动过度，导致体形变化大，有明显驼背特征的占72.67%（见表4－5）。

表 4－5　　　　老年人慢性病和特征　　　　单位：分，人，%

项目	均数＋标准差	有		无	
		N	%	N	%
慢性病	0.194＋0.396	519	80.59	125	19.41
抑郁情绪	0.441＋0.497	360	55.90	284	44.10
腿脚不便	0.253＋0.434	482	74.84	162	25.16
反应迟钝	0.564＋0.496	281	43.63	363	56.37

续表

项目	均数 + 标准差	有		无	
		N	%	N	%
驼背	0.272 +0.445	468	72.67	176	27.33
口齿不清	0.197 +0.398	127	19.72	517	80.28
残疾	0.939 +0.239	39	6.06	605	93.94

资料来源：根据贵州省老年人生活状况调查资料整理。

三 生活习惯评价

1. 生活习惯评价指标说明

生活习惯领域由 9 个指标组成：抽烟情况（Q_{35}），每天抽烟支数（Q_{74}），喝酒情况（Q_{36}），每天喝酒重量（Q_{78}），参加体力劳动情况（Q_{34}），参加集体活动情况（Q_{218}），睡眠情况（Q_{82}），睡眠时间（Q_{32}），刷牙情况（Q_{81}）。

2. 生活习惯评价评分标准

9 个指标均按 3 分赋值，抽烟情况（Q_{35}）：“不抽”计 3 分，“偶尔抽”计 2 分，“经常抽”计 1 分；每天抽烟支数（Q_{74}）：“0 支”计 3 分，“10 支以下”计 2 分，“10 支以上”计 1 分。喝酒情况（Q_{36}）：“不喝”计 3 分，“偶尔喝”计 2 分，“经常喝”计 1 分；每天喝酒重量（Q_{78}）：“0ml”计 3 分，“1—100ml”计 2 分，“101ml 以上”计 1 分。参加体力劳动情况（Q_{34}）：“经常参加”计 3 分，“偶尔参加”计 2 分，“不能参加体力活动”计 1 分。参加集体活动情况（Q_{218}）：“经常参加”计 3 分，“偶尔参加”计 2 分，“不参加”计 1 分。睡眠情况（Q_{82}）：“定时起睡，少梦”计 3 分，“起睡不规律，多梦”计 2 分，“经常失眠，需服安眠药”计 1 分；睡眠时间（Q_{32}）：“7 小时以上”计 3 分，“5—7 小时”计 2 分，“5 小时以下”计 1 分。刷牙情况（Q_{81}）：“每天刷 1 次及以上”计 3 分，“每周刷 2 次以上”计 2 分，“从不刷牙”计 1 分。

生活习惯（Q_2）总分 = $Q_{35} + Q_{74} + Q_{36} + Q_{78} + Q_{34} + Q_{218} + Q_{82} +$

$Q_{32}+Q_{81}$

分值范围：10—27 分，总分在 23—27 分为良，18—22 分为中，10—17 分为差。

3. 生活习惯评价结果

生活习惯得分属下等水平。生活习惯得分为 18. 030 +3. 507 分，评价等级得分为 1. 646 分，属下等水平。在生活习惯所包含的 9 个指标中，等级得分在 2. 0 分以上的指标有 6 个，2. 0 分以下的指标有 3 个，其中睡眠情况得分最高，为 2. 216 分，刷牙项得分最低为 1. 537 分（见表 4 -6）。

表 4 -6　　　　　　老年人生活习惯评价　　　　　单位：分，人,%

项目	均数 + 标准差	差		中		良	
		N	%	N	%	N	%
生活习惯评价	1. 646 +0. 661	295	45. 81	282	43. 79	67	10. 40
参加集体活动	1. 741 +0. 760	291	45. 19	229	35. 56	124	19. 25
参加体力劳动	1. 946 +0. 909	284	44. 10	111	17. 24	249	38. 66
刷牙	1. 537 +0. 725	387	60. 09	168	26. 09	89	13. 82
抽烟	2. 081 +0. 955	269	41. 77	54	8. 39	321	49. 84
喝酒	2. 214 +0. 846	176	27. 33	154	23. 91	314	48. 76
睡眠情况	2. 216 +0. 809	156	24. 22	193	29. 97	295	45. 81
睡眠时间	2. 118 +0. 861	205	31. 83	158	24. 53	281	43. 64
喝酒重量	2. 162 +0. 843	185	28. 73	170	26. 40	289	44. 87
抽烟支数	2. 016 +0. 849	227	35. 25	180	27. 95	237	36. 80

资料来源：根据贵州省老年人生活状况调查资料整理。

老年人参加集体活动少，社会参与率低。老年人社会参与率不高，参加集体活动的老年人较少。参加集体活动差的占 45. 19%，而良的所占比例还未到 1/5。

老年人大多数无刷牙习惯。老年人每天不刷牙者占被调查者的 3/5 以上。其原因可能有风俗、经济、文化等因素。

抽烟和喝酒在老年人中较为普遍。进入老年期后，部分老年人仍保持着中年时期抽烟（2/5 以上）和喝酒（1/4 以上）的习惯，其中绝大多数是男性老年人，但少数民族地区的女性老年人抽烟和喝酒的比重也有增长的趋势。

老年人睡眠质量低。睡眠不足导致睡眠质量不高是老年群体中一个较普遍的问题，约有 1/4 的老年人经常失眠，约有 1/3 的老年人睡眠时间不充足，老年人睡不好是困扰老年人生活的一个重大因素。

四 日常生活功能

1. 日常生活功能评价指标说明

日常生活功能领域由 10 个指标组成：吃饭（Q_{131}）、穿脱衣服（Q_{132}）、洗漱梳头（Q_{135}）、上下床（Q_{133}）、上厕所（Q_{136}）、独自坐车（Q_{148}）、上街购物（Q_{149}）、管理钱物（Q_{146}）、去医院看病（Q_{150}）、上下楼梯（Q_{138}）。

2. 日常生活功能评价评分标准

每项指标按 3 分赋值：“无困难”计 3 分，“有困难”计 2 分，“很困难”计 1 分。

日常生活功能（Q_3）总分 = $Q_{131} + Q_{132} + Q_{133} + Q_{135} + Q_{136} + Q_{138} + Q_{146} + Q_{148} + Q_{149} + Q_{150}$

分值范围：10—30 分，总分在 28—30 分为良，20—27 分为中，10—19 分为差。

3. 日常生活功能评价结果

日常生活功能得分属中等水平。日常生活功能得分为 23.245 + 2.047 分。评价等级得分为 2.047 分，基本属中等水平（见表 4 -7）。

独自坐车和上下楼梯是老年人日常生活中面临的最大困难。从老年人日常生活功能各项指标评价得分的情况来看，各指标得分均在 2.0 分以上，表明各项功能状况较好。在 10 个指标中，得分最低的分别是独自坐车和上下楼梯，二者得分分别为 2.099 分和 2.123 分。这表明老年人在日常生活活动中完成此二项活动的困难程度最大。

表 4－7　　老年人日常生活功能评价　　单位：分，人，%

项目	均数＋标准差	差		中		良	
		N	%	N	%	N	%
日常生活功能评价	2.047＋0.777	180	27.95	254	39.44	210	32.61
吃饭	2.450＋0.682	70	10.87	214	33.23	360	55.90
穿脱衣服	2.511＋0.691	73	11.34	169	26.24	402	62.42
洗漱梳头	2.576＋0.640	53	8.23	167	25.93	424	65.84
上下床	2.516＋0.635	49	7.61	214	33.23	381	59.16
上厕所	2.427＋0.687	73	11.34	223	34.63	348	54.03
独自坐车	2.099＋0.795	175	27.17	231	35.87	238	36.96
上街购物	2.148＋0.794	162	25.16	225	34.94	257	39.90
管理钱物	2.252＋0.729	110	17.08	262	40.68	272	42.24
去医院看病	2.146＋0.742	137	21.27	276	42.86	231	35.87
上下楼梯	2.123＋0.839	191	29.66	183	28.42	270	41.92

资料来源：根据贵州省老年人生活状况调查资料整理。

日常生活功能评价为老年人日常护理和照料指明了方向。老年人的日常生活功能中，上下楼梯、上街购物、独自坐车和去医院看病4项功能差的老年人所占比例均在20%以上。这说明老年人进入老年期后，虽然大多数的日常生活功能尚比较正常，但是某些功能下降的速度较快，需要特别加以关注，这为老年人日常生活照料和护理指明了比较明确的方向。

五　家庭和睦评价

1. 家庭和睦评价指标说明

家庭和睦领域由5个指标组成：家庭关系自评（Q_{239}），与儿子关系（Q_{226}），与儿媳关系（Q_{227}），与女儿关系（Q_{228}）和与女婿关系（Q_{229}）。

2. 家庭和睦评价评分标准

每项指标按3分赋值，“好”计3分，“一般”计2分，“不好”

计1分。

家庭和睦（Q_4）总分 = $Q_{226} + Q_{227} + Q_{228} + Q_{229} + Q_{239}$

分值范围：5—15分，总分在13—15分为良，10—12分为中，5—9分为差。

3. 家庭和睦评价结果

家庭和睦得分属中等偏上水平。家庭和睦得分为12.192 + 2.957分，评价等级得分为2.320分，属中等偏上水平。家庭和睦所包含的5项指标评价等级得分均在2.3分以上，这说明老年人的家庭关系较好，代际关系较协调融洽。得分最高和最低的两项指标分别是与女儿的关系和与儿媳的关系，二者得分分别是2.529分和2.302分（见表4－8）。

表4－8　老年人家庭和睦评价　单位：分，人，%

项目	均数 + 标准差	差		中		良		合计
		N	%	N	%	N	%	
家庭和睦评价	2.320 + 0.787	129	20.03	180	27.95	335	52.02	644
与儿子关系	2.368 + 0.764	104	17.54	167	28.16	322	54.30	593
与儿媳关系	2.302 + 0.813	128	22.46	142	24.91	300	52.63	570
与女儿关系	2.529 + 0.637	47	8.47	187	33.69	321	57.84	567
与女婿关系	2.494 + 0.648	44	7.76	179	31.57	344	60.67	555
家庭关系自评	2.421 + 0.749	102	15.84	169	26.24	373	57.92	644

资料来源：根据贵州省老年人生活状况调查资料整理。

父辈与儿媳的关系在家庭关系中最不和谐。总体上，家庭关系较好，但从评价结果来看，老年人与儿媳的关系是家庭关系中最差的一个方面，关系差的老年人所占比例超过了1/5。这表明家庭不和谐、不协调和不稳定的关键因素是与儿媳关系，家庭矛盾也最有可能在父母与儿媳间发生，一旦发生将波及整个家庭，从而影响家庭代际关系。因此，和谐家庭关系的关键是如何处理好婆媳关系和公媳关系。

父代与子代间关系表现出性别、血亲和居住距离差异。老人与女儿、女婿的关系好于与儿子、儿媳的关系；与儿子、女儿的关系好于与儿媳、女婿的关系。从评价结果可以看出，老年人与女儿、女婿的关系得分高于与儿子、儿媳的得分；与儿子关系的得分高于与儿媳的得分，与女儿的关系得分高于与女婿的得分。这说明老年人与家人的关系可能受与子女居住距离、子女性别、血亲关系和情感建立时间长短的影响。

六　居住环境状况评价

1. 居住环境状况评价指标说明

居住环境状况领域由 22 个指标组成：是否有单独住房（Q_{84}），住房面积（Q_{86}），家庭设施［自来水（Q_{87}）、厕所（Q_{88}）、煤气或天然气（Q_{89}）、铁火炉（Q_{90}）、洗澡设备（Q_{91}）、沼气（Q_{92}）］，家电［电视机（Q_{93}）、收音机（Q_{94}）、VCD（Q_{95}）、洗衣机（Q_{96}）、电话（Q_{97}）、电饭锅（Q_{98}）、电风扇（Q_{99}）和电冰箱（Q_{100}）］，是否有噪声（Q_{101}），空气是否受污染（Q_{102}），用水是否受污染（Q_{103}），房屋是否漏雨（Q_{104}），房屋是否潮湿（Q_{105}），主要使用燃料（Q_{42}）。

2. 居住环境状况评分标准

每项回答为“是”或“有”的计 1 分，回答为“无”或“否”的计 0 分。其中，是否有噪声（Q_{101}）、空气是否受污染（Q_{102}）、用水是否受污染（Q_{103}）、房屋是否漏雨（Q_{104}）和房屋是否潮湿（Q_{105}），这 5 项回答“是”的计 0 分，回答“否”的计 1 分。主要使用燃料项，使用煤、煤气或天然气以及电的计 1 分，柴草和其他计 0 分。住房面积大于 10 平方米计 1 分，小于 10 平方米计 0 分。

居住环境状况（Q_5）总分 $= Q_{84} + Q_{86} + Q_{87} + Q_{88} + Q_{89} + Q_{90} + Q_{91} + Q_{92} + Q_{93} + Q_{94} + Q_{95} + Q_{96} + Q_{97} + Q_{98} + Q_{99} + Q_{100} + Q_{101} + Q_{102} + Q_{103} + Q_{104} + Q_{105} + Q_{42}$

分值范围：3—22 分，总分在 15—20 分为良，8—14 分为中，3—7 分为差。

3. 居住环境状况评价结果

居住环境得分属中等水平。居住环境状况得分为 10. 853 + 3. 549 分，评价等级得分为 1. 980 分，属中等水平。居住环境状况为良的占 16. 46%，为差的占 18. 48%，这说明老年人当前居住环境处于一般水平（见表 4 −9）。

表 4 −9　　老年人居住环境评价　　单位：分，人，%

项目	均数 + 标准差	否		是	
		N	%	N	%
单独住房	0. 334 +0. 472	429	66. 61	215	33. 39
住房面积	0. 404 +0. 491	384	59. 63	260	40. 37
用水是否受污染	0. 896 +0. 306	574	89. 13	70	10. 87
是否有噪声	0. 809 +0. 393	513	79. 66	131	20. 34
空气是否受污染	0. 894 +0. 308	571	88. 66	73	11. 34
房屋是否漏雨	0. 607 +0. 489	386	59. 94	258	40. 06
房屋是否潮湿	0. 613 +0. 488	391	60. 71	253	39. 29
主要使用燃料	0. 573 +0. 495	275	42. 70	369	57. 30

资料来源：根据贵州省老年人生活状况调查资料整理。

老年人住房状况得到改善，但房屋潮湿和漏雨现象严重。有单独住房的老年人将近 1/3，住房面积在 10 平方米以上的占 2/5，但是住房潮湿和雨天有漏雨现象的房屋比较多，二者各自比重占到近 2/5。老年人家庭日常生活能源结构未得到改善，仍以煤和柴草为主。

老年人的周边生活环境受城市化和经济发展等影响，开始受到轻微污染。老年人生活的环境开始受到一定程度的污染，空气、水和噪声污染的比例均在 10% 以上，其中受噪声污染的占到 1/5 以上。在城市化和经济快速发展的过程中，一些污染问题开始由城市转向农村，如城市垃圾运往农村直接倾倒或填埋，污染大的企业向农村迁移等，如不妥善处理，终将严重影响老年人的生活质量，这一问题应当高度重视。

家庭生活设施逐步完善，但缺少卫生设施，卫生条件较差。老年人家庭生活设施普遍得到不同程度的改善。自来水、厕所和铁火炉的拥有率在60%以上；生活能源结构改选和使用使老年人居住环境质量日益提高，使用沼气、煤气或天然气的老年人家庭均超过了1/3。老年人居住环境普遍严重缺少基本的卫生设备，家庭中有洗澡设施的仅占9.16%，这给提高老年人生活质量造成了困难（见表4－10）。

表4－10　　老年人家庭设施情况　　单位：分，人，%

项目	均数＋标准差	否		是	
		N	%	N	%
自来水	0.794＋0.405	133	20.65	511	79.35
厕所	0.606＋0.489	254	39.44	390	60.56
煤气或天然气	0.332＋0.471	430	66.77	214	33.23
沼气	0.388＋0.488	394	61.18	250	38.82
洗澡设备	0.092＋0.289	585	90.84	59	9.16
铁火炉	0.627＋0.484	240	37.27	404	62.73

资料来源：根据贵州省老年人生活状况调查资料整理。

大众家电拥有率不太高，家庭通信条件得到了改善。除电视拥有率超过了50%以外，其他各项的拥有率均在50%以下，农村家庭家用电器普及率和拥有率不高。但目前农村家用电器拥有率正日益提高，一些高档家电不断涌入农村家庭，家庭通信设备得到改善，为常年居住在外的子女与老年人沟通提供了更大可能，也为满足老年人精神慰藉提供了很好的途径（见表4－11）。

表4－11　　老年人家用电器情况　　单位：分，人，%

项目	均数＋标准差	否		是	
		N	%	N	%
电视机	0.671＋0.470	212	32.92	432	67.08
VCD	0.349＋0.477	419	65.06	225	34.94
收音机	0.193＋0.395	520	80.75	124	19.25
洗衣机	0.374＋0.484	403	62.58	241	37.42
电话	0.323＋0.468	436	67.70	208	32.30

续表

项目	均数+标准差	否		是	
		N	%	N	%
电饭锅	0.466+0.499	344	53.42	300	46.58
电风扇	0.343+0.475	424	65.84	220	34.16
电冰箱	0.168+0.374	536	83.23	108	16.77

资料来源：根据贵州省老年人生活状况调查资料整理。

七 经济状况评价

1. 经济状况评价指标说明

经济状况领域由1个指标组成：老年人月收入（Q_{17}）。

2. 经济状况评分标准

此项指标结合贵州省实际情况有所改动，月收入300元以上计3分，月收入100—300元计2分，月收入在100元以下计1分。

经济状况（Q_6）总分 = Q_{17}

分值范围：1—3分。总分3分为良，2分为中，1分为差。

3. 经济状况评价结果

经济状况得分属中等偏下水平。经济状况得分为1.978+0.705分，基本属中等偏下水平。经济状况差的所占比例比良的高出2.17个百分点；老年人的经济状况大多处于一般水平（见表4-12）。

表4-12　　老年人经济状况评价　　单位：分，人，%

均数+标准差		差		中		良	
		N	%	N	%	N	%
经济状况评价	1.978+0.705	167	25.93	324	50.31	153	23.76

资料来源：根据贵州省老年人生活状况调查资料整理。

老年人收入难以满足其日益增长的养老需求。老年人经济收入的绝对数较低，而且受物价波动、通货膨胀等因素的影响，老年人的实际经济能力、购买能力和可支付能力较弱，难以满足其日益增长的物质和精神文化需求，难以满足老年人的养老需求。从老年人家庭和个人月收支（含实物收入）情况来看，扣除支出后，每月家庭收入和人均收入分别剩余184.69元和45.43元（见表4－13）。

表4－13　　老年人家庭和个人月收支情况　　单位：元

	收入	支出
家庭	474.22	289.53
人均	130.05	84.62

资料来源：根据贵州省老年人生活状况调查资料整理。

老年人家庭地位下降和财物支配权的丧失，使经济资源分配不平衡，导致养老资源不足。对家庭财物能完全支配的老年人占27.47%，部分支配的占20.88%，支配个人部分的占16.48%，完全无权支配的占35.17%。

老年人相对贫困问题比较严重。若按当前贵州省现行最低生活保障标准衡量，有25.93%的老年人收入水平处在低保标准的边缘，相对贫困问题比较严重，他们是老年人群体中经济能力最弱的群体，是最需要经济援助的群体。

老年人群体内经济能力差异大。分析老年人经济状况必须结合老年人实际情况，老年人群体内个体差异大，如子女数量、子女经济能力、健康状况等差异，导致老年人群体内个体间经济能力差异大。

八　营养状况评价

1. 营养状况评价指标说明

营养状况领域由11个指标组成：是否偏食（Q_{57}），是否按时进餐（Q_{58}），进餐是否定量（Q_{59}），食物数量或品种是否受限（Q_{61}），是否因牙齿或口腔疾病吃饭困难（Q_{62}），每日进餐次数（Q_{63}），每餐吃米饭重量（Q_{65}），食用油种类（Q_{66}），每周吃水果次数（Q_{68}），每周吃奶制品次数（Q_{69}），每周吃荤菜次数（Q_{70}）。

2. 营养状况评分标准

Q_{57}、Q_{61}、Q_{62}三项回答“是”的计0分，回答“否”的计1分。Q_{58}、Q_{59}二项回答“是”的计1分，回答“否”的计0分。Q_{68}、Q_{69}、Q_{70}三项，每周5次以上计3分，每周2—4次计2分，每周1次及以下计1分。Q_{63}回答每日三餐计3分，每日两餐计2分，每日进餐次数不定计1分。Q_{66}以动植物混合油为主计3分，以动物油为主计2分，以植物油为主计1分。Q_{65}每餐吃米饭100g以上计1分，100g及以下计0分。

营养状况（Q_7）总分 = $Q_{57} + Q_{58} + Q_{59} + Q_{61} + Q_{62} + Q_{63} + Q_{65} + Q_{66} + Q_{68} + Q_{69} + Q_{70}$

分值范围：6—21分，总分在17—21分为良，13—16分为中，6—12分为差。

3. 营养状况评价结果

营养状况得分属下等水平。营养状况得分为13.374 +2.878分，等级评价得分为1.756分，属下等水平（见表4 – 14）。

表4 – 14　　老年人每日、每周饮食和营养状况评价　单位：分，人，%

项目	均数 + 标准差	差		中		良	
		N	%	N	%	N	%
营养状况评价	1.756 +0.693	252	39.13	297	46.12	95	14.75
每日进餐次数	2.696 +0.506	14	2.17	168	26.09	462	71.74
食用油种类	2.363 +0.702	84	13.04	242	37.58	318	49.38
每周吃荤菜次数	1.773 +0.737	264	40.99	262	40.68	118	18.33
每周吃水果次数	1.460 +0.631	396	61.49	200	31.06	48	7.45
每周吃奶制品次数	1.233 +0.531	527	81.83	84	13.04	33	5.13

资料来源：根据贵州省老年人生活状况调查资料整理。

老年人食物结构单一导致营养结构不均衡，营养质量差。绝大多数老年人在日进餐次数上，得分良好，良所占比例为71.74%；几乎近1/2的老年人食用油以动植物油为主。从老年人每周饮食情况来看，周食荤菜、水果和奶制品的得分分别为1.773分、1.460分和1.233分，相应评价为差的各自比例分别为40.99%、61.49%和81.83%，这说明老年人食物结构单一，导致老年人营养状况极度不均衡，物质生活匮乏，生活水平低，营养状况差。

老年人饮食习惯较好，但偏食者较多，不利于营养结构的改善。近2/3以上的老年人能按时、定量地进餐，每餐进食重量大多数能维持100g以上，这是因为老年人需要通过摄入大量的食物来补充身体正常生理活动所需的能量，在食物结构单一的情况下，只能以重量来取代质量。进入老年期后，由于健康水平的下降，导致部分生理功能衰退，患病率上升，从而导致牙齿提前或不同程度的脱落，口腔疾病增多。因此，有1/3以上的老年人由于某些疾病，日常生活饮食的食物品种和数量受限，有1/2以上的老年人由于各种原因进食有一定程度困难，同时还有30%的老年人存在偏食的情况，这对营养状况不佳的老年人无疑是雪上加霜（见表4－15）。

表4－15　　老年人饮食情况评价　　单位：分，人，%

项目	均数＋标准差	有		无	
		N	%	N	%
限制或改变食物品种与数量	0.6430＋0.480	230	35.71	414	64.29
因牙齿或口腔疾病吃饭困难	0.4430＋0.497	359	55.75	285	44.25
是否偏食	0.7020＋0.458	192	29.81	452	70.19
吃饭是否按时	0.634＋0.482	408	63.35	236	36.65
吃饭是否定量	0.762＋0.426	491	76.24	153	23.76
每餐吃饭重量	0.666＋0.472	429	66.61	215	33.39

资料来源：根据贵州省老年人生活状况调查资料整理。

九　心理卫生状况评价

1. 心理卫生状况评价指标说明

心理卫生状况领域由三组共33个指标组成：第一组（Q_{52}）为近3年来17项生活负性事件：离退休，本人或配偶严重病伤，与配偶不和，配偶去世，子女生活受挫折或病重或去世，与子女不和，父母去世，好友去世，搬家及照顾者的变动，邻居不和，经济困难，财产重大损失，法律纠纷，严重自然灾害。

第二组（Q_{53}正、Q_{54}负）10项：正性心理感受4项：精力好，高兴的事挺多，做完了自己想干的事心里很痛快，愿意和别人来往；负性心理感受为6项：不中用了，常憋闷不痛快，无事干也无人理睬，不想和别人来往，变得小心眼，常感寂寞。

第三组（Q_{55}）6项目前担心的事情：经济困难，住房紧张，看病难，无人照顾，家庭不和，物价上涨。

2. 心理卫生状况评分标准

第一组中回答为“有”的计0分，“无”的计1分；负性事件总得分2分以下的为良计3分，3—5分为中计2分，6分以上为差，计1分。

第二组中，正性心理感受回答为“有”的计1分，回答为“无”的计0分；其中，得分4分为良，计3分，得分在2—3分为中，计2分，得分在1分以下为差，计1分；负性心理感受回答为“有”的计0分，回答为“无”的计1分；得分0分为良，计3分，得分1—3分为中，计2分，得分3分以上为差，计1分。

第三组中回答为“有”的计0分，回答为“无”的计1分；得分0分为良，计3分；得分1—3分为中，计2分；得分3分以上为差，计1分。

心理卫生状况（Q_8）总分 = Q_{52} + Q_{53}正 + Q_{54}负 + Q_{55}

分值范围：5—12分，总分在10—12分为良，7—9分为中，4—6分为差。

3. 心理卫生状况评价结果

心理卫生状况得分属中等水平。心理卫生状况得分为8.536 + 1.420分，评价等级得分为2.012分，基本属中等水平（见表4－16）。

表4－16　　老年人心理卫生评价　　单位：分，人，%

项目	均数 + 标准差	差		中		良	
		N	%	N	%	N	%
心理卫生评价	2.012 +0.685	147	22.83	342	53.10	155	24.07
担心事件评价	2.660 +0.512	12	1.86	195	30.28	437	67.86
负性事件评价	2.143 +0.796	164	25.47	224	34.78	256	39.75
负性心理感受评价	2.075 +0.732	150	23.29	296	45.96	198	30.75
正性心理感受评价	1.658 +0.581	256	39.75	352	54.66	36	5.59

资料来源：根据贵州省老年人生活状况调查资料整理。

负性事件发生率高，负性心理感受不强，正性心理感受弱。近3年的负性事件发生率为60.25%。担心事件、负性事件和负性心理感受得分均在2.0分以上，正性心理感受得分仅有1.658分。这说明老年人担心事件和负性事件较少，负性心理感受不强；同时老年人正性心理感受也弱。从各自评价为差的比例来看，除担心事件所占比例极少外，其他三项依次分别在1/4以上、1/5以上和1/3以上，正性心理感受为良的仅占被调查者的5.59%。

心理卫生状况一定程度上取决于负性事件的多少和负性心理感受的强弱。进入老年期后，由于老年人角色的丧失或中断，相应的权力和地位发生了变化，再社会化的能力弱，导致老年人缺少积极的正性心理感受；社会参与的减少，退出主要劳动领域，家庭地位和社会地位的下降，使他们从以前决策者的主角角色向建议者的配角角色转变，决策权的丧失使他们不再过多地担心家庭事务和参与社会事务，逐渐脱离社会主流生活。

通过进一步分析发现，无负性事件、无担心事件、无负性心理感受和正性心理感受的老年人各自所占比例分别是 39.75%、67.87%、30.75%和 12.73%，再次印证了上面的结果（见表 4 - 17）。

表 4 - 17　　老年人负性事件、正负心理感受及担心事件分值分布情况

单位：人，%

分值	负性事件		正性心理感受		负性心理感受		担心事件	
	N	%	N	%	N	%	N	%
0	256	39.75	82	12.73	198	30.75	437	67.86
1	143	22.20	174	27.02	120	18.63	111	17.24
2	81	12.58	185	28.73	103	15.99	47	7.29
3	94	14.60	167	25.93	73	11.34	37	5.75
4 分及以上	70	10.87	36	5.59	150	23.29	12	1.86
合计	644	100.00	644	100.00	644	100.00	644	100.00

资料来源：根据贵州省老年人生活状况调查资料整理。

十　社会交往评价

1. 社会交往评价指标说明

社会交往领域由 3 个指标组成：与家人交往频度（Q_{215}），与邻居交往频度（Q_{216}），与亲戚朋友交往频度（Q_{217}）。

2. 社会交往评分标准

回答“经常”计 3 分，回答“偶尔”计 2 分，回答“没有”计 1 分。

社会交往（Q_9）总分 $= Q_{215} + Q_{216} + Q_{217}$

分值范围：3—9 分，总分在 8—9 分为良，6—7 分为中，3—5 分为差。

3. 社会交往评价结果

社会交往状况得分属中等偏下水平。社会交往得分为 6.325 ± 1.599 分，等级评价得分为 1.963 分，属于中等偏下水平（见表 4 - 18）。

表 4-18　　　　　　　　老年人社会交往评价　　　　　　单位：分，人，%

项目	均数 + 标准差	差		中		良	
		N	%	N	%	N	%
社会交往	1.963 +0.747	192	29.81	284	44.10	168	26.09
与家人交往	2.207 +0.587	58	9.00	395	61.34	191	29.66
与邻居交往	2.200 +0.784	146	22.67	223	34.63	275	42.70
与亲戚朋友交往	1.946 +0.747	198	30.75	283	43.94	163	25.31

资料来源：根据贵州省老年人生活状况调查资料整理。

老年人的社会交往表现出空间距离的差异。从老年人与家人、与邻居到与亲戚朋友的交往得分不断下降，社会交往评价为差的比例不断增长可以看出，老年人社会交往的频度减少，范围缩小。因此，老年人的社会交往表现出空间距离越远，交往频度越少的特点。

社会交往程度受其心理因素和空间因素的影响。家人、邻居和亲戚朋友是老年人社会关系网中的核心要素，对老年人维持晚年社会功能和良好的心态有较大的影响。社会交往多，无疑增多老年人与家人、邻里和亲戚朋友交往的频度和扩大交往范围，是保持老年人积极参与社会的重要途径；同时，良好的社会关系网络要靠经常的交流沟通才能建立，而良好的社会关系网络又有利于老年人获取养老资源，获取生活照料和日常护理，提高生活质量。

十一　体能状况评价

1. 体能状况评价指标说明

体能状况领域由 3 个指标组成：视力功能（Q_{125}）、听力功能（Q_{126}）和牙齿缺失状况（Q_{303}）。此项指标由于在调查中不具备对老年人体重、血压和一定时间内完成坐立次数进行测量的条件，所以只能通过视力功能和听力功能以及牙齿缺失状况来反映。

2. 体能状况评分标准

视力功能回答为“无视物模糊”的计 3 分，“不严重”计 2 分，

“严重”计 1 分；听力功能回答“无耳背”计 3 分，“不严重”计 2 分，“严重”计 1 分。牙齿数缺失 2 颗以下的计 3 分，掉 3—10 颗的计 2 分，掉 11 颗以上的计 1 分。

体能状况（Q_{10}）总分 = $Q_{125} + Q_{126} + Q_{303}$

分值范围：3—9 分，总分在 8—9 分为良，6—7 分为中，3—5 分为差。

3. 体能状况评价结果

体能状况得分属中等水平。体能状况得分为 6.941 +1.707 分，等级评价得分为 2.022 分，基本属中等水平（见表 4 – 19）。

表 4 – 19　　老年人体能状况评价　　单位：分，人，%

项目	均数 + 标准差	差		中		良	
		N	%	N	%	N	%
体能状况	2.022 +0.731	165	25.62	300	46.58	179	27.80
牙齿缺失状况	2.155 +0.765	146	22.67	252	39.13	246	38.20
听力功能	2.498 +0.766	108	16.77	107	16.61	429	66.62
视力功能	2.287 +0.833	157	24.38	145	22.52	342	53.10

资料来源：根据贵州省老年人生活状况调查资料整理。

受生活习惯的影响，老年人牙齿缺失状况较严重。进入老年期以后，有 1/2 以上的老年人视力功能仍然良好，有 2/3 的老年人听力功能良好。老年人牙齿缺失程度比较严重，调查中发现，部分低龄老年人也存在牙齿严重脱落的情况。这可能与老年人生活习惯有关，如老年人刷牙者比例低。

十二　生活满意度评价

1. 生活满意度评价指标说明

生活满意度领域由 10 个指标组成：吃穿条件满意度（Q_{232}），居住环境状况满意度（Q_{233}），生活环境满意度（Q_{234}），经济状况满意度（Q_{235}），医疗保健满意度（Q_{236}），身体健康满意度（Q_{237}），子女孝顺满意度（Q_{238}），家庭和睦满意度（Q_{239}），人际关系满意度（Q_{240}），文娱活动满意度（Q_{241}），夫妻关系满意度（Q_{242}）。

2. 生活满意度评分标准

每项回答“满意”计 3 分，“一般”计 2 分，“不满意”计 1 分。

生活满意度（Q_{11}）总分 = $Q_{232} + Q_{233} + Q_{234} + Q_{235} + Q_{236} + Q_{237} + Q_{238} + Q_{239} + Q_{240} + Q_{241}$

分值范围：10—30 分，总分在 27—30 分为良，19—26 分为中，10—18 分为差。

3. 生活满意度评价结果

生活满意度得分属中等水平。生活满意度得分为 22.654 + 5.378 分，评价等级得分为 2.076 分，基本属中等水平（见表 4 - 20）。

表 4 - 20　　老年人生活满意度评价　　单位：分，人，%

项目	均数 + 标准差	差		中		良	
		N	%	N	%	N	%
生活满意度评价	2.076 + 0.729	148	22.98	299	46.43	197	30.59
吃穿条件	2.314 + 0.755	114	17.70	214	33.23	316	49.07
居住环境状况	2.368 + 0.752	107	16.61	193	29.97	344	53.42
生活环境	2.346 + 0.735	101	15.68	219	34.01	324	50.31
经济状况	2.078 + 0.806	186	28.88	222	34.47	236	36.65
医疗保健	2.203 + 0.773	140	21.74	233	36.18	271	42.08
身体健康	2.148 + 0.826	179	27.80	191	29.66	274	42.54
子女孝顺	2.461 + 0.701	78	12.11	191	29.66	375	58.23
家庭和睦	2.421 + 0.749	102	15.84	169	26.24	373	57.92
人际关系	2.455 + 0.631	48	7.45	255	39.60	341	52.95
文娱活动	1.860 + 0.817	266	41.30	202	31.37	176	27.33
夫妻关系	2.473 + 0.698	42	11.83	103	29.01	210	59.16

资料来源：根据贵州省老年人生活状况调查资料整理。

生活满意度得分表现出非物质方面高于物质方面的特点。除文娱活动得分在2.0分以下，其他各项得分均在2.0分以上。其中，在2.4分以上有4项，在2.3—2.4有3项，2.0—2.3有3项。按得分从高到低的排列依次是：夫妻关系 > 子女孝顺 > 人际关系 > 家庭和睦 > 居住环境状况 > 生活环境 > 吃穿条件 > 医疗保健 > 身体健康 > 经济状况 > 文娱活动。评价结果为差的比例超过20%的有4个领域，其中文娱活动的比例超过了2/5，这四个指标主要涉及老年人生活中的客观内容。评价结果为良的比例超过50%的有6个指标，除生活环境和居住环境状况外，其他四个指标主要涉及生活中的主观或心理方面内容。

老年人最不满意的是文娱活动和经济状况两个方面。文娱活动的评价得分在2.0分以下，而经济状况评分也刚超出2.0分的范围，各自评价为差的分别占被调查老年人的2/5以上和1/4以上。文娱活动满意度最低与国内其他农村地区研究结果相同。

可见，老年人主观方面的生活满意度高于客观方面的满意度。这是否能说明老年人精神慰藉已经得到充分满足，或者说老年人获得的精神慰藉优于物质供养，还需要进一步研究。

笔者认为，这正是老年人物质生活没有获得充分满足的情况下，老年人精神慰藉需求被忽视或尚无力顾及的表现。

第五节　贵州省老年人生活质量的民族差异

一　基本情况

少数民族和汉族女性老年人比例均高于男性，平均年龄为70.2岁，少数民族老年人丧偶者比例比汉族老年人高8.6%，少数民族老年人没有上过学和识字很少的比例比汉族老年人低5.7%，少数民族与汉族老人在年龄、婚姻状况和文化程度方面无显著差异。汉族老年人子女数和男孩数均多于少数民族老年人，少数民族老年人无男孩者的比例比汉族老年人高4.6%；汉族老年人经济困难者比例比少数民族老年人多，汉族和少数民族老年人经济状况较好者比例相当，少数民族老人经济状况“一般”者比汉族高2倍多（见表4－21）。可见，在男孩数、子女数和经济状况方面，少数民族与汉族老人有显著差异（P＜0.001）。

表4－21　　农村少数民族与汉族老人人口学特征比较　　单位：%

		汉族	少数民族			汉族	少数民族
性别	女	51.8	54.0	男孩数	0	5.3	9.8
	男	48.2	46.0		1—2	54.7	65.0
	X^2	0.32			3—4	34.5	23.1
年龄	60—69岁	50.5	51.0		5个以上	5.5	2.1
	70—79岁	38.4	36.8		X^2	19.69*	
	80岁及以上	11.1	12.2	孩子数	0	1.0	1.2
	X^2	0.29			1—2	15.0	21.7
婚姻状况	已婚	61.8	54.8		3—4	37.8	50.1
	再婚	2.0	1.2		5个以上	46.2	27.0
	未婚	0.7	0.6		X^2	25.95*	
	丧偶	34.3	42.9	经济状况	很困难	14.7	8.0
	离婚	1.2	0.5		比较困难	37.6	26.1
	X^2	6.08			一般	15.0	34.7
文化程度	没上过学	63.4	59.3		比较宽裕	28.1	24.3
	识字很少	10.8	9.2		很宽裕	4.6	6.7
	小学	19.9	24.9		X^2	39.90*	
	初中及以上	5.9	76.6				
	X^2	9.64					

注：N＝644，＊表示P＜0.001。

二　健康状况与医疗水平的民族差异

被调查的老年人中1/3以上的老年人健康状况自评为“一般”。少数民族老年人自评为“一般”及以上的比例（70.7%）高于汉族老年人（55.3%），汉族老年人健康状况自评为“不太好”及以上的比例（38.0%）高于少数民族老年人的比例（29.2%），二者差异显著（P<0.001）。汉族老年人患病率和患慢性病种类均高于少数民族老年人。少数民族老年人慢性病患病率为78.0%，比汉族老年人低5.4%。患一类慢性病的少数民族老年人比例为44.2%，比汉族老年人高1.4%，汉族老人同时患二类和三类以上者比例分别为26.0%和15.5%，比少数民族老年人分别高3.0%和4.2%。少数民族和汉族老人患风湿性关节炎者比例最多（68.8%和74.8%），其次是慢性支气管炎（17.9%和24.0%），再次是高血压（10.7%和13.4%），最后是慢性胃肠道病（8.6%和13.4%）。

少数民族老年人最近两周患病率低于汉族老年人。最近两周患病率汉族老年人的比例（48.4%）比少数民族老年人（36.6%）高，二者差异显著（P<0.01）。汉族老年人最近两周平均患病天数为3.4天，少数民族老年人仅为2.6天（P<0.05），其中，汉族老人平均卧床不起天数为0.66天，少数民族老人仅为0.21天，两周平均看病次数汉族老人为0.31次，少数民族老人为0.14次（P<0.01）。未到医院做过体检的少数民族老年人比例为10.8%，定期做体检的仅有1.7%，分别比汉族老年人低7.6%和3.4%，二者差异显著（P<0.05）。

绝大多数老年人医药费用自己支付，参加合作医疗的老年人比例刚超过60%；经济困难是老年人未参保的主要原因。农村中能享受公费医疗的老年人比例不到2%，参加新型农村合作医疗的老年人看病医疗费用报销比例少，大部分费用自己承担。农村老年人中，愿意参加新型农村合作医疗的比例均在76%，而未参加者中，有42.2%的是因为“没有钱”，29.1%的老人回答“不知道新型农村合作医疗”。

上述结果说明，少数民族老年人健康状况自评好于汉族老年人，少数民族老人患病率和两周患病率均低于汉族老人，少数民族老人身体健康状况比汉族老人好。

三　主观幸福感差异的民族差异

少数民族与汉族老年人主观幸福感存在显著差异（P<0.01），二者在横向幸福感和纵向幸福感上没有显著差异。主要表现为：少数民族老年人认为生活幸福的比例（46.3%）高于汉族老人（41.6%），而汉族老年人认为生活不幸福的比例（25.6%）高于少数民族老人比例（12.8%）。检验结果表明，少数民族与汉族老人在纵向幸福感和横向幸福感上不存在显著差异；然而二者却表现出相似特征：纵向生活幸福感强于横向生活幸福感，即与以前生活相比，老年人普遍认为生活比较幸福，与身边老年人相比，认为生活幸福的老年人比例则大大下降（见表4－22）。

表4－22　少数民族与汉族老年人主观幸福感比较　单位：%

	生活幸福感			纵向生活幸福感（与以前相比）			横向生活幸福感（与同龄人相比）		
	汉族	少数民族	合计	汉族	少数民族	合计	汉族	少数民族	合计
很不幸福	3.6	1.8	2.7	—	0.7	0.5	3.7	3.0	3.2
不幸福	22.0	11.0	16.3	1.5	3.0	2.5	9.6	17.1	14.7
一般	32.8	40.9	37.0	13.2	16.3	15.4	52.2	48.8	49.9
比较幸福	37.4	41.5	39.5	59.6	59.0	59.1	31.6	29.4	30.1
很幸福	4.2	4.8	4.5	25.7	21.0	22.5	2.9	1.7	2.1
X^2	17.3*			3.3			4.8		

注：N=644，*表示P<0.001。

与以前生活相比，农村老年人生活水平有了较大的提高。这说明，少数民族老年人主观幸福感比汉族老年人强，少数民族和汉族老年人纵向生活幸福感比横向生活幸福感强。

四　生活质量的民族差异

少数民族老年人生活质量评分高于汉族老年人，生活质量评价为“差”者比例远远小于汉族老年人，少数民族与汉族老年人生活质量存在显著差异（P<0.001）。少数民族和汉族老年人生活质量

评分分别为 22.6 ±3.7 分和 20.7 ±4.1 分。少数民族老年人生活质量为“中”和“良”者比例分别是 57.3% 和 23.1%，比汉族老年人分别高出 11.7% 和 9.1%，汉族老年人生活质量“差”者比例为 40.4%，比少数民族老年人高出近 20 个百分点。农村少数民族老年人生活质量已经进入中等水平，而汉族老年人生活质量较差。

从生活质量所含领域来看，少数民族老年人生活质量中绝大多数人各领域评价为“良”者比重高于汉族老年人。除生活习惯外，其他 10 个领域均存在显著差异（$P<0.001$）。在健康状况、日常生活功能、家庭和睦、居住条件、经济状况、营养状况、社会交往、生活满意度、体能检查和心理卫生 10 个领域少数民族老年人评价为“良”者的比例均高于汉族老年人。在生活习惯方面，二者评价为“差”者的比例分别超过了2/5，其中，汉族老年人达到一半（见表 4－23）。

表 4－23　农村少数民族与汉族老年人生活质量各领域分布情况　单位:%

项目	等级	汉族	少数民族	项目	等级	汉族	少数民族
生活质量	差	40.4	19.6	经济状况	差	52.3	34.1
	中	45.6	57.3		中	15.0	34.7
	良	14.0	23.1		良	32.7	31.2
	X^2	34.94 *			X^2	37.00 *	
健康状况	差	40.7	24.9	营养状况	差	52.1	27.3
	中	39.7	43.0		中	40.4	51.3
	良	19.6	32.1		良	7.5	21.4
	X^2	22.39 *			X^2	50.42 *	
生活习惯	差	49.5	42.4	社会交往	差	40.1	20.5
	中	41.4	46.0		中	40.4	47.5
	良	9.1	11.6		良	19.5	32.0
	X^2	3.47			X^2	32.14 *	

续表

项目	等级	汉族	少数民族	项目	等级	汉族	少数民族
日常生活功能	差	36.8	19.9	生活满意度	差	28.0	18.4
	中	37.8	40.9		中	48.5	44.5
	良	25.4	39.2		良	23.5	37.1
	X^2	26.21*			X^2	16.79*	
家庭和睦	差	25.7	14.8	体能检查	差	31.5	19.2
	中	33.6	22.8		中	46.5	46.6
	良	40.7	62.4		良	22.0	34.2
	X^2	30.51*			X^2	18.05*	
居住条件	差	16.0	20.8	心理卫生	差	27.4	18.7
	中	72.6	58.2		中	53.1	53.1
	良	11.4	21.0		良	19.5	28.2
	X^2	16.31*			X^2	10.28*	

注：N=644，*表示 $P<0.001$。

少数民族老年人等级评分多数领域高于汉族老年人。少数民族老年人的健康状况、日常生活功能、家庭和睦、社会交往、生活满意度和心理卫生领域等级评价平均分均在2.0分以上，均高于汉族老年人，二者差异显著（$P<0.001$）。汉族老年人经济状况等级平均分仅为 1.80 ± 0.90 分，低于少数民族老年人，二者差异显著（$P<0.05$）。在生活习惯和居住条件方面，二者不存在显著差异，但少数民族老年人等级评分略高于汉族老年人（见表4-24）。

表4-24 农村少数民族与汉族老年人生活质量各领域评分情况 单位：分

领域	族别	等级	标准差	t	P
健康状况	汉族	1.79	0.75	-4.78**	0.000
	少数民族	2.07	0.75		
生活习惯	汉族	1.60	0.65	-1.83	0.068
	少数民族	1.69	0.67		

续表

领域	族别	等级	标准差	t	P
日常生活功能	汉族	1.89	0.78	-5.10**	0.000
	少数民族	2.19	0.74		
家庭和睦	汉族	2.15	0.80	-5.35**	0.000
	少数民族	2.47	0.74		
居住条件	汉族	1.95	0.52	-1.05	0.293
	少数民族	2.00	0.65		
经济状况	汉族	1.80	0.90	-2.47*	0.014
	少数民族	1.97	0.80		
营养状况	汉族	1.55	0.63	-7.40**	0.000
	少数民族	1.94	0.70		
社会交往	汉族	1.79	0.75	-5.56**	0.000
	少数民族	2.12	0.72		
生活满意度	汉族	1.95	0.72	-4.10**	0.000
	少数民族	2.19	0.72		
心理卫生	汉族	1.92	0.68	-3.23**	0.001
	少数民族	2.09	0.68		
体能检查	汉族	1.91	0.73	-4.30**	0.000
	少数民族	2.15	0.72		
生活质量得分	汉族	20.74	4.09	-6.18**	0.000
	少数民族	22.64	3.67		

注：N=644，*表示 $P<0.05$，**表示 $P<0.001$。

上述分析发现，少数民族老年人生活质量绝大多数领域等级评价得分均高于汉族老年人，这说明少数民族老年人生活质量优于汉族老年人。

五　小结与讨论

通过以上分析，发现农村少数民族老年人生活质量总体上属中等水平，汉族老年人生活质量较差；汉族老年人主观幸福感比少数民族老年人差；农村少数民族老年人生活质量比汉族老年人优。这一结果说明，在少数民族与汉族杂居的地区，少数民族老年人生活质量比汉族老年人好。因此，在部分少数民族与汉族共同聚居的地区，改善和提高农村老年人生活质量需要考虑民族差异。贵州少数民族老年人特别是苗族与布依族多数为世居民族，其生活的地域有一致的文化与民俗，形成了共同的群体意识、族群认同以及社会支持网络，少数民族老年人能获得较高的主观幸福感，这是少数民族老年人生活质量优于汉族老年人的根本原因。

生活质量的优劣取决于生活质量各领域的优劣状况，各领域相互作用共同构成了生活质量的基础。少数民族老年人生活质量之所以比汉族老年人好，是因为构成生活质量的绝大多数领域状况均好于汉族老年人，特别是经济状况和健康状况。经济状况决定了老年人物质文化生活水平，同时促进或阻碍老年人健康状况的改善，而健康状况的改善反过来又会增加老年人参与经济活动的机会与社会参与，减轻由于患病而带来的经济负担，获得社会支持。当前，少数民族与汉族老年人慢性病患病率较高，而老年人新型农村合作医疗参保率不高，这不利于少数民族与汉族老年人获得基本的医疗保障。

主观幸福感是影响少数民族与汉族老年人生活质量的一个重要因素。农村少数民族与汉族老年人文化程度低（有 3/5 以上的老年人是文盲或识字很少）的现状，不利于基层老龄组织开展丰富老年人精神文化生活的活动，同时也不利于老年人维护自身的合法权益，而人才和经费的缺乏是基层老龄组织开展活动的最大困难。当前，大量农村年轻劳动者外出务工，老年人子女常年与老年人分开居住与生活，居住方式的改变，家庭结构与代际关系的变迁，家庭养老功能弱化，使农村老年人可获得的生活照料减少，老年人从家庭中很难获得传统家庭提供的支持。这使得老年人生活幸福感下降，老年人生活质量难以提高。

当前，我国城镇化的快速发展，农村向城镇大量年轻劳动力的流动的趋势不可逆转，使农村人口老龄化速度快于城市，农村人口老龄化程度高于农村，农村老龄问题较城市更突出，因此，提高农村老年人生活质量的任务变迁更为艰巨。我国实现健康老龄化和积极老龄化的关键在农村，提高农村老年人生活质量是实现健康老龄化和积极老龄化的重要途径。因此，农村老年人生活质量优劣与改善程度将决定我国老年人整体的生活质量改善进程。

从某种意义上说，构建和谐社会就是构建和谐的老龄社会。和谐老龄社会要求城乡间、地区间、民族间老年人能平等参与社会发展，分享经济社会发展的成果，在改善和提高老年人整体生活质量的过程中，不断缩小民族间和群体间的差距。而不同民族老年人群体间差距的缩小更是社会进步和社会文明的标志。国家人口发展战略报告提出“优先投资于人的全面发展”的战略，把公共资源优先投资于与人的全面发展相关的领域，促进人的素质全面提高和生活质量全面改善。在此战略思想的指导下，就农村老年人而言，应当将公共资源投入与老年人生活质量关系最密切的医疗卫生领域、老龄人才建设领域和精神文化生活领域，完善农村社会保障体系，完善老年人政策与法规，满足老年人不断增长的物质和文化需求，从而为实现我国健康老龄化、积极老龄化与和谐老龄社会提供强大的物质和人才保证。

第六节　贵州省老年人居住方式与生活质量

随着人口老龄化的快速发展，农村青壮年人口大规模向城市流动和迁移，农村老年人的居住方式在传统农业社会向现代工业社会的转变中正发生巨大变化。居住方式的改变对农村老年人的生活质量将产生何种影响？何种居住方式下的老年人生活质量最好？何种居住方式下的老年人生活质量最差？不同居住方式下老年人的生活质量如果有差异，如何解释？在当前中国农村人口老龄化高于城市人口老龄化的背景下，农村老龄问题较城市更突出和复杂。这些问题的回答对破解农村老龄问题、维护农村社会的稳定和构建和谐社会有一定的理论意义和实践价值。

一　居住方式与生活质量的经验研究

目前，全球老年人的居住方式普遍表现出独立化的趋势，发展中国家选择独居和仅与配偶居住的老年人越来越多。老年人居住方式正在发生剧烈的变化，老年人居住方式的改变会造成生活质量的改变吗？国外研究多数是关注独居老人的生活质量，大多认为与其他居住方式下的老人相比，与同其他人（家庭其他成员）居住的老年人相比，独居老年人更加脆弱，独居老人的生活质量较差。独居老人更可能入住护理机构[①②③]，更有可能生活于贫困线之下，当生病或发生意外时更需要正式[④]和非正式的照料，他们在生活和情感上更压抑[⑤]。同与配偶居住的老人相比，独居老人生活满意度更低[⑥⑦]。独居老人是老年群体当中最脆弱的群体[⑧]，独居老人面临更高的风险是一个不容置疑的事实。在传统的居住方式中，老年人与家庭年轻成员同住被视为一种终身互惠的安排，在这种方式中，年

---

① Speare, A., Jr, Avery, R. & Lawton, L. (1991) Disability, residential mobility, and changes in living arrangements. Journal of Gerontology: Social Science.

② Steinbach, U. (1992) Social networks, institutionalization, and mortality among elderly people in the United States. Journal of Gerontology: Social Science.

③ Wolinsky, F. D., Callahan, C. M., Fitzgerald, J. F. & Johnson, R. J. (1992) The risk of nursing home placement and subsequent death among older adults. Journal of Gerontology: Social Science.

④ Magaziner, J. & Cadigan, D. A. (1989). Community care of older women living alone. Women & Health.

⑤ Fengler, A. P., Danigelis, N. & Little, V. C. (1983) Later life satisfaction and household structure: living with others and living alone. Agein & Society.

⑥ Dean, A., B. Kolody, P. Wood & G. E. Matt. (1992) Influence of living alone on depression in elderly persons. Journal of Aging and Health.

⑦ Kasper, J. & J. L. Pearson. (1995) Living arrangements, social integration, and personal control: correlates of life satisfaction among older people. Journal of Mental Health and Aging.

⑧ Kasper, J. D. (1988) Aging alone: Profiles and projections. Hartford, CT: The commonwealth fund.

轻人可支持他们年老的父母，同时年老父母可以为年轻人提供力所能及的帮助。另外，老年人独立居住的偏好是为了避免自己成为子女的负担。

国内研究发现，独居老人健康状况自评较差，经济压力较大，他们拥有较小的社会亲属网络，获得的工具性和情感性支持少，生活质量较差①②。生活水平、精神生活和生活满意度对农村老年人的生活质量有显著影响，居住在不同居住方式下的农村老年人意味着他们拥有不同的正式与非正式支持③。在一些地区独居显著地降低了老人的生活质量，对丧偶老人而言，居住方式决定了他们的幸福感而不是生活满意度，年龄、健康状况和社会支持是中国老年人生活质量更好的反映指标。

可见，居住方式对老人生活质量的影响是非常明显的。选择居住方式反映了老年人和他们家庭成员间共同居住的收益和成本的平衡关系，是老年人对自身有限资源的主动选择优化过程。随着中国现代化和城市化步伐的加快，大量成年子女和中年夫妻从农村地区迁移到城市，他们的父母和子女只能留在农村；另外，随着医疗卫生水平和生活水平的提高，人们的预期寿命延长，更多的老人活得越来越长。因此，农村老人独居、仅与配偶居住和与孙辈居住的现象将变得越来越普遍。国内外虽然对不同居住方式下老年人生活质量的差别及原因有所研究，但主要关注的是独居老人，对其他居住方式下老年人的生活质量很少涉及，最为重要的是已有研究对随着老年人居住方式的变化老年人生活质量将如何变化没有做出回答。

---

① Chi, I. (1998). Living arrangement choice of the elderly in Hong Kong. In E. Lo (Ed.), Housing and the elderly in Hong Kong. University of Hong Kong: Hong Kong.

② Chou, K. L. & Chi. (2000). Comparison between elderly Chinese living alone and those living with others. Journal of Gerontological Social Work.

③ 姚引妹：《长江三角地区农村老年人居住方式与生活质量研究》，《浙江大学学报》2002 年第 6 期。

二 居住方式的内涵与定义

国内外专家和学者对老年人的居住方式进行了不同分类。如按与居住者的亲缘关系，可分为独居、仅与配偶居住、与一个子女、儿媳（女婿）或孙子女居住、与其他亲戚居住（除了配偶、子女/孙子女）和仅与其他人居住①；按居住代际结构可分为一代户、二代户、三代户或四代户②。因此，本书依据老年人与共同居住者的关系和家庭结构，将老年人居住方式分为5类，即独居户、夫妇户、二代户、三代及以上户和隔代户。本书的独居户是指一个老人单独居住的家庭户；夫妇户是指只有一对夫妇在一起生活的家庭户；二代户是指父母与子女居住在一起的家庭户；三代及以上户是指父母、子女、孙子女居住在一起的家庭户；隔代户是指祖父母与孙女居住在一起的家庭户。

老年人生活质量是指60岁以上的老年人群对自己的身体、精神、家庭和社会生活美满程度的全面评价；也可以理解为60岁或65岁以上的老年人群，对自己的身体、精神、家庭和社会环境生活诸方面美满程度的主观、客观总结和评价。

三 农村老年人居住方式正在改变

中国在20世纪末步入人口老龄化国家的行列。截至2008年年底，我国60岁以上老年人口已达到1.5989亿人，占总人口的12%。据预测，中国老年人口在21世纪的中叶将达到3.2亿。人口老龄化城乡倒置是中国人口老龄化的特征之一。从1982年到2000年，农村人口老龄化程度一直高于城市（见表4－25）。

2005年，中国农村65岁以上人口占9.6%，高于城镇8.5%的水平。此种趋势将持续到21世纪中叶。与城市相比，农村老年人口数量大，社会保障水平低，健康、照料、生活等问题较城市更突出。可见，农村老龄问题值得关注。

---

① United Nations.（2005）Living arrangements of older persons around the world.

② 杜鹏：《北京市老年人居住方式的变化》，《中国人口科学》1998年第2期。

表 4-25 **中国城乡人口老龄化比较** 单位:%

年份	60 岁及以上老年人口比例	
	城市	农村
1982	7.4	7.8
1990	8.2	8.7
1996	7.5	9.1
2000	9.7	10.9

资料来源：China Research Center on Aging. *Demographic Change in China*: *Ageing of the World's Largest Population* [M]. 2007, 12. 邬沧萍、杜鹏等：《中国人口老龄化：变化与挑战》，中国人口出版社 2006 年版，第 174—175 页。

改革开放 40 年以来，中国的经济和医疗卫生事业发展取得了显著成绩，人民生活水平不断提高，老年人的寿命越来越长，老年妇女丧偶者比例日益增多。人口老龄化的快速发展和家庭观念的改变，中国家庭规模日益小型化、核心化，越来越多的老年人与子女分开居住。从表 4-26 可以看出，从 1982 年到 2000 年，中国老年人的居住方式已经发生了老人独居户、夫妇户和隔代户的比例在不断增加，而两代户和三代户的比例在不断减少。独居户老人比例从 1982 年的 10.3% 增加到 2000 年的 11.1%；同期，夫妇户和隔代户的比例分别从 12.5% 和 2.3% 增加到 31.3% 和 22.3%；两代户和三代户的比例分别从 27.6% 和 47.2% 下降到 12.4% 和 22.8%。

表 4-26 **中国老年人居住方式的变化** 单位:%

年份	独居户	夫妇户	两代户	三代户	隔代户
1982	10.3	12.5	27.6	47.2	2.3
1990	8.2	17.1	24.0	48.5	2.2
2000	11.1	31.3	12.4	22.8	22.3

资料来源：2000 年数据来自伍小兰《中国老年人的居住方式：城乡对比及历史研究》，《市场与人口分析》2004 年增刊。1982 年、1990 年的数据来自杜鹏《中国老年人居住方式变化的队列分析》，《中国人口科学》1993 年第 3 期。

2006 年，中国农村 60 岁以上的老年人达 10801 万，占老年人口的 74%。农村老年人独立居住的占 38.3%，其中独居户和夫妻户分别占 9.3% 和 29.0%，与其他家庭成员一起居住的占 61.7%（见表 4－27）。从发达国家和发展中国家情况来看，随着人口老龄化和城市化进程的加快，在中国人口流动迁移不断加剧的情况下，老年人独立居住的比例将继续上升。

表 4－27　　中国城乡老年人居住方式比较

居住方式		60 岁及以上（%）	
		城市	农村
独立居住	小计	49.7	38.3
	独居户	8.3	9.3
	夫妻户	41.4	29.0
与家庭其他成员居住		50.3	61.7
合计		100.0	100.0

资料来源：全国老龄工作委员会：《中国城乡老年人口状况追踪调查》，2006 年。

四　结果分析

1. 样本概况

调查有效样本量共 644 人，年龄在 60—97 岁，男性占 47.0%，女性占 53.0%。在调查的农村老年人中有 61.2% 不识字，9.9% 的老年人识字较少，28.9% 的老年人文化程度在小学以上。无配偶的老年人占到 40.3%。41.5% 的老年人居住在三代户及以上中，26.9% 的老年人仅与配偶一同居住，15.8% 的老年人居住在二代户中，近 5% 的老年人与孙辈同住。超过一半的老年人目前仍在从事农业生产劳动。患慢性病的老年人比例达到 80.6%。经济状况困难的老年人比例占到了 42.8%（见表 4－28）。

表 4-28　　农村老年人基本情况

		人数	%			人数	%
性别	女	341	53.0	是否从事体力劳动	是	360	55.9
	男	303	47.0		否	284	44.1
年龄	60—64 岁	172	26.7	是否有慢性病	是	519	80.6
	65—69 岁	155	24.1		否	125	19.4
	70—74 岁	143	22.2	经济状况	非常困难	72	11.2
	75—79 岁	99	15.4		比较困难	203	31.6
	80 岁及以上	75	11.6		一般	163	25.3
文化程度	不识字	394	61.2		比较好	168	26.1
	识字	64	9.9		非常好	38	5.8
	小学及以上	186	28.9	居住方式	独居户	72	11.2
婚姻状况	已婚	383	59.7		夫妇户	173	26.9
	丧偶	249	38.8		二代户	102	15.8
	离婚	8	0.9		三代及以上户	267	41.5
	未婚	4	0.6		隔代户	30	4.6

2. 不同居住方式下农村老年人的社会人口特征

农村老年人同质性强，但处于不同居住方式下的老年人社会人口特征仍存在较大的差异（见表 4-29）。从性别上来看，女性独居户老年人的比例接近 75%，二代户、三代户及以上和隔代户中的女性老年人比例均占到或超过了一半，只有夫妇户中，女性老年人的比例少于四成。

从年龄上来看，独居户老年人高龄化明显，70 岁及以上的老年人的比例占到 67.6%；三代户及以上中 70 岁及以上的老年人比例达到 60%，夫妇户、二代户和隔代户中此项比例均在 40% 以下。

从文化程度上来看，无论是在何种户型中，没上过学和识字很少的老年人比例较大，特别是独居户和隔代户中未上过学和识字很少的老年人比例超过了 75%。

表 4-29　　不同居住方式下农村老年人社会人口特征　　单位:%

		独居户	夫妇户	二代户	三代户及以上	隔代户
性别	女	74.3	38.6	51.0	57.3	50.0
	男	25.7	61.4	49.0	42.7	50.0
年龄	60—64 岁	9.5	35.7	38.3	21.3	26.7
	65—69 岁	23.0	28.1	28.4	18.7	36.7
	70—74 岁	28.4	22.8	12.7	24.3	16.7
	75—79 岁	31.1	8.8	10.8	17.2	13.3
	80 岁及以上	8.1	4.6	9.8	18.5	6.6
文化程度	没上过学	68.9	54.7	58.8	63.3	70.0
	识字很少	9.5	13.5	7.8	9.0	6.7
	小学	16.2	22.9	32.4	21.0	16.7
	初中	4.1	7.6	1.0	6.0	6.6
	高中以上	1.3	1.3	0.0	0.7	0.0
婚姻状况	已婚	5.4	98.2	66.7	46.8	66.7
	丧偶	86.5	1.8	32.3	52.4	30.0
	离婚	2.7	0.0	1.0	0.8	3.3
	未婚	5.4	0.0	0.0	0.0	0.0
经济状况	非常困难	27.1	17.6	3.9	5.3	13.3
	比较困难	35.1	37.6	42.1	22.5	33.3
	一般	18.9	26.5	16.7	30.7	16.7
	比较好	18.9	15.3	32.4	31.8	33.3
	非常好	0.0	3.0	4.9	9.7	3.4
慢性病	否	26.4	29.2	25.5	34.8	10.0
	是	73.6	70.8	74.5	65.2	90.0

从婚姻状况上来看，独居户老人丧偶比例高达 86.5%，也有 5.4% 的老人有配偶目前与配偶分开居住；三代户及以上中老人丧偶的比例也超过了一半。

从经济状况来看，总体上看农村老年人的经济状况都较差，尤其是独居老人，经济状况困难的比例达到了 62.2%，其次是夫妇户，经济状况困难的比例超过了50%；再次是隔代户，经济状况困难的比例也达到了46.6%。

农村老人患慢性病的比例高，除了三代户及以上类型中的老人患慢性病的比例低于70%外，其他户型中的老人患慢性病的比例均高于70%，特别是隔代户老人，患慢性病的比例达到了90%。

3. 不同居住方式下农村老人生活质量各指标得分情况

本书从11个指标来评价和反映农村老人的生活质量，不同居住方式下的农村老人生活质量之所以存在差异，主要是由于生活质量的11个方面的差异而造成的。三代户及以上类型中的农村老人生活质量除健康状况、生活习惯和心理卫生状况三项指标得分低于2分，其他各指标得分均在2分以上（满分3分）；独居户中的农村老人生活质量除健康状况、日常生活能力、家庭和谐和社会交往四项指标得分高于2分外，其他各指标得分均在2分以下；隔代户中的农村老人生活质量除日常生活、居住环境、经济状况和体能状况四项指标得分高于2分外，其他各指标得分均在2分以下；夫妇户中的农村老人生活质量除日常生活能力、家庭和谐、社会交往和体能状况四项指标得分高于2分外，其他各指标得分均在2分以下（见表4－30）。

表4－30　居住方式与生活质量各项指标得分情况　单位：分

生活质量各项指标	独居户	夫妇户	二代户	三代户及以上	隔代户
健康状况	2.13	1.97	1.94	1.87	1.90
生活习惯	1.71	1.65	1.59	1.65	1.60
日常生活能力	2.03	2.12	2.01	2.02	2.07
家庭和谐	2.04	2.27	2.29	2.52	1.83
居住环境	1.63	1.77	2.08	2.17	2.03
经济状况	1.57	1.71	2.25	2.15	2.13
心理卫生状况	1.61	1.67	1.72	1.88	1.60
营养状况	1.82	1.96	1.97	2.03	1.67
社会交往	2.06	2.00	1.90	2.07	1.87
体能状况	1.96	2.04	2.00	2.03	2.07
生活满意度	1.83	1.93	2.13	2.24	1.87

因此，三代户及以上类型中的农村老人生活质量之所以最好，是因为此类老人生活质量各项指标得分较高，各项指标状况良好。相反，其他居住类型中老人的生活质量较差，是因为生活质量各项指标状况一般或恶化所致。

独居户中的老人在健康状况和生活习惯两项指标上的得分均高于其他居住方式的老人。老人选择何种居住方式受多种因素的影响，当前的居住方式不一定是老人主动选择的结果，而是多种因素共同作用的结果。独居老人在健康状况这一指标得分最高，说明正是由于老人身体健康状况较好，老人才选择独居的生活方式。如果在老人子女尚在的情况下，老人身体健康状况差，老人选择独居的可能性是非常小的。因此，身体健康状况是农村老人选择居住方式的一个基本条件或关键因素。表 4－30 的数据还显示，农村独居老人的生活满意度是最低的，而且独居老人的居住环境和经济状况也是最差的。

4. 不同居住方式下农村老人的生活质量

总体上看，农村老人生活质量尚处于中等水平，农村老人生活质量得分为 21.7 分（满分 33 分）。通过分析发现，不同居住方式下的农村老人生活质量得分存在差异（见图 4－1）。不同居住方式下农村老人生活质量得分排序由高到低依次是：三代户及以上 > 二代户 > 夫妇户 > 隔代户 > 独居户（见图 4－1）。可见，生活在三代户及以上中的农村老人生活质量得分最高，生活质量最好；而独居户中的农村老人生活质量得分最低，生活质量最差；隔代户老人的生活质量也较差，仅高于独居户老人；夫妇户和二代户老人的生活质量居中。

从各居住方式类型中老人生活质量良、中、差所占比重来看，从独居户、隔代户、夫妇户、二代户到三代户及以上，老人生活质量差的比例在不断下降，老人生活质量良的比例在逐渐上升（见图 4－2）。

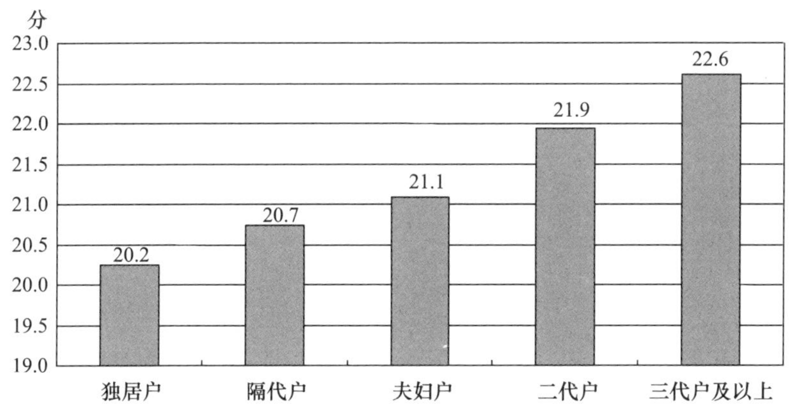

图 4－1　不同居住方式下农村老人生活质量评价

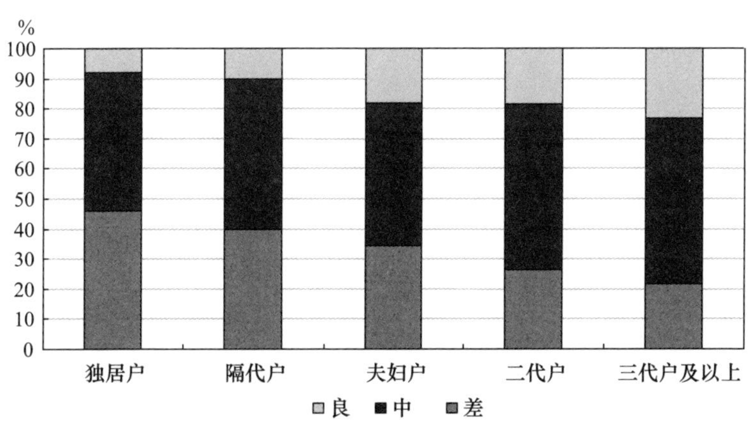

图 4－2　不同居住方式下农村老人生活质量分布

可见，三代户及以上的老年人生活质量是最好的，而独居户老年人的生活质量是最差的。

五　小结

通过研究发现，不同居住方式下的农村老人生活质量存在差异，三代户及以上中的农村老人生活质量最好，其次是二代户中的老人，再次是夫妇户，隔代户和独居户中的老人生活质量最差。三代户及以上和二代户老人生活质量较好，是因为与他们共同居住的子女或家庭其他成员为他们提供更多的工具性或情感性支持。在中国传统文化价值体系下，传统观念仍强烈地影响着老人的心理健康和精神生活，而传统大家庭结构充分地满足了老人的精神生活需求。这说明在当前的农村社会中，生活在传统大家庭结构中的老人生活质量要优于生活在小家庭或核心家庭中的老人。因此，家庭结构与农村老年人生活质量存在密切关系，不同居住方式的农村老年人他们所拥有的社会网络、社会资源、家庭环境、社会支持等存在的较大差异决定了养老质量的差异。居住方式的变化改变了老年人的生活环境，居住方式实质上是通过众多变量对农村老年人生活质量产生影响的。据此，可以将农村老年人居住方式的改变与老年人生活质量变化结合起来，构建出二者之间的关系，如图 4 －3 所示。

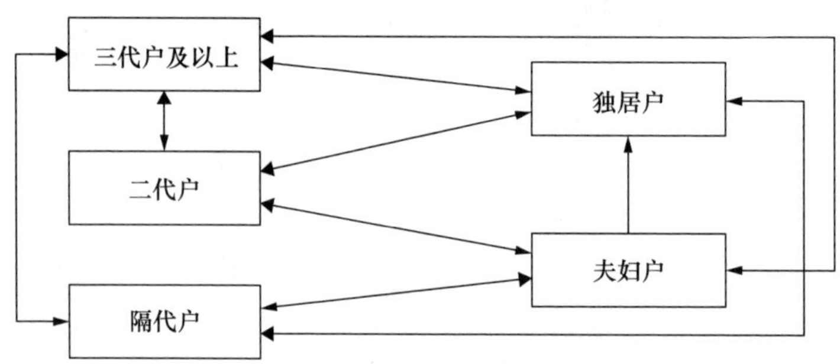

图 4 －3　居住方式与老年人生活质量变化关系

注：箭头表示居住方式变化方向，大箭头向小箭头方向表示生活质量降低，小箭头向大箭头方向表示生活质量提高。

情境选择优化理论认为，晚年时期老年人并不是被动地接受环境的改变，在老年人资源不断减少的过程中，处于某种情境中的老年人，会对自身的资源进行主动选择与配置，从而优化自己的生活质量。老年人居住方式的变化某种情况下是老年人主动选择的过程，老年人会根据自己的情况来选择不同的居住方式，从而保持较高的生活质量。

国外独立居住的老人生活质量并不差，而目前国内农村老年人的生活质量表现出的此种特征是社会经济发展中的一个过渡阶段。随着城市化和现代化的发展，农村独立居住的老年人生活质量将向更高层次迈进。独居老人生活质量差、生活满意度比与配偶居住的老人低、生活压抑感强、经济压力大等结论与国内外研究基本一致。但本书发现，独居老人健康状况自评并不差，而且农村独居老人健康状况指标得分在所有居住方式中最高。与国外情况不同的是农村夫妇户老人生活满意度并没有二代户和三代户及以上中的老人高。农村老人选择居住方式和国外的情况不同，他们不是为了减轻子女的负担，更多的是避免与子女之间发生代际冲突与矛盾，寻求相对自由的生活方式和相对舒适的生活环境。

在现代化进程不断加快，城乡人口迁移流动不断加剧，农村人口老龄化程度越来越深的情况下，传统的价值观念、家庭结构、家庭功能受到了前所未有的冲击，农村老人的居住方式发生了显著变化，传统的家庭养老受到挑战。无论老人居住方式的变化是老人主动选择还是多种因素共同作用的结果，总之，农村老人的居住方式正向独立化的方向发展，对农村老人生活质量产生了较大的影响。从大家庭结构向小家庭结构、从多代户向单代户居住方式的改变将降低老人的生活质量，这可能是农村老年人生活质量发展中的一个过渡阶段。在此过程中，农村独居户老人与隔代户老人是需要关注和帮助的首要对象。在家庭结构核心化和小型化趋势日益明显的情况下，如何维持和改善农村老人生活质量需要进一步研究。

通过对贵州省老年人生活质量进行描述和评价后，对贵州省老年人的生活质量现状有一个比较清晰的认识。评价结果显示，贵州省老年人生活质量评价得分为 21.74 分，换算为百分制相当于 65.88 分，刚刚进入中等水平的行列，但由于生活质量为差者比重较大，影响了总体水平，所以生活质量整体属中等偏下水平；老年人生活质量的 11 个领域中，分值在 2.00 分以上的有 5 项，1.80—

2.00 分的有 4 项，1.80 分以下的有 2 项，分值从高到低排列依次是：家庭和睦 > 生活满意度 > 日常生活功能 > 体能状况 > 心理卫生状况 > 居住环境状况 > 经济状况 > 社会交往 > 健康状况 > 营养状况 > 生活习惯。各领域得分差异明显。评价属中等或中等偏上水平的领域有：日常生活功能、家庭和睦、居住环境、心理卫生、体能状况和生活满意度；评价属中等偏下水平的领域有：健康状况、经济状况和社会交往；评价属下等水平的领域有：生活习惯和营养状况。生活质量主观领域得分高于客观领域。

对贵州省老年人生活质量现状有一个较全面的认识后，老年人生活质量整体不高的现状究竟是由哪些因素影响所导致？生活质量中的 11 个领域各自对生活质量是否产生影响？它们相互作用合力对生活质量影响程度又有多大？这些问题是提高和改善老年人生活质量必须回答的，只有解答了这些问题，才能为提高和改善老年人生活质量指明方向，才能将有限的资源用到老年人最需要的领域，改变生活质量整体不优的状况。

贵州省老年人生活质量总体上处于中等偏下水平。研究结果表明，贵州省老年人生活质量得分为 22 分左右，生活质量差的老年人比生活质量良的老年人高出 10.71%。贵州省老年人生活质量刚刚进入中等水平的行列，但由于生活质量差的老年人所占比重较大，影响了老年人生活质量的整体水平，因此，贵州省老年人生活质量整体上处于中等偏下水平。

贵州省老年人生活质量水平低于国内农村其他地区的水平。本次研究与国内农村其他地区同类研究相比，贵州省老年人生活质量总评得分低 5 分左右，并且生活质量为差的老年人所占比重较大，这表明贵州省老年人生活质量低于国内其他地区。

第五章　贵州省老年人生活质量的影响因素分析

第一节　影响老年人生活质量的单因素分析

贵州省老年人生活质量现状研究结果表明，贵州省老年人生活质量整体水平较低，与国内其他地区同类研究相比，生活质量在总分上低5分左右，良的比例低6个百分点，差的比例高24个百分点，这表明贵州省老年人生活质量低于国内其他地区。老年人生活质量较低的现状受哪些因素的影响？生活质量所含的11个领域又受哪些因素的影响？此部分将对老年人生活质量进行单因素分析，揭示影响老年人生活质量的因素。

一　研究结果

1. 生活质量总评得分受11个领域影响显著

将生活质量总评Q作为因变量，11个领域即健康状况领域（Q_1）、生活习惯领域（Q_2）、日常生活功能领域（Q_3）、家庭和睦领域（Q_4）、居住环境状况领域（Q_5）、经济状况领域（Q_6）、营养状况领域（Q_7）、心理卫生状况领域（Q_8）、社会交往领域（Q_9）、体能状况领域（Q_{10}）、生活满意度领域（Q_{11}）作为自变量，分别进行方差分析，结果表明，11个领域与生活质量总评得分有显著性差异（$P<0.001$）（其中$Q_{10}<0.05$）（见表5－1）。由此可知，生活质量所包含的11个领域各自对老年人生活质量均产生显著影响。

表 5－1　　老年人生活质量总评

	Q_1	Q_2	Q_3	Q_4	Q_5	Q_6	Q_7	Q_8	Q_9	Q_{10}	Q_{11}	Q
平均分	1.94	1.65	2.05	2.32	1.98	1.98	1.76	2.01	1.96	2.02	2.08	21.74
F	72.746	93.096	216.978	172.700	97.089	25.739	223.274	50.022	202.519	3.975	239.765	—
Sig.	0.000	0.000	0.000	0.000	0.000	0.000	0.000	0.000	0.000	0.019	0.000	—

资料来源：根据贵州省老年人生活状况调查资料整理。

2. 地区对老年人生活质量有影响

老年人生活质量得分和 11 个领域得分在不同地区之间表现出显著性差异（P＜0.001），QX 办事处老年人生活质量分值最高，MG 乡居其次，最差的是 JA 乡（见表 5－2）。这表明，地区是影响老年人生活质量得分和各领域得分的重要因素。由于选择地区是以经济发展水平为标准，因此，地区差异实质上反映的是经济发展水平差异，当然还存在一些其他非经济因素。

表 5－2　　地区对老年人生活质量得分的影响

	Q_1	Q_2	Q_3	Q_4	Q_5	Q_6	Q_7	Q_8	Q_9	Q_{10}	Q_{11}	Q
JA 乡	1.60	1.31	1.61	1.88	1.84	2.11	1.26	1.75	1.48	2.16	1.74	18.74
MG 乡	2.08	1.76	2.20	2.48	1.93	1.88	1.90	2.07	2.04	2.02	2.20	22.55
QX 办事处	2.10	1.85	2.30	2.57	2.17	1.96	2.09	2.20	2.35	1.89	2.27	23.75
F	31.249	43.928	56.944	56.006	18.336	5.917	107.507	25.849	93.230	7.514	36.864	90.820
Sig.	0.000	0.000	0.000	0.000	0.000	0.003	0.000	0.000	0.000	0.001	0.000	0.000

资料来源：根据贵州省老年人生活状况调查资料整理。

3. 年龄对老年人生活质量有影响

老年人的生活质量在不同年龄组上表现出显著差异（P＜0.001），随着年龄的增加，生活质量得分逐渐降低；不同年龄组老年人在 Q_1、Q_2、Q_3、Q_5 和 Q_9 领域的得分上有显著差异（P＜0.001）；这说明，年龄对老年人的健康状况、生活习惯、日常生活功能、居住环境状况和社会交往有影响（见表5－3）。

表5－3　　年龄对老年人生活质量得分的影响

	Q_1	Q_2	Q_3	Q_4	Q_5	Q_6	Q_7	Q_8	Q_9	Q_{10}	Q_{11}	Q
60—64岁	2.13	1.80	2.39	2.35	2.06	2.05	1.80	2.05	2.16	2.14	2.10	23.03
65—69岁	2.07	1.66	2.09	2.28	1.95	2.01	1.72	1.97	1.91	1.97	2.06	21.69
70—74岁	1.90	1.66	2.01	2.31	1.94	1.93	1.80	2.02	1.93	1.98	2.03	21.52
75—79岁	1.76	1.49	1.84	2.30	1.80	1.83	1.63	1.98	1.87	2.02	2.00	20.52
≥80岁	1.53	1.43	1.51	2.37	2.15	2.04	1.83	2.04	1.80	1.95	2.24	20.88
F	11.288	5.975	21.891	0.269	5.029	1.979	1.430	0.401	4.734	1.654	1.431	7.244
Sig.	0.000	0.000	0.000	0.898	0.001	0.096	0.222	0.808	0.001	0.159	0.222	0.000

资料来源：根据贵州省老年人生活状况调查资料整理。

4. 性别对老年人生活质量无影响，对生活习惯和日常生活功能有影响

男性和女性老年人生活质量得分总体上没有显著差异（$P>0.05$），但在Q_2和Q_3两个领域表现出显著的差异（$P<0.001$）（见表5－4）。这表明，性别是影响生活习惯和日常生活功能的重要因素。

表5－4　　性别对老年人生活质量得分的影响

	Q_1	Q_2	Q_3	Q_4	Q_5	Q_6	Q_7	Q_8	Q_9	Q_{10}	Q_{11}	Q
女	1.89	1.81	1.94	2.29	1.99	1.94	1.72	1.99	1.95	2.06	2.05	21.62
男	1.99	1.46	2.17	2.36	1.97	2.02	1.80	2.04	1.98	1.98	2.11	21.87
F	2.849	49.293	15.128	1.236	0.148	1.989	2.153	0.900	0.312	2.157	1.162	1.446
Sig.	0.092	0.000	0.000	0.267	0.701	0.159	0.143	0.343	0.577	0.142	0.281	0.230

资料来源：根据贵州省老年人生活状况调查资料整理。

5. 婚姻状况对老年人日常生活功能有影响

已婚老年人在Q_3领域得分高于丧偶老年人（$P<0.001$），在其

他各领域和总体生活质量上已婚老年人和丧偶老年人得分差异不显著。这说明婚姻状况对老年人日常生活功能有影响（见表5－5）。

表5－5　　　婚姻状况对老年人生活质量得分的影响

	Q_1	Q_2	Q_3	Q_4	Q_5	Q_6	Q_7	Q_8	Q_9	Q_{10}	Q_{11}	Q
已婚	1.99	1.67	2.15	2.31	1.94	1.94	1.74	2.01	2.01	2.06	2.07	21.88
丧偶	1.85	1.63	1.89	2.37	2.02	1.99	1.80	2.02	1.92	1.98	2.10	21.57
其他	1.92	1.52	2.00	1.92	2.12	2.32	1.60	2.04	1.72	1.84	2.00	21.00
F	2.532	0.684	8.580	3.864	2.228	3.470	1.262	0.041	2.346	1.837	0.255	1.437
Sig.	0.080	0.505	0.000	0.021	0.109	0.032	0.284	0.960	0.097	0.160	0.775	0.238

资料来源：根据贵州省老年人生活状况调查资料整理。

6. 文化程度对老年人生活质量有影响

不同文化程度的老年人生活质量得分差异有显著性（$P<0.001$），除Q_6和Q_{10}两个领域外（$P>0.05$），老年人其他各领域得分差异均有显著性（$P<0.05$）。随着文化程度的上升，老年人生活质量得分逐渐上升，中专及以上文化程度的老年人生活质量得分显著高于没有上过学的老年人。这说明，文化程度是影响老年人生活质量的重要因素（见表5－6）。

表5－6　　　文化程度对老年人生活质量得分的影响

	Q_1	Q_2	Q_3	Q_4	Q_5	Q_6	Q_7	Q_8	Q_9	Q_{10}	Q_{11}	Q
没上过学	1.82	1.62	1.85	2.23	1.91	1.93	1.63	1.94	1.83	2.07	1.97	20.79
识字很少	2.02	1.52	2.06	2.39	2.02	2.02	1.75	2.05	1.95	2.03	2.06	21.86
小学	2.10	1.72	2.42	2.50	2.06	2.03	1.96	2.16	2.19	1.95	2.32	23.41
初中	2.40	1.80	2.69	2.43	2.34	2.23	2.20	2.09	2.40	1.80	2.23	24.60
高中	2.00	2.50	2.00	3.00	2.00	2.00	2.50	2.50	3.00	1.50	2.50	25.50
中专及以上	2.00	2.33	2.33	2.33	2.67	2.33	2.33	2.67	2.33	2.33	2.33	26.00
F	5.982	2.715	19.003	3.295	5.272	1.688	9.194	3.131	9.114	1.556	5.581	13.282
Sig.	0.000	0.019	0.000	0.006	0.000	0.135	0.000	0.008	0.000	0.171	0.000	0.000

资料来源：根据贵州省老年人生活状况调查资料整理。

7. 居住方式与居住意愿对老年人生活质量有影响

不同居住方式的老年人生活质量得分差异显著（P<0.05）。按老年人家庭人口规模将老年人分为两老户、独居户和其他户，独居户老年人生活质量得分明显低于两老户和其他户；在 Q_1、Q_4、Q_5、Q_6、Q_7 和 Q_{11} 六个领域，不同居住方式的老年人其生活质量得分差异显著（P<0.05）。这说明，居住方式是影响老年人 Q_1、Q_4、Q_5、Q_6、Q_7 和 Q_{11} 领域和老年人生活质量的重要因素（见表 5-7）。

表 5-7　　居住方式对老年人生活质量得分的影响

	Q_1	Q_2	Q_3	Q_4	Q_5	Q_6	Q_7	Q_8	Q_9	Q_{10}	Q_{11}	Q
两老户	1.99	1.66	2.15	2.28	1.77	1.75	1.67	2.01	1.97	2.03	1.97	21.24
独居户	2.11	1.69	1.97	2.00	1.60	1.59	1.60	2.01	1.83	1.96	1.80	20.16
其他户	1.88	1.63	2.02	2.39	2.14	2.15	1.82	2.01	1.98	2.03	2.17	22.23
F	3.354	0.304	2.151	7.987	44.925	34.977	4.960	0.000	1.306	0.306	10.914	7.684
Sig.	0.036	0.738	0.117	0.000	0.000	0.000	0.007	1.000	0.272	0.736	0.000	0.001

资料来源：根据贵州省老年人生活状况调查资料整理。

老年人生活质量得分在是否愿意与子女居住上差异显著（P<0.05），愿意与子女居住的老年人其生活质量得分明显高于不愿意与子女居住的老年人。居住意愿的不同，使老年人在 Q_1、Q_4、Q_5、Q_6、Q_7 和 Q_{11} 六个领域的得分差异显著（P<0.05），除 Q_1 领域外，其他五个领域的得分均表现为愿意与子女居住的老年人得分明显高于不愿意与子女居住的老年人。这说明，居住意愿是影响老年人 Q_1、Q_4、Q_5、Q_6、Q_7 和 Q_{11} 六个领域和老年人生活质量的重要因素（见表 5-8）。

表 5-8　　居住意愿对老年人生活质量得分的影响

	Q_1	Q_2	Q_3	Q_4	Q_5	Q_6	Q_7	Q_8	Q_9	Q_{10}	Q_{11}	Q
不愿意	2.21	1.84	2.35	2.35	1.80	1.61	1.87	2.13	2.15	1.93	2.04	22.26

续表

	Q_1	Q_2	Q_3	Q_4	Q_5	Q_6	Q_7	Q_8	Q_9	Q_{10}	Q_{11}	Q
愿意	2.04	1.79	2.20	2.61	2.15	2.06	2.04	2.14	2.21	1.97	2.32	23.52
F	4.818	0.572	3.543	12.675	32.140	41.094	6.560	0.020	0.791	0.337	14.625	6.128
Sig.	0.029	0.450	0.060	0.000	0.000	0.000	0.011	0.888	0.374	0.562	0.000	0.014

资料来源：根据贵州省老年人生活状况调查资料整理。

8. 不同养老主体对老年人生活质量有影响

老年人生活质量得分在不同养老主体上差异显著（$P<0.001$），自己养老的老年人生活质量得分明显高于其他老年人。养老主体的不同使老年人在Q_1、Q_3、Q_4、Q_6、Q_9和Q_{11}六个领域的得分差异显著（$P<0.05$）。这说明，养老主体是影响老年人Q_1、Q_3、Q_4、Q_6、Q_9和Q_{11}六个领域和老年人生活质量的重要因素（见表5－9）。

表5－9　　养老主体对老年人生活质量得分的影响

	Q_1	Q_2	Q_3	Q_4	Q_5	Q_6	Q_7	Q_8	Q_9	Q_{10}	Q_{11}	Q
自己	2.24	1.80	2.50	2.44	2.07	2.09	1.94	1.93	2.28	1.98	2.20	23.48
儿子	1.93	1.65	2.02	2.38	1.98	2.01	1.76	2.05	1.97	2.00	2.11	21.85
女儿	1.71	1.65	1.90	2.10	2.06	1.77	1.74	1.94	1.84	2.13	1.90	20.74
其他	1.88	1.48	1.98	1.92	1.88	1.77	1.59	1.94	1.70	2.18	1.83	20.17
F	3.985	2.280	7.054	7.940	1.311	3.498	2.609	1.024	6.462	1.530	4.013	7.350
Sig.	0.008	0.078	0.000	0.000	0.270	0.015	0.051	0.381	0.000	0.205	0.008	0.000

资料来源：根据贵州省老年人生活状况调查资料整理。

通常自养的老年人有独立、稳定的经济来源，此部分老年人经济能力较强，这是他们生活质量较高的基础。

9. 家庭规模和男孩数对老年人生活质量有影响

老年人生活质量得分在家庭人口规模上差异显著（$P<0.001$）。家庭人口数从1人增加到10人及以上，老年人生活质量得分表现出先上升后下降的特点，家庭人口规模在7人以上时，老年人生活质

量得分开始下降。不同家庭规模的老年人在 Q_1、Q_4、Q_5、Q_6、Q_7 和 Q_{11} 六个领域得分差异显著（$P<0.001$）。这说明，家庭人口规模对老年人 Q_1、Q_4、Q_5、Q_6、Q_7 和 Q_{11} 六个领域和老年人生活质量有影响（见表 5－10）。

表 5－10　　家庭人口规模对老年人生活质量得分的影响

	Q_1	Q_2	Q_3	Q_4	Q_5	Q_6	Q_7	Q_8	Q_9	Q_{10}	Q_{11}	Q
1	2.10	1.68	1.97	1.97	1.62	1.63	1.59	2.01	1.81	1.95	1.78	20.11
2	1.99	1.67	2.14	2.30	1.80	1.80	1.69	2.00	1.97	2.02	1.98	21.38
3	2.07	1.57	1.99	2.21	1.97	2.12	1.57	2.01	1.84	1.91	2.04	21.31
4	1.86	1.55	2.01	2.37	2.18	2.34	1.85	2.04	2.04	2.08	2.11	22.44
5	1.87	1.65	2.01	2.53	2.16	2.09	1.90	2.09	2.06	2.09	2.26	22.72
6	1.95	1.79	2.18	2.50	2.30	2.05	2.07	1.95	2.09	1.95	2.45	23.27
7	1.31	1.63	1.75	2.25	2.19	2.13	1.56	1.69	1.56	2.25	1.88	20.19
8	1.14	1.43	1.57	1.86	2.14	2.29	1.57	1.86	1.86	1.86	2.00	19.57
10人以上	1.33	1.00	1.67	1.67	2.00	2.33	1.33	1.33	1.67	2.33	1.33	18.00
F	3.623	1.146	1.511	4.395	12.440	8.132	4.281	1.189	1.942	0.943	5.825	5.541
Sig.	0.000	0.330	0.150	0.000	0.000	0.000	0.000	0.303	0.051	0.480	0.000	0.000

资料来源：根据贵州省老年人生活状况调查资料整理。

男孩数量的差异导致老年人生活质量得分差异显著（$P<0.05$），老年人生活质量得分随男孩数的增加而增加，当男孩数达到一定数量（5人以上），得分开始下降。老年人拥有男孩数量的差异，使老年人在 Q_4、Q_5、Q_8、Q_9 和 Q_{11} 五个领域得分差异显著（$P<0.05$）。这说明男孩数量是影响老年人 Q_4、Q_5、Q_8、Q_9、Q_{11} 五个领域和生活质量的重要因素（见表 5－11）。

表 5－11　　男孩数对老年人生活质量得分的影响

	Q_1	Q_2	Q_3	Q_4	Q_5	Q_6	Q_7	Q_8	Q_9	Q_{10}	Q_{11}	Q
0	1.96	1.49	1.90	1.84	1.90	1.80	1.57	1.92	1.63	2.08	1.69	19.78

续表

	Q_1	Q_2	Q_3	Q_4	Q_5	Q_6	Q_7	Q_8	Q_9	Q_{10}	Q_{11}	Q
1	1.91	1.70	2.12	2.44	2.04	1.91	1.78	2.13	2.06	2.06	2.14	22.30
2	1.94	1.63	2.08	2.38	2.04	2.05	1.81	2.05	2.04	1.96	2.17	22.16
3	1.92	1.68	1.96	2.24	1.92	1.98	1.72	1.93	1.81	2.00	1.99	21.15
4	1.95	1.59	2.00	2.36	1.79	1.98	1.70	1.82	1.91	2.15	1.95	21.21
5	2.14	1.64	2.14	2.29	2.14	2.21	1.71	1.93	2.36	1.79	2.21	22.57
6	1.86	1.86	2.00	2.43	1.71	2.00	1.86	1.86	1.57	2.43	2.43	22.00
7人以上	2.00	1.67	2.00	1.67	2.00	1.33	2.00	2.33	2.33	1.67	2.00	21.00
F	0.210	0.788	0.830	3.996	2.215	1.623	0.916	2.113	4.019	1.228	3.587	3.270
Sig.	0.983	0.597	0.562	0.000	0.031	0.126	0.494	0.040	0.000	0.285	0.001	0.002

资料来源：根据贵州省老年人生活状况调查资料整理。

可见，“养儿防老”思想的存在有一定的现实原因，而当儿子数量达到并超过一定数量后，养老质量便会下降，这在现实生活中具体表现为：拥有过多儿子数量的老年人，由于儿子数量过多，容易发生养老责任分散、相互推诿、相互扯皮的现象，使老年人陷入尴尬的境地，严重降低了老年人应有的生活质量。

10. 经济状况对老年人生活质量有影响

不同经济实力的老年人生活质量得分差异显著（$P<0.001$）。有存款的老年人生活质量得分明显高于没有存款的老年人，在其他9个领域中也表现出相同的特点［Q_8 和 Q_{10} 领域除外，在其他9个领域老年人得分差异显著（$P<0.05$）］。这说明经济实力对老年人 Q_1、Q_2、Q_3、Q_4、Q_5、Q_6、Q_7、Q_9 和 Q_{11} 九个领域和老年人生活质量有影响（见表5－12）。

表5－12　是否有存款对老年人生活质量得分的影响

	Q_1	Q_2	Q_3	Q_4	Q_5	Q_6	Q_7	Q_8	Q_9	Q_{10}	Q_{11}	Q
否	1.89	1.62	1.98	2.27	1.91	1.90	1.70	2.00	1.89	2.05	1.99	21.07
是	2.16	1.85	2.38	2.71	2.42	2.55	2.12	2.10	2.41	1.88	2.63	23.36

续表

	Q_1	Q_2	Q_3	Q_4	Q_5	Q_6	Q_7	Q_8	Q_9	Q_{10}	Q_{11}	Q
F	8.570	7.738	17.739	21.640	52.898	60.732	25.165	1.163	32.270	3.633	54.015	54.706
Sig.	0.004	0.006	0.000	0.000	0.000	0.000	0.000	0.281	0.000	0.057	0.000	0.000

资料来源：根据贵州省老年人生活状况调查资料整理。

老年人生活质量得分在不同经济状况上差异显著（$P<0.001$），经济状况很宽裕的老年人比经济状况很困难的老年人生活质量得分明显要高，经济状况越好，老年人生活质量得分越高；相反，则低；经济状况不同的老年人，生活质量 11 个领域得分均表现出明显的差异（$P<0.001$）。这说明，经济状况对老年人生活质量各个领域和生活质量有影响（见表 5－13）。

表 5－13　　经济状况对老年人生活质量得分的影响

	Q_1	Q_2	Q_3	Q_4	Q_5	Q_6	Q_7	Q_8	Q_9	Q_{10}	Q_{11}	Q
很困难	1.68	1.61	1.71	1.74	1.54	1.13	1.43	1.86	1.54	2.29	1.57	18.10
比较困难	1.80	1.50	1.86	2.11	1.82	1.85	1.45	1.92	1.73	2.06	1.81	19.91
一般	2.09	1.77	2.21	2.60	1.98	1.87	1.99	2.19	2.16	1.88	2.23	22.98
比较宽裕	1.96	1.65	2.17	2.43	2.20	2.42	1.89	2.01	2.10	2.01	2.32	23.16
很宽裕	2.35	1.95	2.49	2.86	2.73	2.84	2.46	2.05	2.54	1.95	2.70	26.92
F	8.422	6.028	13.047	28.059	43.649	94.114	36.401	4.774	23.009	4.252	34.863	52.612
Sig.	0.000	0.000	0.000	0.000	0.000	0.000	0.000	0.001	0.000	0.002	0.000	0.000

资料来源：根据贵州省老年人生活状况调查资料整理。

11. 住房类型与生活能源对老年人生活质量有影响

居住在不同房屋类型中的老年人，生活质量得分差异显著（$P<0.001$）。居住在水泥楼房内的老年人生活质量得分明显高于居住在其他房屋类型中的老年人。在 Q_4、Q_5、Q_6、Q_7、Q_9 和 Q_{11} 六个领域上，不同住房类型的老年人得分差异显著（$P<0.05$）。这说明房屋类型对老年人 Q_4、Q_5、Q_6、Q_7、Q_9 和 Q_{11} 六个领域和生活质量

有影响（见表5－14）。

表5－14　　住房类型对老年人生活质量得分的影响

	Q_1	Q_2	Q_3	Q_4	Q_5	Q_6	Q_7	Q_8	Q_9	Q_{10}	Q_{11}	Q
砖瓦结构	2.16	1.63	2.00	2.53	1.58	2.00	1.58	2.00	2.00	1.89	1.79	21.16
木瓦结构	1.92	1.64	1.92	2.11	1.63	1.72	1.61	1.98	1.82	2.06	1.85	20.25
石板结构	1.95	1.58	2.03	2.31	1.82	1.88	1.67	1.98	1.87	1.95	2.03	21.06
茅草屋	1.57	1.57	1.86	1.57	1.00	2.14	1.43	1.43	1.29	2.71	1.43	18.00
水泥楼房结构	1.93	1.67	2.09	2.40	2.19	2.08	1.85	2.05	2.04	2.03	2.19	22.52
其他	1.50	1.25	2.25	1.50	1.25	1.75	1.75	1.75	2.50	2.50	1.50	19.50
F	0.930	0.677	0.891	4.617	30.672	5.202	3.296	1.508	3.547	2.057	6.163	5.765
Sig.	0.461	0.641	0.487	0.000	0.000	0.000	0.006	0.185	0.004	0.069	0.000	0.000

资料来源：根据贵州省老年人生活状况调查资料整理。

使用不同生活能源的老年人，其生活质量得分差异显著（$P<0.001$）。使用煤或天然气的老年人生活质量得分明显高于使用柴或草的老年人。除 Q_{10} 领域外，生活能源的不同在其他十个领域上得分差异都有显著性（Q_1、Q_6 和 Q_8 三个领域 $P<0.05$，其他领域 $P<0.001$）。这说明，生活能源对老年人 Q_1、Q_2、Q_3、Q_4、Q_5、Q_6、Q_7、Q_8、Q_9 和 Q_{11} 十个领域和老年人生活质量有影响（见表5－15）。

表5－15　　生活能源对老年人生活质量得分的影响

	Q_1	Q_2	Q_3	Q_4	Q_5	Q_6	Q_7	Q_8	Q_9	Q_{10}	Q_{11}	Q
柴或草	1.86	1.47	1.84	2.09	1.73	1.90	1.51	1.93	1.71	2.08	1.83	19.95
煤或天然气	1.99	1.78	2.20	2.49	2.17	2.04	1.94	2.07	2.15	1.98	2.26	23.07
F	5.067	34.649	34.408	43.314	97.893	5.682	67.343	6.854	62.307	3.058	62.211	86.938
Sig.	0.025	0.000	0.000	0.000	0.000	0.017	0.000	0.009	0.000	0.081	0.000	0.000

资料来源：根据贵州省老年人生活状况调查资料整理。

12. 慢性病对老年人生活质量有影响

老年人生活质量得分在是否有慢性病上差异显著（P<0.001）。无慢性病的老年人生活质量得分明显高于有慢性病的老年人。是否有慢性病的老年人在 Q_1、Q_3、Q_4、Q_6、Q_7、Q_9、Q_{10}和 Q_{11}八个领域得分差异显著（Q_1、Q_3 和 Q_9 三个领域 P<0.001；Q_4、Q_6、Q_7、Q_{10}和 Q_{11}五个领域 P<0.05）。这说明，慢性病对老年人 Q_1、Q_3、Q_4、Q_6、Q_7、Q_9、Q_{10}和 Q_{11}八个领域和老年人生活质量有影响（见表5－16）。

表 5－16　　慢性病对老年人生活质量得分的影响

	Q_1	Q_2	Q_3	Q_4	Q_5	Q_6	Q_7	Q_8	Q_9	Q_{10}	Q_{11}	Q
有	1.83	1.63	1.97	2.27	1.97	2.01	1.71	1.99	1.91	2.06	2.03	21.39
无	2.38	1.70	2.34	2.52	2.01	1.86	1.94	2.12	2.18	1.86	2.25	23.16
F	55.890	1.195	23.496	10.176	0.352	4.092	10.598	3.840	12.865	7.291	8.741	22.808
Sig.	0.000	0.275	0.000	0.001	0.553	0.043	0.001	0.050	0.000	0.007	0.003	0.000

资料来源：根据贵州省老年人生活状况调查资料整理。

13. 医疗保障对老年人生活质量有影响

目前，在调查的三个地区中，均已实施了新型农村合作医疗保障，部分老年人尚未参保。不同医疗保障的老年人生活质量得分差异显著（P<0.001），参加新型农村合作医疗的老年人生活质量得分明显高于未参加的老年人，在 Q_1、Q_2、Q_3、Q_4、Q_5、Q_7、Q_8、Q_9 和 Q_{11} 八个领域老年人得分差异显著（Q_1 和 Q_9 两个领域 P<0.05；Q_2、Q_3、Q_4、Q_5、Q_7 和 Q_{11} 七个领域 P<0.001）。这说明，医疗保障状况对老年人 Q_1、Q_2、Q_3、Q_4、Q_5、Q_7、Q_9 和 Q_{11}八个领域和老年人生活质量有影响（见表 5－17）。

14. 心理卫生状况对老年人生活质量有影响

负性事件对老年人生活质量有影响。老年人生活质量得分在负性事件上差异显著（P<0.001）。负性事件评价为良的老年人生活

表 5-17　　医疗保障对老年人生活质量得分的影响

	Q_1	Q_2	Q_3	Q_4	Q_5	Q_6	Q_7	Q_8	Q_9	Q_{10}	Q_{11}	Q
未参加	1.85	1.51	1.91	2.17	1.84	1.94	1.59	1.96	1.85	2.04	1.91	20.58
参加	1.98	1.71	2.12	2.40	2.06	1.99	1.84	2.04	2.03	2.02	2.18	22.35
F	4.669	13.867	10.323	11.869	21.311	0.533	19.891	1.849	8.485	0.145	20.541	29.827
Sig.	0.031	0.000	0.001	0.001	0.000	0.465	0.000	0.174	0.004	0.703	0.000	0.000

资料来源：根据贵州省老年人生活状况调查资料整理。

质量得分明显高于负性事件评价为差的老年人，在 Q_1、Q_2、Q_3、Q_4、Q_5、Q_7、Q_8、Q_9 和 Q_{11} 九个领域老年人的得分差异显著（Q_1、Q_2 和 Q_5 三个领域 $P<0.05$；Q_3、Q_4、Q_7、Q_8、Q_9 和 Q_{11} 六个领域 $P<0.001$）。这说明，负性事件对 Q_1、Q_2、Q_3、Q_4、Q_5、Q_7、Q_8、Q_9 和 Q_{11} 九个领域和老年人生活质量有影响（见表 5-18）。

表 5-18　　负性事件对老年人生活质量得分的影响

	Q_1	Q_2	Q_3	Q_4	Q_5	Q_6	Q_7	Q_8	Q_9	Q_{10}	Q_{11}	Q
差	1.89	1.62	2.05	2.12	1.92	2.05	1.65	1.48	1.90	2.09	1.91	20.67
中	1.82	1.56	1.84	2.24	1.91	1.99	1.61	1.76	1.82	2.07	1.99	20.70
良	2.07	1.74	2.23	2.52	2.08	1.93	1.95	2.57	2.13	1.94	2.26	23.41
F	6.674	4.918	15.493	15.339	5.980	1.548	18.201	276.265	11.931	2.608	14.245	34.465
Sig.	0.001	0.008	0.000	0.000	0.003	0.214	0.000	0.000	0.000	0.074	0.000	0.000

资料来源：根据贵州省老年人生活状况调查资料整理。

正性心理感受对老年人生活质量有影响。老年人生活质量得分在不同的正性心理感受上差异显著（$P<0.05$）。正性心理感受越强，老年人生活质量得分越高，在 Q_2、Q_8、Q_9 和 Q_{11} 四个领域上得分也有显著差异（Q_2、Q_9 和 Q_{11} 三个领域 $P<0.05$；Q_2 领域 $P<0.001$）。这说明，正性心理感受是影响老年人 Q_2、Q_8、Q_9 和 Q_{11} 四个领域和老年人生活质量的重要因素（见表 5-19）。

表 5－19　　　正性心理感受对老年人生活质量得分的影响

	Q_1	Q_2	Q_3	Q_4	Q_5	Q_6	Q_7	Q_8	Q_9	Q_{10}	Q_{11}	Q
差	1.98	1.68	2.12	2.30	1.98	1.94	1.80	1.70	1.97	2.05	2.03	21.55
中	1.89	1.59	1.97	2.30	1.96	2.01	1.71	2.17	1.93	2.00	2.08	21.61
良	2.11	1.94	2.28	2.61	2.17	1.97	1.92	2.67	2.25	2.03	2.39	24.33
F	2.135	5.505	4.330	2.626	1.949	0.616	2.379	63.056	3.046	0.358	3.931	5.595
Sig.	0.119	0.004	0.014	0.073	0.143	0.540	0.093	0.000	0.048	0.699	0.020	0.004

资料来源：根据贵州省老年人生活状况调查资料整理。

负性心理感受对老年人生活质量有影响。不同负性心理感受的老年人，其生活质量得分差异显著（$P<0.001$）。负性心理感受越少，老年人生活质量得分越高，不同负性心理感受的老年人在 Q_1、Q_2、Q_3、Q_4、Q_6、Q_7、Q_8、Q_9 和 Q_{11} 九个领域得分差异显著（除 Q_6 领域 $P<0.05$，其他领域 $P<0.001$）。这说明，不同负性心理感受对老年人 Q_1、Q_2、Q_3、Q_4、Q_6、Q_7、Q_8、Q_9 和 Q_{11} 九个领域和老年人的总体生活质量有影响（见表 5－20）。

表 5－20　　　负性心理感受老年人生活质量得分的影响

	Q_1	Q_2	Q_3	Q_4	Q_5	Q_6	Q_7	Q_8	Q_9	Q_{10}	Q_{11}	Q
差	1.66	1.41	1.63	2.01	1.93	2.13	1.36	1.51	1.59	2.13	1.79	19.14
中	1.95	1.65	2.02	2.35	1.96	1.98	1.79	1.94	1.93	1.98	2.12	21.68
良	2.13	1.82	2.40	2.50	2.06	1.86	2.01	2.49	2.29	2.00	2.23	23.79
F	16.799	17.385	49.462	17.739	2.481	6.283	43.098	125.411	42.899	2.052	17.536	55.426
Sig.	0.000	0.000	0.000	0.000	0.084	0.002	0.000	0.000	0.000	0.129	0.000	0.000

资料来源：根据贵州省老年人生活状况调查资料整理。

担忧事件对老年人生活质量有影响。老年人生活质量得分在担忧事件及担忧程度上差异显著（$P<0.001$），无担忧事件的老年人生活质量得分高于有担忧事件的老年人，对事件担忧程度越高，老年人生活质量得分越低。在 Q_2、Q_3、Q_4、Q_7、Q_8、Q_9 和 Q_{11} 七个领

域，老年人得分差异显著（Q_2、Q_4、Q_9 和 Q_{11} 四个领域 $P<0.05$；Q_3、Q_7 和 Q_8 三个领域 $P<0.001$）。这说明，是否有担忧事件及对事件担忧程度是影响老年人 Q_2、Q_3、Q_4、Q_7、Q_8、Q_9 和 Q_{11} 七个领域和老年人生活质量的重要因素（见表5－21）。

表5－21　　事件担忧程度对老年人生活质量得分的影响

	Q_1	Q_2	Q_3	Q_4	Q_5	Q_6	Q_7	Q_8	Q_9	Q_{10}	Q_{11}	Q
无担忧事件	1.97	1.69	2.14	2.38	2.02	1.93	1.88	2.43	1.99	2.07	2.13	22.63
轻度担忧	2.00	1.75	2.34	2.40	2.04	2.09	1.83	1.72	2.06	1.91	2.21	22.34
中度担忧	1.76	1.43	1.82	2.11	1.95	2.03	1.59	1.73	1.72	2.15	1.91	20.18
重度担忧	1.85	1.53	1.73	2.14	1.93	2.15	1.45	1.70	1.83	1.94	1.92	20.15
极度担忧	2.00	1.59	1.71	2.12	1.94	1.94	1.65	1.53	1.76	1.76	2.06	20.06
F	1.869	4.577	10.776	3.789	0.722	2.123	8.901	47.300	3.923	2.352	3.528	9.906
Sig.	0.114	0.001	0.000	0.005	0.577	0.077	0.000	0.000	0.004	0.053	0.007	0.000

资料来源：根据贵州省老年人生活状况调查资料整理。

15. 主观感受对老年人生活质量有影响

优越感和自卑感对老年人生活质量有影响。不同优越感和自卑感的老年人生活质量得分差异显著（$P<0.001$）。老年人优越感越强，自卑感越弱，生活质量得分就越高。不同优越感和自卑感的老年人在 Q_1、Q_2、Q_3、Q_4、Q_5、Q_6、Q_7、Q_9、Q_{10} 和 Q_{11} 十个领域得分差异显著（除 Q_2 领域 $P<0.05$ 外，其他领域 $P<0.001$）。这说明，优越感和自卑感是影响老年人 Q_1、Q_2、Q_3、Q_4、Q_5、Q_6、Q_7、Q_9、Q_{10} 和 Q_{11} 十个领域和老年人生活质量的重要因素（见表5－22）。

表5－22　　优越感和自卑感对老年人生活质量得分的影响

	Q_1	Q_2	Q_3	Q_4	Q_5	Q_6	Q_7	Q_8	Q_9	Q_{10}	Q_{11}	Q
有明显的优越感	1.88	1.65	2.18	2.18	2.29	2.29	1.82	2.00	2.06	2.29	2.24	22.88

续表

	Q_1	Q_2	Q_3	Q_4	Q_5	Q_6	Q_7	Q_8	Q_9	Q_{10}	Q_{11}	Q
有优越感	2.29	1.80	2.33	2.78	2.34	2.33	2.12	2.06	2.33	1.73	2.51	24.60
无优越或自卑感	1.89	1.64	2.06	2.41	1.99	2.01	1.79	2.06	1.99	1.99	2.17	22.02
有自卑感	1.85	1.53	1.86	1.88	1.74	1.69	1.43	1.91	1.65	2.22	1.59	19.34
有明显的自卑感	1.66	1.51	1.64	1.83	1.72	1.74	1.36	1.85	1.68	2.19	1.57	18.77
F	7.067	2.521	8.077	25.737	17.414	13.352	18.325	1.913	12.882	7.006	34.093	27.272
Sig.	0.000	0.040	0.000	0.000	0.000	0.000	0.000	0.107	0.000	0.000	0.000	0.000

资料来源：根据贵州省老年人生活状况调查资料整理。

生活幸福感对老年人生活质量有影响。老年人生活质量得分在主观生活幸福感上差异显著（$P<0.001$）。主观幸福感强的老年人生活质量得分明显高于幸福感弱的老年人，在11个领域中，老年人的得分差异显著（Q_2和Q_8两个领域$P<0.05$，其他9个领域$P<0.001$）。这说明，主观生活幸福感是影响老年人生活质量11个领域的重要因素（见表5-23）。

表5-23　　生活幸福感对老年人生活质量得分的影响

	Q_1	Q_2	Q_3	Q_4	Q_5	Q_6	Q_7	Q_8	Q_9	Q_{10}	Q_{11}	Q
很不幸福	1.24	1.35	1.35	1.29	1.71	1.59	1.12	1.65	1.18	2.47	1.06	16.00
不幸福	1.73	1.43	1.62	1.58	1.72	1.78	1.33	1.81	1.54	2.32	1.38	18.22
一般	1.94	1.69	2.09	2.31	1.89	1.87	1.75	2.05	1.94	1.98	1.97	21.48
比较幸福	2.04	1.72	2.21	2.67	2.16	2.16	1.97	2.07	2.19	1.92	2.50	23.62
很幸福	2.03	1.62	2.17	2.66	2.31	2.21	1.86	2.17	2.28	1.90	2.48	23.69
F	7.100	4.624	15.941	61.413	17.204	10.282	22.520	4.672	22.771	7.758	90.258	42.380
Sig.	0.000	0.001	0.000	0.000	0.000	0.000	0.000	0.001	0.000	0.000	0.000	0.000

资料来源：根据贵州省老年人生活状况调查资料整理。

二 小结

单因素分析发现，老年人生活质量和其11个领域受多种因素不同程度的影响，研究结果表明，生活质量和其11个领域主要受地区、性别、年龄、文化程度、婚姻状况、居住方式和居住意愿、家庭规模和男孩数、经济状况、养老主体、慢性病、房屋类型和生活能源、医疗保障情况、心理卫生状况和主观感受等因素的影响。在这些因素中，某些因素对生活质量整体产生影响，某些因素仅对生活质量中的某个领域或某几个领域产生影响，某些因素对生活质量及其中某些领域同时产生影响。

老年人生活质量受多种因素影响，这些因素单独地或共同地作用于生活质量，改善老年人生活质量是一项系统复杂的工程，涉及老年人生活的方方面面。

第二节 影响老年人生活质量的多因素分析

生活质量是一个有机整体，它与各要素之间以及其构成各要素之间相互关联、相互作用、相互影响。老年人生活质量与11个领域之间存在相互影响、相互作用的关系有多大呢？这就要分析11个领域对生活质量的影响程度（或者说它们各自对生活质量的贡献率），研究各领域之间存在的联系，揭示它们与生活质量之间的本质关系，才能得出比较正确的答案。

一 研究结果

以Q为因变量（Y），以村（X_1）、性别（X_2）、年龄（X_3）、文化程度（X_4）、婚姻状况（X_5）、居住方式（X_6）、子女总数（X_7）、近两周是否生病（X_8）、闲暇时间度过方式（X_9）、是否做过体检（X_{10}）、是否定期体检（X_{11}）、配偶健康状况（X_{12}）、是否有老年组织（X_{13}）、有无患病史（X_{14}）、是否参加新型农村合作医疗（X_{15}）、家庭财物支配权（X_{16}）、健康状况（X_{17}）、生活习惯

（X_{18}）、日常生活功能（X_{19}）、家庭和睦（X_{20}）、居住环境状况（X_{21}）、经济状况（X_{22}）、营养状况（X_{23}）、心理卫生状况（X_{24}）、社会交往状况（X_{25}）、体能状况（X_{26}）、生活满意度（X_{27}），一共27个变量为自变量。在进入水准 $\alpha=0.10$，剔除水位 $\beta=0.15$ 下，进行逐步回归分析（选择stepwise法），结果：X_7、X_{12}、X_{15}、X_{17}、X_{18}、X_{19}、X_{20}、X_{21}、X_{22}、X_{23}、X_{24}、X_{25}、X_{26}和X_{27}共14个变量进入回归方程，回归方程为：

$$Y=-1.381-0.023X_7+0.069X_{12}+0.089X_{15}+0.146X_{17}+0.131X_{18}+0.128X_{19}+0.135X_{20}+0.155X_{21}+0.115X_{22}+0.167X_{23}+0.146X_{24}+0.140X_{25}+0.109X_{26}+0.206X_{27}$$

结果表明，生活质量得分与配偶健康状况、是否参加农村合作医疗、健康状况、生活习惯、日常生活功能、家庭和睦、居住环境状况、经济状况、营养状况、心理卫生状况、社会交往状况、体能状况、家庭子女总数和生活满意度14个因素对老年人生活质量有显著影响。对生活质量影响最大的前三个领域从高到低依次是：生活满意度、营养状况和健康状况（见表5－24）。

表5－24　　老年人生活质量（Q）的多因素分析

进入变量	B	Std.	Beta	T	Sig
常数项	－1.381	0.160		－8.648	0.000
子女总数（X_7）	－0.023	0.013	－0.058	－1.824	0.070
配偶健康状况（X_{12}）	0.069	0.019	0.120	3.690	0.000
是否参加合作医疗（X_{15}）	0.089	0.044	0.064	2.026	0.044
健康状况（X_{17}）	0.146	0.035	0.164	4.165	0.000
生活习惯（X_{18}）	0.131	0.031	0.141	4.261	0.000
日常生活功能（X_{19}）	0.128	0.037	0.140	3.447	0.001
家庭和睦（X_{20}）	0.135	0.036	0.146	3.772	0.000
居住环境状况（X_{21}）	0.155	0.037	0.147	4.150	0.000
经济状况（X_{22}）	0.115	0.031	0.124	3.738	0.000
营养状况（X_{23}）	0.167	0.033	0.179	5.016	0.000

续表

进入变量	B	Std.	Beta	T	Sig
心理卫生状况（X_{24}）	0.146	0.030	0.157	4.944	0.000
社会交往状况（X_{25}）	0.140	0.033	0.151	4.250	0.000
体能状况（X_{26}）	0.109	0.031	0.119	3.534	0.001
生活满意度（X_{27}）	0.206	0.037	0.227	5.523	0.000

注：$R^2=0.818$，$F=64.308$，$P=0.000$。

二　小结

对影响老年人生活质量的因素进行多因素分析，结果发现：生活质量得分与配偶健康状况、是否参加农村合作医疗、健康状况、生活习惯、日常生活功能、家庭和睦、居住环境状况、经济状况、营养状况、心理卫生状况、社会交往状况、体能状况和生活满意度13个变量呈正相关，与家庭子女总数呈负相关。对生活质量贡献率最大的前三个领域依次是：生活满意度、营养状况和健康状况。11个领域相互作用的合力共同影响着生活质量的优劣，各领域质量越优，则生活质量越优；反之，生活质量则劣。

以上分析表明，改善和提高老年人生活质量仅从某个领域入手不可能取得很好成效（或者说成效不显著），需要从各领域和影响各领域的因素入手，采取综合措施，才能使生活质量和其所含各领域之间相互促进、共同提高，最终达到改善老年人生活质量的目的，实现健康老龄化和积极老龄化的战略目标。

贵州省老年人生活质量受多种因素的影响。单因素分析结果表明，贵州省老年人生活质量和其11个领域受多种因素的影响。这些因素可大致分为几大类。人口类，如性别、年龄、文化程度、婚姻状况、家庭规模和男孩数量。区域类，如地区和村。心理类，如居住意愿、负性事件、正负性心理感受、担忧事件、优越感和自卑感以及幸福感。生理类，如慢性病、营养状况。环境类，如住房类型与生活能源。社会类，如居住方式、不同养老主体、经济状况和医疗保障状况。

老年人生活质量受11个领域相互作用合力及方向的影响。多因素分析结果表明，构成老年人生活质量内容的11个领域与老年人生活质量呈正相关关系。生活质量优劣及优劣程度取决于生活质量所含各领域相互作用合力的大小及方向，合力方向为正，老年人生活质量则优，并且此种合力越大，生活质量则越优；反之，则劣。老年人生活质量是各领域相互作用合力的最终表现。生活质量是一个多维有机整体，任何一个领域在生活质量中都占据着重要的位置，其功能和作用都是不可替代的，任何一方受损，整个生活质量都将受到影响。贵州省老年人生活质量整体水平不高是当前11个领域发展水平较低的表现。

老年人生活质量主观与客观方面存在分离。在11个领域中，对生活质量贡献率最大的是生活满意度。老年人对生活质量理解的不同，评判标准不同，对现实生活的态度，生活需求以及需求被满足程度等的不同，导致生活质量在主观和客观方面存在分离和非正相关性，老年人生活满意度高、幸福感强并不一定说明老年人客观方面的生活质量较高；反之，老年人客观方面生活质量低，并不一定说明老年人生活主观满意度就低。因此，只有从主观和客观的角度对生活质量进行综合研究才可能得出比较科学的结论。

第六章　贵州省老年人生活质量存在的问题及建议

第一节　贵州省老年人生活质量存在的问题

一　老年人慢性病患病率高，严重影响健康状况

贵州省老年人慢性病患病率为80.59%，高于国内农村其他地区（长春市[①]、安徽省[②]、深圳市[③]、广东省[④]老年人慢性病患病率分别为68.6%、66.3%、46.4%和56.1%），同时高于贵阳市城市老年人慢性病患病率（城市为57.8%[⑤]）。贵州省老年人患慢性病居前三位的依次是风湿关节炎、慢性支气管炎和高血压，这与其他农村地区相似。老年人认为晚年生活中最重要的内容居第一位的是身体健康，占53.19%；在当前最迫切需要解决的问题中，有42.65%的老年人认为是身体健康方面的问题。

---

① 冯晓黎、李晶华等：《长春市农村老年人生活质量及其影响因素分析》，《中国老年学杂志》2005年第11期。

② 张秀军、孙业桓等：《安徽省农村老年人群生活质量的综合评价》，《中华流行病学杂志》2005年第1期。

③ 徐涛、姜宝法等：《深圳市农村老年人生活质量及其影响因素研究》，《中华老年医学杂志》2003年第7期。

④ 徐陶钧、欧琼：《广东开平、博罗农村老年人生活质量调查》，《中华流行病学杂志》1998年第2期。

⑤ 黄文勇、宋沈超等：《贵阳市城区老年人生活质量研究》，《实用预防医学》1999年第5期。

二　老年人经济能力弱，相对贫困问题严重

经济状况评价表明，有 1/4 以上的老年人经济状况处于农村最低生活保障标准线边缘或以下，如果这部分老年人基本生活得不到保障，提高生活质量便无从谈起。同时，老年人食物消费结构单一，营养状况较差。老年人食物消费尚属于温饱型或生存型。每天食物消费以碳水化合物类为主，严重缺乏脂肪和蛋白质类食物。老年人的食物消费结构难以达到维持老年人正常需要的水平，营养不良者较多。老年人中有 4.92% 的老人家庭经常出现断油、断粮现象，偶尔发生此情况的占 12.61%，有 40% 的老人每周不能吃上一次肉类食品，60% 的老人每周不能吃上一次水果，有 80% 的老年人每周不能吃上一次奶制品。

三　老年人住房环境质量不高，严重缺乏卫生设施

老年人住房条件虽有所改善，但住房环境质量差，主要表现为有 1.05% 的老年人居住在茅草屋中，老年人住房漏雨、潮湿现象严重，是老年人患慢性病的重要原因。普遍严重缺乏洗澡设施，难以彻底改变老年人个人卫生状况。

老年人缺乏良好的生活习惯。老年人生活习惯可以概括为“三低一高”，即社会参与率低，日常生活刷牙者比例低，睡眠质量低，抽烟和喝酒超过正常水平者比例高。

四　老年人与儿媳关系不和谐

在老年人与家庭成员的关系中，相比之下，儿媳与老年人的关系最为不和谐，如何处理好儿媳与父代的关系是老年人与年轻人面临的同样问题，也是建设和谐家庭的关键。

五　老年人社会交往范围小、交流频度低

进入老年期后，老年人的社会交往范围缩小到家庭内，与邻居和亲朋好友的交往减少。而在家庭中，老年人与子辈的交流频度也较少，容易导致老年人产生孤独感，造成性格孤僻。

六　老年人缺少文化娱乐活动，生活内容单调

老年人除观看地区举办的几次少数民族节日以外，平常基本没

有其他文化娱乐活动。由于无固定活动场所，无组织载体，老年人平日生活内容以做家务、看孙子女、做一些力所能及的农活为主，闲暇时间主要以看电视为主。

七　老年人政策知晓率低

老年人对新型农村合作医疗、农村最低生活保障制度和老年人权益保障法三项政策的知晓率依次分别是40.44%、74.76%和10.70%。可见，老年人对老年人权益保障法知晓率相当低，这不利于老年人保障其自身合法权益。

第二节　关于老年人生活质量的11个领域

11个领域是老年人生活质量的必备内容，但各自在老年人生活质量中所起的作用和所处的地位是不同的。各领域发展水平不均衡，对老年人生活质量的贡献率不同，因此，在分析老年人生活质量时，既要综合，又要分解，坚持联系的和辩证统一的观点。

一　保障和改善健康状况是提高老年人生活质量的基本途径

健康问题始终是老年人最关心的问题，也是老龄问题中最关键的问题。随着医学科学的发展，对健康研究不断深入，人类对健康的认识经历了一个逐渐深化的过程，从传统的健康仅指没有疾病到现代的健康不仅是没有疾病或虚弱，而且还是指一种在躯体、心理上和社会交往上的完善状态。

贵州省老年人健康状况属中等偏下水平。随着年龄的增长，老年人健康状况得分逐渐降低，老年人的生活质量得分也逐渐降低。贵州省老年人慢性病患病率高，由于慢性病治疗难，治愈率低，复发率高，致残率高，所以他们对医疗保健服务需求较大。同时老年人健康状况差，老年人对家庭成员的生活照料和医疗费用支出需求将增加，使家庭负担加重，这不仅会导致家庭成员在时间、精力、财力的付出增加，而且还增加了老年人与家庭成员之间的代际矛盾，导致家庭关系恶化，影响老年人生活质量。老年期的健康状况很大程度上取决于老年人进入老年期前的健康水平，因此，在进入老年期前的健康状况以及所能享受的医疗卫生资源决定了老年人的健康状况。

因此，如何保证老年人享受基本医疗保健服务的权利，特别是女性老年人的医疗保健服务需求，缩小医疗资源分配的城乡和地区差异，改善老年人健康水平，是当前迫切需要解决的老龄化问题。

二　倡导和形成良好的生活习惯是提高老年人生活质量的必要措施

健康良好的生活习惯有益于预防疾病，维持老年人正常的日常生活功能，延缓躯体的生理性衰老，从而提高老年人健康水平和生活质量。

贵州省老年人生活习惯评价属下等水平。进入老年期后，身体素质和健康水平下降，增龄、角色转变、社会适应能力下降、心理上发生复杂变化等各种因素的干扰，导致老年人睡眠质量不高，睡眠质量越来越差。生理性或病理性衰老所引起的日常生活功能下降，维持完好的日常生活功能是形成良好生活习惯的前提。而良好生活习惯的形成与老年人居住环境有关，如果没有供水、卫生、供燃、洗浴等基础条件，就失去形成良好生活习惯的物质基础。和谐的家庭氛围也是老年人形成良好生活习惯的条件。

老年人中抽烟和喝酒者的比例大是一个普遍的现象。经常抽烟和喝酒是不良生活习惯的表现，抽烟和喝酒是很多疾病的诱发因素，特别是对身体抵抗能力低的老年人而言。由于缺乏医疗保健知识，主动、自觉地戒除抽烟和喝酒习惯的老年人很少；甚至一些老年人将有限和不足的经济资源用于维持抽烟、喝酒的需要，最后才将剩余的资源用于生活，这大大降低了老年人现有的生活质量。

因此，倡导和宣传科学的生活习惯，革除不良生活习惯，形成有利于提高健康水平和维持完好生活功能的良好生活习惯，节约有限的养老资源，是当前和今后提高老年人生活质量的一个突破点。

三 维持完好的日常生活功能是提高老年人生活质量的关键

日常生活功能主要反映老年人日常生活自理能力和日常操持家务的能力，完好的日常生活功能是提高老年人生活质量的关键。

贵州省老年人日常生活功能评价基本属中等水平。研究发现，出门坐车和上下楼梯是老年人日常生活中面临的最大困难，老年人ADL 和 IADL 受损率较高（ADL 和 IADL 受损率分别为 53.5% 和 71.2%）。睡眠质量影响老年人体力和脑力的恢复，长期睡眠不足会影响饮食、情绪和精神状态等，甚至导致疾病，从而影响正常的日常生活功能。贵州省老年人睡眠质量较差表现为：经常失眠和起睡无规律的老年人比例较多，平均睡眠时间短（5.8 小时）。

有患病史的老年人，说明其进入老年期以前未能保持一个健康状态，以前的疾病已经导致某些日常生活功能受损或不完好。进入老年期前的健康状况对进入老年期后日常生活功能影响较大。营养不良也是影响日常生活功能的重要因素。

因此，提高老年人日常生活功能的关键是要改善老年人健康水平，这就要求保证老年人在进入老年期前有良好的健康状态；所以，在老年人进入老年期前为其提供基本医疗保障非常重要。

四 增进家庭和睦是提高老年人生活质量的必要保证

家庭是老年人生活的主要场所，是老年人获得养老资源的载体，从家庭的建立、扩展、稳定、收缩、空巢到最后消亡，在整个家庭生命周期里老年人角色发生一系列变化，从拥有绝对权威的角色过渡到参与者的角色，被家庭边缘化，家庭地位下降，权威降低，决策权丧失。从主角到配角、扶养者到被赡养者、照料者到被照料者、生产者向消费者的角色转变中，老年人与家庭成员间地位的变化，实质上是家庭资源支配和分配权的变化，在此过程中，代际关系相应地也会发生一系列变化，容易产生代际冲突。家庭和睦是老年人获得养老资源的必要保证。

贵州省老年人家庭和睦评价属中等偏上水平。在老年人从扶养者向被赡养者的角色转变过程中，子女最初往往是根据老年人健康状况来实施赡养行为。传统的“养儿防老”观念使老年人对子女期望过高，缺少自养意识，认为只要进入老年期，子女就应当负责生活资源的供给。经常喝酒和健康水平差会增加家庭对老年人的经济支出，紧张代际间经济关系；在年轻人看来，老年人更多扮演的是消费者的角色，这种看法本身就增加了代际冲突的可能，从而影响家庭和睦。增多老年人的社会参与可以保持老年人性格、人格的完整，促进老年人与家庭成员积极交流和沟通，有利于形成和谐的家庭氛围。

因此，和谐家庭代际关系的重点是代际间的经济关系和日常生活互助关系。如何帮助老年人实现角色平稳过渡和社会变迁？消除年青一代对老一辈的歧视？如何处理好父辈与儿媳的关系？当家庭产生不和谐因素后，老年人应当怎样处理和获取援助？如何发挥老龄组织的作用和功能，维护老年人合法权利，促进代际和谐？都是提高老年人生活质量必须考虑的问题。

五 改善居住环境是提高老年人生活质量的基本保障

居住权是生存权的基本内容之一，若不能得到保障，老年人生存权将被忽视。贵州省老年人居住环境评价属中等水平。研究发现，老年人住房卫生设施较差、周边生活环境受到轻微污染、生活设施不完备等问题仍不同程度地存在。

在经济社会快速发展，人们收入有所提高时，老年人居住环境状况发生了一定改变。住房面积、家庭设施、卫生条件等都得到一定改善，但还有 3.01% 的老年人居住在石板顶土墙的房屋内，1.05% 的老年人居住在茅草屋内，房屋有漏雨和潮湿现象的分别占 38.42% 和 37.71%。住房通风、采光、保暖、卫生等条件差，是老年人易患病和患慢性病以及摔倒的主要原因。

家庭月收入越高，老年人就越有可能将更多的经济资源投入完善和美化居住环境中，如房屋建设、结构设计、设备装备上。提高老年人合作医疗的参保率可以促进老年人居住环境的改善，因为参保可以一定程度上减轻医疗费用支出，特别是大病、重病。

因此，必须改善老年人的居住环境，使他们生活在干净、整洁、卫生、舒适的住房内，这才有可能提高老年人的生活质量。

六　增强经济能力是提高老年人生活质量的根本措施

物质生活内容是老年人生活质量的基本内容，老年人经济能力的强弱直接关系到基本生存需求满足的量和质，只有基本物质生活需求满足后，才可能有能力满足较高层次的需求。收入保障或经济保障是保证老年人获得基本生存需求的根本条件。

贵州省老年人经济状况评价基本属中等偏下水平。老年人相对贫困问题比较严重，收入难以满足其日益增长的养老需求。增龄带来老年人身体健康状况逐渐下降，体能和劳动能力逐渐丧失，部分或完全退出劳动领域，逐渐丧失经济收入，老年人由此从生产者的角色完全转入纯消费者的角色。男性老年人经济能力比女性老年人强，女性老年人的弱势地位使女性老年人问题更加突出。老年人口性别比下降，老年女性规模越来越大，老年妇女问题也就越来越复杂，关注老年妇女的经济问题非常重要。老年人经济来源主要依靠子女供给，家庭收入和子女收入的提高，家庭经济能力和子女经济能力的增强，是增强老年人经济能力的有力途径。

因此，怎样提高家庭收入和子女收入，从根本上使老年人获得基本保障，过上有保障、体面和有尊严的生活，是政府、社会和家庭应当优先关注的问题。

七　调整营养结构是提高老年人生活质量的重要内容

营养状况好坏是生活水平高低的重要标志，是生活质量中的重要内容，反映老年人生活得怎么样。贵州省老年人营养状况评价属下等水平，与合理的老年人膳食结构差距大。老年人随着年龄的增长，身体各器官的功能减退，尤其是消化系统功能减退则明显影响机体对营养素的吸收利用。老年人肌肉量减少、肌肉无力、骨骼中无机盐减少、水分减少，所以老年人的膳食应补充水分、优质蛋白和钙。根据老年人的生理特点和营养素需要，老年人合理的日膳食结构应当包括：总热量、蛋白质、豆制品、粮食、蔬菜水果、植物油、食糖和食盐[1]，各自占一定的比例。

调查发现，老年人中未食用奶制品、水果和荤菜的分别占 4/5、3/5 和 2/5，有 17.7% 的老年人生活中出现缺油的情况，其中经常缺油的占 5.2%。老年人当前的营养状况距合理结构的差距还很大。食物结构单一是导致老年人营养结构不合理和营养状况差的重要原因。营养状况差会严重影响老年人生活质量。

营养不良、营养结构不均衡是当前老年人生活质量中存在的严重问题。如何使老年人的食物结构由生存型向温饱型再向小康型转变，改善老年人食物结构，从而改善老年人营养质量，是提高老年人生活质量需要考虑的重要问题。

八　重视心理卫生健康是提高老年人生活质量的必然要求

个体老龄化是一个不可逆转的过程，个体进入老年期后，社会角色的转变和各种功能的变化会引起老年人心理的复杂变化。贵州省老年人心理卫生状况评价基本属中等水平。

老年人进入老年期以后，伴随着增龄，生活中的负性事件不断增多，从而老年人负性心理感受不断增强，正性心理感受逐渐减弱。由于自身生理功能、经济能力、社会适应能力等的下降，他们的担忧事件不断增多。负性事件增多，负性心理感受增强，正性心理感受减弱和担忧事件增多，都不同程度地影响老年人心理卫生状况。大量负性事件和负性心理感受会增加老年人的心理压力，如得不到缓减，必将造成严重的心理疾病。老年人忧郁症便是一种典型的老年人心理疾病，老年人抑郁患病率可高达 16.3%。[2] 调查发现，老年人最担忧的是经济困难，其次是看病难，最后是无人照顾。文化程度低是老年人解除心理压力的阻碍。

心理健康和生理健康是健康的基本内容，二者相互影响、相互

---

① 姜云：《中国老年人生活质量研究现状》，《中国医学文摘》2000 年第 9 卷第 3 期。

② 王燕、匡翠莲：《104 名离退休老年人抑郁状态的调查分析》，《中国全科医学》2003 年第 2 期。

促进，心理卫生差，势必影响生理健康，要重视心理卫生状况对生理健康的影响。改善老年人的心理卫生状况，就要丰富老年人文化生活，减少负性事件发生率，解除老年人对生活的忧虑，减少负性心理感受，增强正性心理感受。

九 促进社会参与是提高老年人生活质量的有效措施

考察老年人的社会参与状况可反映老年人是否以主动、积极、开放的心态去对待生活、事物和社会。贵州省老年人社会参与评价属于中下等水平。

老年人首先生活在家庭中，其次是社区，最后才是社会。相应的他们首先接触家人，然后是邻里，最后是社会人。与这些人的交往频度可以很好地反映老年人的社会参与状况。调查结果发现，日常生活中老年人不与邻居聊天和不走访亲戚比例分别是1/5和1/4以上，不参加集体活动的占47.6%，经常参与这些活动的老年人比例不高。老年人社会参与的范围窄、频度低，长此以往将影响老年人个性向封闭、保守、消极、固执、猜疑和自我为中心等方向发展，不利于老年人融入家庭、社区和社会中，影响老年人晚年人生价值的实现，影响养老资源的利用和分配，不利于提高生活质量。

促进老年人参与社会需要一定的前提，就是老年人日常生活功能完好，得到家庭成员的理解和支持，这样老年人在家庭、社区和社会范围内参与的广度和频度就不会受限。不同地区，由于在经济发展水平、社区结构、文化和风俗等的不同，老年人社会交往程度也不同。

因此，促进老年人社会参与，可以保证老年人晚年社会人际关系不会随进入老年而发生较大改变，保持良好的人际关系，可提高老年人生活质量。

十 体检是提高老年人生活质量的重要环节

贵州省老年人体能评价属中等水平。经济发展水平较好的调查地，女性老年人和从来不喝酒的老年人，他们的体能状况比经济发展水平相对较低、男性老年人和经常喝酒的老年人要好。健康状况和经济状况好的老年人，体能状况好；反之亦然。调查发现，到医院做过体检的仅占8.9%，定期到医院体检仅占1.9%。这种状况对改善老年人健康状况非常不利，很多老年人不清楚自己的健康情况，往往缺乏自我保健意识。小病拖到大病，大病拖到重病，最后重病没钱看，选择不治，这已经成为老年人的一个普遍现象。很多病不是不能治，而是缺乏积极防御，错过了最佳治疗时间，一旦发作便夺走老年人生命，给老年人和家人带来巨大的负担和沉痛，这种现象越来越多。

体检是让老年人清楚自己健康状况，早预防、早发现、早治疗、早恢复的关键。因此，如何整合现有医疗卫生资源，为老年人提供定期体检是老龄工作需要考虑的重要问题。

十一　提高生活满意度是构建和谐老龄社会的重要内容

生活满意度是一个综合性指标，是老年人综合各方面因素后，做出的主观评价。由于生活质量在主观和客观方面存在分离和非正相关性，因此，它对研究老年人生活质量仅有参考意义。在研究老年人生活质量时应当以客观指标为主。贵州省老年人生活满意度评价属中等偏上水平。

高龄老年人的生活满意度比低龄老年人的高。可能是历史原因造成的，当前60岁以上的老年人，大多经历过三年困难时期。改革开放后，经济社会的快速发展，健康水平、居住环境状况和经济状况等都得到不同程度的改善，物质文化生活水平有了较大提高，因此，他们对现实生活满意度较高，特别是经历过旧社会的老年人，他们的满意度相对更高。配偶是老年人晚年日常生活照料最重要和最直接的提供者，子女无法替代老年人配偶的作用和功能，配偶健康状况好，老年人可能获得和将要获得的照料就多。

提高老年人生活满意度是构建和谐老龄社会一个重要内容。家庭和睦表明家庭代际关系和谐、融洽，子辈尊重、孝敬父辈，提供情感和精神关怀以及必要时提供的生活照料和一定数量和质量的养老资源，让老年人感受到家庭的温暖，生活有保障，对生活主观评价高。改善经济状况和居住环境可以提高老年人的生活满意度。

第三节 改善和提高老年人生活质量的对策与建议

11 个领域是老年人生活质量应当包含的基本领域，是生活质量的必要内容。鉴于目前贵州省经济发展水平，老龄政策和各项配套政策法规尚未健全、完善，老年人自身文化程度低、缺乏经济保障和医疗保障、经济能力弱、健康水平低、社会参与主动性低等因素，实现全面提高老年人生活质量的条件和时机尚不完全具备和成熟。解决老年人生活质量中存在的问题，要从老年人实际情况出发，从社会经济发展水平出发，抓重点、分步骤、有计划、统筹解决，坚持局部和整体、当前和长远的统一。积极应对人口老龄化需要个人、家庭、社会和政府的共同参与，提高老年人生活质量需要政府的高度重视，加大对与提高生活质量有关领域的投入。①

经济收入保障和医疗健康保障对老年人而言，具有一般性意义。二者好比生活质量的两翼，没有经济收入保障，老有所养就无从谈起；没有医疗健康保障，老有所医就不能实现。老有所养和老有所医实现程度直接关系到老有所为、老有所乐、老有所学和老有所教的实现程度，从而影响健康老龄化和积极老龄化的实现进程。实现“健康老龄化”和“积极老龄化”的战略目标，提高老年人的生活质量已不仅是家庭的责任，更是整个社会和国家的责任；提高老年人的生活质量不仅涉及老年人及其子女和家庭，而且更关系对人口、经济、社会、资源和环境的协调发展和可持续发展。

① 中共中央国务院：《中共中央国务院关于全面加强人口与计划生育工作统筹解决人口问题的决定》，http：//www. cpirc. org. cn/index. asp。

满足老年人不同需求，提高老年人生活质量是一项系统工程。老年人需求的多样性、层次性和发展不平衡性，要求我们坚持国家主导、政府负主责、全社会参与、综合治理、循序渐进的原则，采取经济、制度、法律法规、政策、舆论、管理、教育等方面的措施。从长远来看，提高老年人生活质量，保障老年人合法权利，应当被纳入社会经济发展计划和国民经济发展规划，在战略上受到重视。

研究发现，老年人的生活质量中还存在诸多问题，根据研究结果，结合实际，提高老年人生活质量可以从以下方面着手：

一 建立和完善老龄法律法规政策体系，为提高老年人生活质量提供政策保障

健全和完善老龄政策法规，巩固和增强家庭养老的功能。家庭是养老的载体和主要场所，居家养老是今后很长一段时间内主要的养老模式，居家养老的实现需要一定的家庭条件。家庭的经济状况、子女数量和质量是家庭提供养老资源的决定性因素。因此，提倡居家养老，就要增强家庭将养老潜能转化为养老行为的能力，制定家庭养老支持政策，特别是对老年人照料者的支持。提高家庭和子女的经济收入，增强经济实力，同时，通过社会舆论和相关法律，督促子女履行赡养老年人的义务，保障老年人合法权益。

因此，政府应当根据当前经济发展水平实际情况，以及居家养老中出现的一些新问题，制定家庭养老支持政策，完善老年人权益保障和子女供养父母的法律法规，使老年人合法权益在法规制度上得到体现和保证。为养老的家庭和个人制定和提供一些优惠政策，鼓励家庭养老，巩固家庭养老的基础功能。组织有文化责任感强的老年人，建立相应的老年人维权小组，对赡养情况进行监督，切实保障老年人受赡养的权利。

完善老年人社会参与的政策体系。社会参与是提高老年人生活质量的一个重要途径。在人口老龄化和高龄化速度快，老年人口规模不断扩大的背景下，积极应对老龄问题不仅需要政府和社会的关

注，而且还需要老年群体积极主动的社会参与。老年人既是老龄问题的主体又是客体。参与老龄事业、参与老年组织、参与老年活动、参与政治和经济生活等，都是老年人社会参与的重要内容。通过社会参与，既丰富了老年人的生活，又发挥了老年人社会建设的积极性和主动性。缺少社会参与，老年人晚年生活不仅缺少内容，而且，将会导致老年人的社会脱离。因此，制定与完善老年人社会参与的相关政策，理顺老年人社会参与的体制机制，鼓励与支持让老年人积极参与社会建设与发展，积极参与老龄事业的政策制度制定，积极投入社会生活，重新认识自我，实现自我人生价值，实现老有所为。

弘扬传统美德，构建和谐老龄社会。通过宣传和教育，在大力弘扬倡导尊老、敬老、养老、助老的传统美德，将其纳入国民基础教育，宣传和树立先进典型，大力开展以敬老、爱老等思想为主题的模范单位、家庭和个人评比活动，建立评比奖励机制，发挥舆论导向的作用，充分调动各方资源，激发各方参与的积极性。将尊老、养老和助老的传统养老文化与社会建设相结合，相互促进、协调发展，提高老年人生活满意度。教育年青一代学会理解、体贴、尊敬老年人，做到奉养老人、善待老人，竭力保障老人的生活需要，构建和谐的代际关系，提高老人的生活质量，从而构建和谐老龄社会。老龄社会不是病态社会，我们应该积极调整整个社会的心理结构，树立尊重生命、尊重长者、尊重人的价值社会伦理。①

二　深化以养老保险制度为核心的养老保障体系建设与改革

完善最低生活保障制度，确保老年人基本生活需求。2016 年，国务院办公厅转发《民政部等部门关于做好农村最低生活保障制度与扶贫开发政策有效衔接指导意见的通知》（国办发〔2016〕70 号），文件要求按“应扶尽扶、应保尽保、动态管理、资源统筹”的原则，精准识别农村贫困人口，健全农村低保制度，完善农村低

① 李建民：《新时期的老龄问题我们应该如何面对》，《人口研究》2011 年第 4 期。

保对象认定办法，将政府兜底保障与扶贫开发政策相结合，形成脱贫攻坚合力，实现对农村贫困人口的全面扶持。[①] 这是惠及广大老年人的一项民生政策。

老年人一旦进入老年期，由于健康水平下降，退出劳动领域或经济活动，必然伴随经济独立能力的下降，从而使老年人群体陷入相对贫困，甚至绝对贫困，导致老年人生活质量受到极大影响。因此，完善最低生活保障制度，提高保障水平，对老年人有着特别重要的意义。完善最低生活保障制度，提高保障水平，特困老年人的基本生活有了保障，不再为基本的衣食问题忧虑；这对丧失劳动能力、经济来源、健康状况差、生活自理能力低的老年人群体来说，意义更是重大，从一个侧面体现了“不分年龄，人人共享”的发展目标。因此，应当切实贯彻落实好农村最低生活保障制度，保障老年人基本生活需求，不让老年人因经济困难或健康条件差而丧失生活的信心。只有老年人基本生活需求得到保障，提高生活质量才能有可靠的基础。

完善城乡居民社会养老保险制度，加强财政投入，适当提高保障水平，加强政策的激励力度，做好政策制度的转移和衔接。当前，城乡居民社会养老保险制度上还不完善，存在一些问题，影响了老年人生活质量。因此，在城乡居民社会养老保险全覆盖的基础上，根据经济发展水平和生活水平，政府应当不断加大对社会养老保险的财政投入，适时、适度地提高保险的保障水平；不断完善制度设计，科学设计缴费档次、缴费年限、给付标准等关键性环节，激励老年人早参保、多缴费、多获益；制定科学的不同制度间保险转移和衔接办法，增强保险的可携带性和转移性。通过完善养老保险制度，让老年人真正共享经济社会发展的成果，提高老年人的生活质量。

---

① 国务院办公厅：《国务院办公厅转发民政部等部门关于做好农村最低生活保障制度与扶贫开发政策有效衔接指导意见的通知》（国办发〔2016〕70 号），2016 年 9 月 27 日。

进一步实施危房改造工程，改善老年人居住条件。改善老年人住房条件和生活环境，对提高老年人生活质量意义重大。积极争取上级政府支持，对农村贫困老人家庭增加危房改造工程的补助金额，使农村贫困老人家庭能参与危房改造工程，分享社会经济发展的成果。对房屋漏雨、潮湿现象比较严重的老年人家庭，无力维修的老年人家庭政府可采取救助的方式给予适当补助进行维护，为老年人营造出行安全和方便的起居环境，以改善老年人居住条件。对农村贫困老人、低保老人和独居老人家庭，政府应当探索建立日常生活能源冬季补贴制度，为老年人解决冬季取暖生活能源不足和缺少的问题，确保贫困老人、低保老人和独居老人有充足的生活能源用于生活和取暖，安全度过冬季。

三　深化以医疗保险制度为核心的医疗保障体系建设与改革

疾病是影响老年人生活质量的重要因素，是改善老年人生活质量的关键，没有健康的身体条件，一切提高的生活质量途径都无法实现，改善老年人生活质量的目标也就成了无源之水。因此，必须深化以医疗保险制度为核心的医疗保障体系建设和改革。

在农村地区，新型农村合作医疗制度已经实现了全覆盖，老年人能享受到新型农村合作医疗带来的实惠。但是，因病返贫、因病致贫的现象和老年人有病不能看、不敢看的现象仍然普遍存在。这一问题的解决对提高老年人生活质量起到至关重要的作用。2007年，中央召开的十届人大五次会议强调：积极推行新型农村合作医疗制度，试点范围扩大到全国80%以上的县（市、区）。[①] 到2010年逐步实现基本覆盖全国农村居民。2011年，贵州省继续完善新型农村合作医疗制度，改善农村卫生服务体系，建立新型合作医疗制度，防止因病致贫、因病返贫，逐步缩小城乡医疗保障水平的差距，最终实现城乡基本医疗制度的并轨，建立有效的农村医疗保障

---

① 国务院总理温家宝做政府工作报告，http：//news. sohu. com/20070305/n248507321. shtml。

制度。[①] 这无疑是给新型农村合作医疗的发展注入了一剂强心针，让更多老年人享有方便、价廉、优质的医疗服务。

高龄老人是健康状况最差、生活自理能力最低，抵抗力最差，患病率高发，医疗需求最大的群体，参加合作医疗可以大大提高老年人防治疾病的能力。针对老年人体检率低，建议基层卫生机构每年定期为老年人提供一次免费体检，并将体检结果及时告知老年人，让老年人针对自己的健康状况以及患病情况进行相应的疾病预防和治疗。通过这项措施，使老年人的健康需求得以保障，延长老年人老年健康期和老年自理期，有效缩短带病期，减轻老年人对家庭和社会的医疗费用负担；最重要的是能让更多人在进入老年期以前，有良好的健康状况，为实现“健康老龄化”奠定基础。

进一步完善老年医疗卫生保健服务网络。完善由省、市（地）级—县（区）级—乡、镇级—村（社区）级医疗机构组成的老年医疗保健服务网络，为老年人医疗健康需求提供有力的组织、技术保障。以村（社区）卫生室为基点，以乡镇级为纽带，以县区级为中心，以省、市级力量为依托，建立老年医疗卫生保健服务网络。将老年人的大部分基本医疗保健问题解决在基层单位，基层医疗单位应积极与上级医疗单位交流和沟通，争取更多医疗技术力量的支持；同时应当简化各级病人转诊的手续，特别是老年人。

更新升级医疗设备，重视培养全科医务人才。村（社区）卫生室医疗设备老化，医疗工作人员不足，医疗技术有限，职业素质不高，难以满足老年人的医疗健康需求，不能为老年人提供专业的医疗服务。因此，应当加大对基层医疗单位的经费投入，升级更新医疗设备，配备全科医疗人员，同时，建立基层医疗工作人员定期培训进修机制，提高基层医疗卫生单位工作人员的医疗技术水平。

---

① 《农民困难一一解决》，http://guizhou.news.163.com/07/0119/09/356L4K8300480073.html。

整合资源医疗资源，组织志愿者为老年人开展送健康活动。联合和组织省、市级各家医疗单位和医疗机构，招募志愿者，不定期为老年人提供形式多样的医疗保健服务。如为老年人常规体检，提供保健咨询，提供老年人常见病、慢性病的预防方法，解答健康疑难，增加老年人的医疗保健常识，提高老年人自我保健的意识和自救能力。使老年人对疾病能做到及早预防、及时发现、及时治疗，减轻和免除老年人的病痛。

针对老年人的常见病、多发病和慢性病开展医学研究。老年人是慢性病患病率的高发人群，尤其是对缺乏医疗资源和医疗条件保障的老年人而言更是如此。要提高老年人健康水平，从根本上说就是要降低老年人的慢性病患病率。因此，应当加大老年医学科研的力度，争取早日在攻克慢性病的课题上取得突破，有效改善老年人健康状况。当前针对老年人慢性病高发和慢性病种类，医疗卫生管理部门应当考虑将更多慢性病纳入医疗报销目录，降低老年人的医疗费用支出。

四　进一步重视和加强老龄组织的建设

完善和健全老龄组织，充分发挥其作用与功能。老年人缺少社会参与的一个重要原因是没有组织保障。省、市、县、镇（乡）均建立了老龄工作委员会，甚至是一些村或社区也建立了老年协会，但是由于没有经费、没有固定工作人员、没有相关工作机制等，老龄工作没有开展，老年协会的功能没有发挥。各级政府应当为老年协会工作提供政策制度支持，按老年人口所占比例来匹配一定资金，使老龄组织真正发挥其作用和功能。鼓励、引导和支持非正式组织建设，丰富老年人业余生活。根据各地民风民俗、传统文化，按老人自愿、自我组织、自我管理、自我经营的原则，集体鼓励，乡镇协调，合理引导，为非正式组织的建立和发挥作用提供较好的舆论和政策环境，组织老年人开展各类文体娱乐活动，丰富老年人的生活，如举办老年节。老年人希望有自己的节日，更希望能过好自己的节日。老年协会或老年志愿组织应当积极争取各级政府和社会各界的支持，组织老年人将每年的老年节办起来，组织老年人开展形式多样的文化活动。

通过这些措施，将大多数老年人吸纳和吸引参与老年活动，促进老年人的社会参与，扩大老年人的社会交往，提高老年人社会交往的频度，保持老年人应有的良好心态，增强老年人的归属感、获得感和幸福感，增强其正性心理感受，减少负性事件或减轻负性事件给老年人造成的压力，使老年人能更好地适应晚年的社会生活，为提高老年人生活质量提供组织保障。

五　兴建农村为老服务设施，为“教、学和乐”提供载体

在人口老龄化城乡倒置的背景下，农村老龄问题更为严重，农村老年人的生活质量更差。兴建老年人文娱活动室，为老年人老有所学和老有所乐提供场所。老年人社会参与率低与农村没有老年人固定的活动场所有很大关系。调查中，很多老年人反映希望像城市老年人一样，有自己的活动室，平日里有一个固定的地点，开展活动，老年人集聚一堂，备感温馨。调查地某村为修建老年人活动室，曾几经周折，由于缺乏支持，最终没有建成。兴建老年人活动室为老年人学习和娱乐都将带来较大的方便。因此，在农村人口老龄化程度发展快和老年人数量不断增加的情况下，农村老年福利设施的建设远远滞后于老年人的需求，在农村大力兴建老年福利设施已经成为农村人口老龄化的必然要求。

兴建农村图书馆，丰富老年人文化生活。在兴建农村老年活动室的基础上，加大活动室建设经费的投入，为老年人购置多媒体设备，购买与老年人生活密切相关的报纸、杂志和影视，选取文化程度较高、奉献精神强的老年人，带头组织老年人读书、读报、观影，形成农村老有所学的风气，不仅丰富了老年人文化生活，更重要的是寓教于乐，让他们在娱乐过程中学习到实用知识，形成良好的健康的生活方式；针对老年人兴趣和文化程度低等特点，可以将许多文化知识转换为视频形式，用光碟播放，使老年人易于接受。

开展相关政策学习，提高老年人政策参与率和知晓率。在老年人活动室里，重点开展与老年人切身利益相关的政策法规的学习，特别是老年人权益保障法，开展老年人权益保障法的学习。提高老年人政策法规的知晓率，提高老年人文化素质，让他们知道自己的合法权益，当合法权益受到侵犯时，知道如何维护。由政府相关部门牵头负责，组织老龄工作者、医疗卫生人员、老龄问题研究专家等深入农村开展知识讲座，内容不限，可侧重于革除不良习惯，预防疾病的常识，调整心理状态，处理家庭关系等，为老年人能愉快、健康地度过老年期提供必要的帮助。

通过这些措施，老年人可以在闲暇之余到自己身边的活动室进行学习、娱乐，有效地弥补农村大量年轻劳动力外出所导致的精神慰藉缺失，解除老年人的郁闷和孤独，一定程度上满足了老年人的精神需求；通过读书、看报、观影，满足了老年人文化生活需求，同时老年人之间信息的交流和沟通还可以增强其处理问题的能力，从而实现老有所学、老有所乐和老有所教，为提高老年人生活质量提供硬件保障。

六　高度重视基层老龄工作，加强老龄事业人才队伍建设

各级政府加强领导，高度重视基层老龄工作。各级政府应当加强对老龄工作的领导，创新工作机制，保障必要的老龄事业经费投入，保证老龄机构正常运行以及老龄工作正常开展。老龄事业的经费应当按地方经济发展水平和老年人口比例来确定，同时对经费的使用进行监督和管理，做到专款专用。

加强老龄人才队伍的培养和建设，提高服务和管理水平。当前老龄工作人才队伍缺口大，与老年人口规模不成比例，加强老龄人才队伍的培养和建设，是当前和今后老龄事业发展的重中之重。只有具备一支结构合理、业务能力强、专业化程度高的人才队伍，才能开展老龄问题研究，老龄事业规划，指导和管理老龄工作，从而提高老龄机构和老龄工作人员的服务和管理水平，为提高老年人生活质量提供人才保障。

在基层老龄工作中，老年人合法权益的保障是一个重要内容。设立老年人法律咨询和援助站，加大老年法的宣传和执行力度。老年人在自身合法权益受侵犯时，往往不知道诉诸何种机构，通过何种途径维护权益；更可悲的是当他们的合法权益受到侵犯时，他们并不知道这是他的合法权益，受到法律保护。当侵犯事件发生时，部分老年人含泪选择了离开人世。因此，设立老年人法律咨询和援助站，为老年人维护他们的合法权益提供免费帮助，加大《老年人权益保障法》的执行力度，改变老年人缺少法律援助的现状，根除老年人被虐待、合法权益受到随意侵犯的现象，是提高老年人生活质量的重要措施。

七 建立共享老龄社会，为提高老年人生活质量提供社会环境

以共享理念为指导，建立共享老龄社会，为提高老年人生活质量提供社会环境保障。当前，我国经济社会发展已经达到较高水平，应加大对民生领域的投入，优先投资于人的全面发展。优先投资于人的全面发展是新时期提出的人口发展战略理念，就是在经济发展过程中，注重把更多的资源配置到与人的全面发展直接相关的领域。通过加快政府职能转变，推进制度创新，建立优先投资于人的体制和机制，将公共资源优先安排到促进人的全面发展上来。[①] 这就要求政府加大对与人的全面发展直接相关领域的投入。加强对老龄社区优化人居环境、改善生态环境的投入和对提高人民生活质量、促进社会公平公正的投入。在共享理念的指导下，坚决贯彻优先投资于人的全面发展的人口思想，加大对与老年人生活质量相关领域的投入。

营造建立“不分年龄，人人共享”的共享老龄社会环境。老龄问题是目前和今后的重大社会问题，建立“不分年龄，人人共享”的共享老龄社会是经济社会发展的必然要求。老年人为经济社会发

① 国家人口发展战略研究课题组：《国家人口发展战略研究报告》，《人口研究》2007 年第 1 期。

展做出了重大贡献，他们年老时理应共享经济社会发展的成果。这就要坚持代际和代内平等发展的原则，促进社会公平，为建立“不分年龄，人人共享”的社会营造良好的社会环境，这是实现“健康老龄化”“积极老龄化”的重要途径。

第七章　贵州省老年人社会养老服务需求与供给

第一节　数据来源与老年人的基本情况

一　数据来源

老年人社会养老服务体系的数据来源于笔者主持的贵州省科技厅软科学项目“贵州省社会养老服务体系研究”（编号：黔科合体R字〔2012〕LKC2010号）。数据收集主要采用问卷调查法，调查对象是在贵州省居住三年以上的60岁及以上的老年人，调查涉及老年人的基本情况、健康状况、社会保障情况、收入与支出情况、养老服务设施情况、养老意愿与养老需求等方面的内容。2013年6月，课题组成员在贵州省随机抽取了部分老年人进行问题调查，共调查650人，其中有效问卷627份。问卷经整理、审核后，录入计算机，使用SPSS软件进行统计分析。

二　贵州省老年人的基本情况

1. 老年人的人口学特征

此次共调查的627人中，从性别结构看，男性占55.6%，女性占44.4%。从年龄结构看，被调查老年人中年龄最长者为92岁，最小者为60岁，人均年龄69.6岁，60—64岁的老年人占30.0%，65—69岁的老年人占22.3%，70—79岁老年人占35.7%，80岁及以上老年人占12.0%。从民族结构看，汉族老年人占77.7%，少数民族占 22.3%。从婚姻状况看，初婚老年人占 55.2%，丧偶老年人占 31.5%，再婚老年人占 4.2%，离婚老年人占 2.3%，未婚老年人占 0.6%。从文化程度看，没上过学的老年人占 18.0%，小学文化的老年人占 22.2%，初中文化的老年人占 23.7%，高中文化的老年人占 12.9%，专科及以上文化的老年人占 23.2%（见表 7－1）。老年人家庭户规模为 7.35 人，每户家庭中老年人数户均为 1.68 人，老年人子女数户均为 2.91 人，户均未成年人数为 2.15 人，户均同吃同住人数为 3.01 人。

表 7－1　　被调查老年人的基本情况　　单位：人,%

基本情况		样本数	比例
性别	男	335	55.6
	女	268	44.4
	合计	603	100.0
年龄	60—64 岁	187	30.0
	65—69 岁	139	22.3
	70—74 岁	144	23.2
	75—79 岁	78	12.5
	80 岁及以上	75	12.0
	合计	623	100.0
民族	汉族	475	77.7
	少数民族	136	22.3
	合计	611	100.0
婚姻状况	未婚	4	0.6
	离婚	14	2.3
	丧偶	194	31.5
	初婚有配偶	339	55.2
	再婚	26	4.2
	其他	38	6.2
	合计	15	100.0

续表

基本情况		样本数	比例
文化程度	没有接受过正规教育	109	18.0
	小学	135	22.2
	初中	144	23.7
	高中	78	12.9
	专科及以上学历	141	23.2
	合计	607	100.0

资料来源：根据课题组调查资料整理而来。

2. 老年人的社会经济特征

城市老年人的居住方式以与配偶一起居住为主。目前，被调查老年人的居住方式以仅和配偶居住为主，占被调查老年人的39.7%；其次是与儿子及其家人居住，占被调查老年人的31.7%；再次是独居，占被调查老年人的15.4%；最后是与女儿及其家人居住，占被调查老年人的13.2%（见表7－2）。

表7－2　　被调查老年人的居住方式　　单位：人，%

居住方式	人数	比例
独居	93	15.4
仅和配偶一起居住	240	39.7
与女儿及其家人居住	80	13.2
与儿子及其家人居住	192	31.7
合计	605	100.0

资料来源：根据课题组调查资料整理而来。

大多数老年人拥有住房的产权。被调查的老年人中，住房产权归属自己的老年人占67.2%，住房产权归属子女的老年人占19.1%，租房居住的老年人占7.8%，其他的占5.9%（见表7－3）。可见，城市老年人大多数拥有居住房屋的产权。

表 7－3　　被调查老年人的住房情况　　单位：人，%

	人数	比例
自有住房	412	67.2
子女住房	117	19.1
租房	48	7.8
其他	36	5.9
合计	613	100.0

资料来源：根据课题组调查资料整理而来。

大多数被调查老年人处于退休状态，有 10.0% 左右的老年人还在工作。从被调查老年人工作情况看，被调查老年人中，73.2% 的老年人已经退休，仍在工作的老年人占 10.1%，有 8.5% 的老年人找不到工作，8.2% 的老年人由于种种原因无法工作；从工作意愿看，有 20.5% 的被调查老年人有工作的意愿，68.7% 的老年人不愿意继续工作（见表 7－4）。

表 7－4　　被调查老年人的工作情况　　单位：人，%

工作情况		人数	比例
工作状态	退休	450	73.2
	工作	62	10.1
	找不到工作	52	8.5
	无法工作	50	8.2
	合计	614	100.0
工作意愿	愿意	123	20.5
	不愿意	412	68.7
	无所谓	65	10.8
	合计	600	100.0

资料来源：根据课题组调查资料整理而来。

被调查老年人的收入大于支出。被调查老年人的年人均收入约为35780.1元，老年人人均月收入约为2981.7元，老年人年人均支出约为22170.8元，老年人年节余约为13609.3元（见表7-5）。

表7-5　被调查老年人的收入与支出情况　单位：元,%

	支出			收入	
	金额	比例		金额	比例
日常生活	9879.6	44.6	退休金	18035.6	50.4
医疗	4128.3	18.6	工资性	7708.2	21.5
人情往来	3457.7	15.6	子女供给	6080.1	16.9
娱乐	1778.1	8.0	出租	2479.6	6.9
民俗	1303.0	5.9	其他	1476.6	4.1
宗教性	279.3	1.3	合计	35780.1	100.0
其他	1344.8	6.0			
合计	22170.8	100.0			

资料来源：根据课题组调查资料整理而来。

退休金是城市老年人的主要收入来源。在老年人的收入结构中，退休金占50.4%；其次是工资性收入，占21.5%；最后是子女供给，占17.0%。在老年人的支出结构中，日常生活支出占44.6%；其次是医疗支出，占18.6%；最后是人情往来，占15.6%。值得注意的是老年人的娱乐性支出占年人均支出的8.0%，这说明老年人的精神文化需求较大。

第二节　贵州省老年人养老服务需求状况及影响因素

一　老年人养老服务需求现状

1. 医疗健康、精神需求与经济来源是老年人面临的三大压力

医疗健康、精神需求与经济来源是老年人当前面临的三大压力。

对被调查老年人当前面临的主要压力的调查结果表明，老年人面临的最大压力是来自医疗健康方面，有45.4%的老年人表示存在医疗健康方面的压力；其次，精神需求成为老年人的第二大压力（占21.7%）；最后，经济收入成为老年人的第三大压力（占19.4%）；有9.7%老年人在照料方面存在压力，面临照料护理的问题（见表7－6）。可见，老年人在医疗健康、精神慰藉和经济收入三个方面存在较大的压力。

表7－6　　老年人面临的主要压力　　单位：%

	没有	有	合计
医疗健康	54.6	45.4	100.0
精神需求	78.3	21.7	100.0
经济收入	80.6	19.4	100.0
照料护理	90.3	9.7	100.0
个人发展	97.9	2.1	100.0
其他	92.4	7.6	100.0

资料来源：根据课题组调查资料整理而来。

2. 医疗卫生服务是老年人首要的养老服务需求

养老服务涉及老年人生活的方方面面，与老年人晚年生活质量密切相关。社会养老服务体系的建设需要充分考虑老年人的现实需求，以老年人现实养老服务需求为出发点建立社会养老服务体系才能更充分地满足老年人的养老需求。从老年人希望社区提供的养老服务项目来看，可以很好地反映老年人的社会养老服务需求，老年人希望社区提供的养老服务项目依次是医疗卫生服务、健康服务、照料服务、文化服务、维权服务、心理支持服务、家庭服务、教育服务、再就业服务和婚姻服务（见表7－7）。

表 7-7　　老年人养老服务需求状况　　单位：人，%

服务项目	人数	比例
医疗卫生服务	445	71.0
健康服务	423	67.5
照料服务	233	37.2
文化服务	174	27.8
维权服务	157	25.0
心理支持服务	156	24.9
家庭服务	85	13.6
教育服务	80	12.8
再就业服务	71	11.3
婚姻服务	19	3.0
其他	31	4.9

注：N=627。

资料来源：根据课题组调查资料整理而来。

老年人首要的社会养老服务需求是医疗卫生服务。被调查老年人中有71.0%的老年人希望社区提供医疗卫生服务。老年人由于年龄增长，身体机能下降，患慢性病的比例逐渐增加，因此，老年人晚年面临的最大风险就是疾病。所以，老年人最大的养老服务需求就是医疗卫生服务需求。老年人希望所居住的社区能配备丰富的医疗卫生资源，能不出社区便可以享受到优质、便捷的医疗卫生服务，以解决他们的生理痛苦。

健康服务是老年人的第二位社会养老服务需求，占67.5%。随着老年人年龄的增长，慢性病患病率不断上升，除了患病后能在社区获得及时方便的治疗，老年人更希望能在未患病前社区面向老年群体提供健康保健方面的咨询，降低患病的风险，减少医疗支出，从而提高生活质量。

照料服务是老年人的第三位社会养老服务需求，占37.2%。从家庭生命周期看，老年人将在家庭中经历较长时间的空巢期和解体期，由于家庭结构与居住安排的变化，老年空巢独居家庭增多，老年人需要日常生活方面的照料，特别是高龄、半自理和完全不能自理的老年人，照料需求更大。因此，老年人日常生活照料护理服务需求较大。

文化服务是老年人的第四位社会养老服务需求，占 27.8%。随着老年人的物质生活水平的提高，老年人需求类型向发展型转变，老年人的文化需求不断增长。城市老年人的文化生活匮乏单一，老年人的文化需求已经不再局限于兴趣爱好方面，更重要的是满足自身发展需求，因此，老年人的文化服务需求较大。

维权服务是老年人的第五位社会养老服务需求，占 25.0%。伴随退休，老年人逐渐退出社会主要经济活动领域，老年人的社会经济地位以及家庭地位不断下降，部分老年人的合法权益受到社会以及家庭成员的损害，为了维持自身的社会经济地位，维护自身的合法权益和利益，老年人需要社区为他们提供有关维权的法律和信息咨询。

心理支持服务是老年人的第六位社会养老服务需求，占 24.9%。由于社会地位的变化造成的角色转变，以及老年人社会网络的缩小，代际矛盾、家庭矛盾、人际关系紧张、角色冲突等，给老年人心理上也造成了一定的影响。因此，心理咨询与心理支持可以让老年人更好地适应晚年生活，更好地进行自身调适。

家庭服务是老年人的第七位社会养老服务需求，占 13.6%。老年人居家养老需要社区提供一定的家庭服务，由于老年人年龄、健康等方面因素的影响，部分家庭日常事务自身不能完成或者完成存在一定困难，如送餐、保洁、代购等，所以老年人在家庭服务方面有一定的需求。

教育服务是老年人的第八位社会养老服务需求，占 12.8%。经济社会的快速发展与社会急剧变迁，老年人需要不断学习才能适应不断变化的社会环境。老年群体中部分老年人的受教育程度较高，他们有通过学习提升自我、完善自我的需求。另外，随着老年人的兴趣爱好的发展，如书法、绘画、摄影、养花鸟等，老年人需要具备一定的知识和方法才能不断地向更加专业、更高水平跨越。因此，老年人具有继续学习相关知识的需求。

再就业服务是老年人的第九位社会养老服务需求，占 11.3%。在老年群体中部分老年人由于经济收入低，面临一定的经济压力，他们需要通过继续工作获取一定的经济收入。另外，老年群体中部分老年人通过几十年的工作，在工作中已经积累了丰富的工作经验，他们渴望继续工作为更多人解决问题。因此，在老年群体中有近 1/5 的老年人有再就业愿意。

婚姻服务是老年人的第十位社会养老服务需求，占 3.0%。在老年群体中超过 1/3 的老年人处于丧偶状态，老年人的再婚需求较大，但由于家庭成员意见、婚姻观念和社会舆论等因素的影响，老年人再婚的实际困难较多，所以，有婚姻服务需求的老年人不多。

3. 老年人养老服务需求呈现多样化特征

从老年人社会养老服务需求来看，老年人的需求呈现出多样化和以医疗健康服务需求为主、以照料服务文化服务需求为辅的特征。老年人的社会养老服务需求是老年人面临的实际问题和困难的体现，社区提供各类养老服务将对解决老年人困难、满足老年人需求、提高老年人生活质量有重大意义。

二 老年人养老服务需求影响因素①

老年人养老服务需求主要集中于照料、医疗、精神等内容。学者认为老年人的养老服务需求主要是物质生活需求、日常生活照料需求、健康护理医疗需求和精神文化生活需求四个方面。②③ 社区养老具有其他养老方式不具备的优势。社区养老比其他的养老方式更

① 王武林、陈瑶：《城市社区养老服务需求状况及影响因素研究》，《中国老年学杂志》2016 年第 23 期。

② 王宁：《城市社区养老需求与社区养老服务体系建设》，《重庆科技学院学报》2011 年第 11 期。

③ 李伟：《农村社会养老服务需求现状及对策的实证研究》，《社会保障研究》2012 年第 2 期。

加全面，补充家庭养老、机构养老所不能提供的，不仅包括物资经济上为老年人提供的一些实惠，还包括平日里生活上的照顾护理、保健和精神层面的服务项目。①

老年人的养老需求受传统的文化观念、收入等经济因素、身体机能、年龄、社会地位、性别、所在地区等因素的影响。②③ 崇尚节俭和为子女着想等传统文化观念会抑制老年人的居家养老服务需求，收入等经济因素对养老服务需求存在不同的影响，身体机能是影响老年人居家养老服务需求的重要因素，年龄、社会地位、性别、所在地区等因素对不同养老服务需求的影响存在差异。受到家庭养老资源的限制，老年人家庭养老资源越不充分，其社会养老服务需求的总体水平越高，受当前养老方式的自我强化效应影响，相比于当前养老方式为家庭养老的老年人，当前在机构养老的老年人社会养老服务需求总体水平更高。

1. 影响老年人养老服务需求的政策因素

养老服务在社区层面的法律法规、政策体系还不完善。政府的重要责任之一是构建完善的社区养老服务制度，健全评价和监督体系，这是社区养老服务建设和发展的重要保障。④ 目前，养老服务的立法不完备，社会养老服务保障机制不健全，致使养老服务的供给方和需求方的利益得不到全面保护，老年人的合法权益得不到保障，致使其有效需求得不到满足。养老服务法律法规和政策体系不完善容易造成买方和卖方市场的利益失衡，阻碍养老服务市场健康发展。

政府主导作用尚未显现，执行力不够。养老服务属于准公共

① 晋凤：《浅析城市社区化居家养老模式的可持续性》，《辽宁行政学院学报》2010年第11期。

② 王琼：《城市社区居家养老服务需求及其影响因素——基于全国性的城市老年人口调查数据》，《人口研究》2016年第1期。

③ 田北海：《城乡老年人社会养老服务需求特征及其影响因素——基于对家庭养老替代机制的分析》，《中国农村观察》2014年第4期。

④ 王延中：《中国社会保障发展报告》，社会科学文献出版社2014年版。

物品，因而政府在社区养老服务的推广中应占主导作用。由于养老服务政策法规还不完善，政府部门机构之间职能不清、责任混乱、缺乏部门间的协调管理、导致低效率、有效供给低、相关政策不能落实到社区，执行中存在的不明确、不配套、不落地的问题，使社区提供的养老服务形式化，不能满足老年人切实的养老需求。

2. 影响老年人养老服务需求的社区因素

社区供给能力不足，供需不统一。社区的供给能力对老年人养老服务需求有至关重要的影响，直接影响老年人的需求是否能够得到满足。目前，社区提供的养老服务内容主要有以下方面：一是基本生活照料服务，主要包括日常饮食、洗衣洗澡等；二是健康服务，主要有健康状况的检测、按时督促喝药、陪同就医等；三是组织各类活动丰富老年人精神生活，例如参观博物馆、组织歌唱比赛等；四是服务设施建设，主要包括在养老机构建立图书室、活动室以及健身器材等。大部分社区养老服务供给能力有限，只能提供基本的生活照料服务和医疗服务，缺乏老年人心理疏导和精神慰藉方面的服务需求供给。一方面，社区的供给能力不足，使老年人的相关需求得不到很好的满足。另一方面，部分社区提供的养老服务较完善，供给水平较高，但有效供给却较低。这表明社区的养老服务需求供给同质化严重，没有从老年人自身的需求出发，养老服务精准化、个性化和针对性较差。

社区管理能力不强，执行力低下。社区在养老服务中的职责不清，对其管理职能没有明确定位，在执行过程中存在很大漏洞。大部分社区针对相关政策中规定配备的养老服务设施、服务项目存在一些“虚化”行为，单纯依靠政府的资金支持，很少主动积极寻求社会力量的介入，也很少根据本社区的实际情况提供不同的服务方案，没有充分发挥资源整合作用。

3. 老年人的经济状况影响养老服务类型

老年人自身的家庭经济状况，直接影响其对社区养老服务的需求。根据《中国老年社会追踪调查》的研究报告显示，领取养老金的城市老人的比率为91.25%，71.93%的城市老年人依靠养老金生活，农村老年人主要生活来源仍然是家庭成员。老年人收入水平不同，其需求也不尽相同，收入高的老年人具有更多的选择，对养老服务的要求标准较高，甚至是定制私人养老服务，追求更加高端、高品质的养老服务，他们对面向社会大众的、保证最基本的生存型养老服务的需求较小，而他们对提高和实现自身价值的发展型养老服务的需求较大。对于类似贵州这样的西部欠发达地区而言，老年人的收入水平不高，便捷、实惠的社区养老是其最佳的选择。因而，老年人对社区提供的经济服务、医疗服务、生活照料、精神慰藉等生存型养老服务的需求较高。

4. 老年人的健康状况影响医疗服务需求

身体状况的好坏是形成医疗保健和康复护理需求的硬性约束条件，直接关系到老年人对医疗服务的需求。根据《中国老年社会追踪调查》的研究报告显示，87.46%的老年人整体生活自理能力良好，75.23%的老年人自报患有慢性病，老年人慢性病患病率较高。此次调查的数据显示，有25.5%的老年人希望社区提供医疗卫生服务，即有1/4的老年人对医疗卫生服务需求较大。可见，在经济欠发达地区，老年人对医疗服务存在较大需求。健康状况较好的老年人，不需要支付额外的治疗费用，经济负担和心理压力相对较小，往往有更多参与社会活动的机会，对社区医疗服务的需求较小，但对社会参与、文化生活服务的需求相对较高。而对健康状况较差的老年人而言，对社区医疗服务的需求较大。不同的健康状况使老年人对社区所提供的各种养老服务的需求程度也各不相同。

5. 养老服务市场初步形成，养老服务供给内容有限

当前，养老服务市场刚刚起步，发展还不成熟，养老服务供需失衡问题严重，养老服务市场化的舆论环境、法制环境尚未形成，老年人“购买养老服务”的观念和习惯亟须培养，养老服务融资体制发展滞后，养老机构从业人员短缺且素质普遍偏低。养老服务市

场的不完善，市场机制未建立，养老服务质量低与有效供给不足，使得许多老年人的养老服务有效需求得不到满足。

通过老年人社区养老服务需求的分析，我们可以发现老年人的养老服务需求存在多样化、层次性，对生存型养老服务的需求较迫切，需求程度较大，因而首先要优先考虑满足老年人最迫切、最急需的养老需求。随着年龄的增长，身体机能的退化，老年人在晚年生活中面临诸多问题，生活质量受到严重影响。在社会养老服务体系建设过程中，要大力发展社区养老和居家养老，在政府主导下通过发展社会化、市场化的养老服务业，有效地缓解家庭养老和社会养老的压力。全面深化医药卫生体制改革，实行医疗、医保、医药联动，建立健全覆盖城乡居民的基本医疗卫生制度。健全全民医疗保障体系，全面实施城乡居民大病保险制度，健全重特大疾病救助和疾病应急救助制度，降低大病慢性病医疗费用，减轻老年人的医疗费用负担，满足老年人的医疗健康需求。就贵州省而言，在"十三五"期间要积极实施健康贵州建设工程，优化城乡医疗卫生资源配置，深化公立医院改革，鼓励社会力量兴办健康服务业，实行新农合、大病医保、医疗救助一站式服务，积极推进"智慧医疗"建设，立足老年人需求实际，满足其以医疗需求为主的多种公共服务需求。在经济保障方面，贵州省政府应加大投入，织密织牢社会保障安全网，继续提高退休人员基本养老金标准。全面建立针对经济困难、高龄、失能老年人的补贴制度，提高低保、优抚、企业退休人员基本养老金标准，推进全民参保计划，实施社会保障兜底工程，全面建成覆盖城乡居民的社会保障体系，缓解老年人在养老上面临的经济压力。进一步全面放开养老服务市场，通过购买服务、股权合作等方式支持各类市场主体增加养老服务和产品供给，给老年人提供更多的可供选择的养老服务，满足其不同层次的多种需求。

第三节 贵州省老年人社会养老服务供给状况及影响因素

一 老年人养老服务供给状况

1. 社区社会养老服务设施基本健全

老年服务设施能为老年人社区养老提供医疗、保健、文化、教育、出行、生活、休假娱乐、安全保障等方面的养老服务，对老年人生活质量的影响较大。对社区社会养老服务设施的调查表明，社区养老服务设施主要有社区医务室或社区诊所（93.8%）、公共交通设施（93.7%）、治安设施（86.6%）、公园（81.7%）、老年活动中心（79.3%）、运动场所（58.9%）、养老机构（49.6%）、老年服务中心（49.2%）、无障碍设施（42.4%）和老年大学（22.3%）（见表7-8）。可见，老年社会养老服务设施基本覆盖了老年人居住的社区。

社区社会养老服务设施分布不均衡现象突出，严重影响老年人养老服务需求的满足。有超过一半以上的老年人表示，他们居住的社区无养老机构、老年服务中心、无障碍设施和老年大学；超过2/5的老年人表示，他们居住的社区无运动场所；超过1/5的老年人表示，他们居住的社区无老年活动中心；有6.2%的老年人表示，他们居住的社区没有社区医疗室或社区诊所；有6.3%的老年人表示，他们居住的社区没有公共交通设施（见表7-8）。可见，社会养老服务设施分布的不均衡现象突出，无法为老年人养老提供完善的养老服务。

部分老年服务设施离老年人居住社区存在较远距离，影响老年服务的便捷性。在3公里以内的老年服务设施覆盖的老年人分别是公共交通设施占91.8%，治安设施占87.7%，运动场所占78.3%，社区医务室或社区诊所占78.2%，老年活动中心占77.3%，老年服务中心占 62.4%，无障碍设施占 55.4%，公园占 52.9%，老年大学占 43.7%，养老机构占 42.7%（见表 7-8）。社会养老服务设施距离老年人居住地大于 3 公里，会给老年人获取养老服务造成一定的困难，特别是一些健康条件较差、年龄较高的老年人。

表 7-8　　社区社会养老服务设施情况及距离　　单位:%

		老年服务中心	医务室或社区诊所	老年活动中心	老年大学	运动场所	无障碍设施	治安设施	公交交通设施	养老机构	公园
是否有服务点	否	50.8	6.2	20.7	77.7	41.1	57.6	13.4	6.3	50.4	18.3
	是	49.2	93.8	79.3	22.3	58.9	42.4	86.6	93.7	49.6	81.7
	合计	100.0	100.0	100.0	100.0	100.0	100.0	100.0	100.0	100.0	100.0
与老年人居住地的距离	小于 1 公里	37.6	49.8	50.3	25.4	56.0	42.8	69.6	73.2	22.4	38.9
	1—3 公里	24.8	28.4	27.0	18.3	22.3	12.6	18.1	18.6	20.3	14.0
	4—5 公里	9.4	11.7	10.6	15.5	7.6	7.5	5.8	4.1	17.6	8.9
	6—10 公里	4.7	4.8	4.2	7.7	3.7	2.5	1.3	1.1	10.2	4.5
	11 公里	2.7	2.5	2.1	4.2	0.8	21.1	1.3	0.4	4.4	27.8
	不知道	20.8	2.8	5.8	28.9	9.6	13.5	3.9	2.5	25.1	5.9
	合计	100.0	100.0	100.0	100.0	100.0	100.0	100.0	100.0	100.0	100.0

资料来源：根据课题组调查资料整理而来。

2. 社区养老服务供给不足

社区养老服务供给情况不容乐观，社会养老服务供给不足。从社会养老服务供给情况看，目前社区为老年人提供的养老服务项目主要有医疗卫生服务、健康服务、文化服务、维权服务、教育服务、照料服务、心理支持服务、家庭服务、再就业服务和婚姻服务。但老年人在社区获得的养老服务有限，调查数据表明，54.0%的老年人所在社区为老年人提供了医疗卫生服务，仅有 26.3% 的老年人能在社区获得健康服务，仅有 13.0% 的老年人所在社区提供了文化服务，仅有 10.8% 的老年人所在社区为其提供维权服务，仅有

9.2%的老年人所在社区提供教育服务，仅有8.9%的老年人所在社区提供照料服务，仅有6.8%的老年人所在社区提供心理支持服务，仅有6.5%的老年人所在社区提供家庭服务，仅有3.0%的老年人所在社区提供再就业服务，仅有1.6%的老年人所在社区提供婚姻服务（见表7－9）。可见，社区社会养老服务供给不足，老年人目前从社区仅能获取一些最基本的养老服务。

表7－9　　老年人居住社区提供的社会养老服务情况　　单位:%

社会养老服务	没有	有	合计
医疗卫生服务（511人）	46.0	54.0	100.0
健康服务（506人）	73.7	26.3	100.0
文化服务（508人）	87.0	13.0	100.0
维权服务（508人）	89.2	10.8	100.0
教育服务（502人）	90.8	9.2	100.0
照料服务（504人）	91.1	8.9	100.0
心理支持服务（502人）	93.2	6.8	100.0
家庭服务（504人）	93.5	6.5	100.0
再就业服务（500人）	97.0	3.0	100.0
婚姻服务（505人）	98.4	1.6	100.0
其他（505人）	96.6	3.4	100.0

资料来源：根据课题组调查资料整理而来。

3. 社区对老年人养老服务需求缺乏关注

社区对老年人养老服务需求缺乏关注，导致为老服务设施不完善，为老服务项目有待开发。从社区老年人对养老服务的评价来看，有50.8%的老年人认为社区老年人服务设施少，有43.5%的老年人认为社区对老年人的养老服务关注度不够，有38.3%的老年人认为社区与老年人缺乏交流，有38.1%的老年人认为社区为老年人开放的活动项目较少，有37.8%的老年人认为社区缺少健身设施（见表7－10）。

表 7－10　　社区老年人对社区养老服务的评价　　单位：%

	没有	有	合计
关注度不够	56.5	43.5	100.0
社区老年人服务设施少	49.2	50.8	100.0
社区与老人的交流不多	61.7	38.3	100.0
老年人开放的活动项目少	61.9	38.1	100.0
社区健身设施不完善	62.2	37.8	100.0
其他	91.0	9.0	100.0

注：N＝627。

资料来源：根据课题组调查资料整理而来。

可见，社区没有主动了解老年人的养老需求，对老年人的养老需求缺乏认知与关注，不仅养老服务设施不完善，而且相应的服务项目过少，导致老年人养老需求未能得到较好的满足。

4. 生活照料服务供给方式传统且单一

在生活照料方面，主要是通过传统的日间看护照料、照料饮食起居、打扫卫生、帮助户外运动等方式满足老年人日常生活照料需要。例如，虽然贵阳市云岩区2014年已在26个社区构建了“15分钟养老服务圈”，同时还为老年人提供全方位数字化“管家式电子服务”，但这种方式还未完全普及，多数社区的生活照料服务供给方式传统且单一。而且根据调查，贵阳市社区现有的服务中有照料服务的仅占8.9%，这远远不能满足社区内老年人生活照料需要。另外，社区生活照料服务的提供大多针对患病、高龄的老人，忽视对健康、低龄老人的照料。在问到“您遇到困难最先向谁求助”时，有72.4%的老年人表示最先向子女求助，有10.6%向亲戚求助，9.7%向邻居求助，4.2%向朋友求助，仅有2.8%向社区求助，0.3%向钟点工求助。这说明社区在老年人心中的信任度和依赖度都比较低，还有很多工作要做。

5. 医疗健康服务供给无法满足老年人需求

在医疗健康服务方面，主要措施是落实老年人基本医疗保险政策、提供卫生医疗服务和健康服务，探索“医养结合”模式。在调查中，受访者个人参加城镇职工基本医疗保险的占21.1%，参加城镇居民基本医疗保险的占32.9%，参加新型农村合作医疗保险的占29.8%，老年人参与社会养老保险的情况较好。例如，贵阳市从2014年开始试点“医养结合”工作，探索将老有所养和老有所医结合起来。另外，有53.9%的受访者所在社区提供卫生医疗服务，有53.9%的受访者所在社区提供健康服务。但是当问到“在养老方面您最担心的问题有哪些”时，担心生病没有足够资金治病的仍占最高比例，占48.5%。可见，老年人的医疗保健需求较大，而服务供给仍不足。

6. 精神文化服务未受到足够重视

在精神文化服务供给方面，主要是在社区建立老年活动中心、开展各种各样的老年活动、创办老年大学、开展志愿者心理援助服务等。据贵州省民政局统计，贵阳市现有的57.03万老年人中，有近1/3为空巢老人、独居老人、困难老人（含生活不能自理的老人）[①]，这些老年人的精神慰藉需求不断增长。在调查老年人目前的主要压力来源时，有21.4%的老年人表示来自精神需求得不到满足，仅次于医疗、健康的压力（见图7－1）。可见，老年人精神文化需求并未完全得到满足，在今后的工作中应更加重视老年人的精神文化方面。

二　社区养老服务供给的影响因素[②]

我国各地开展的社区养老服务内容和形式都不尽相同，但大多包括生活照料、医疗保健、文化娱乐等便利老年人生活的项目，提供的方式也多是采取上门服务、定点服务和巡回服务等方式。[③] 我

---

① 曾秦：《每百名贵阳人中有15名老人》，贵阳网，http://epaper.gywb.cn/gywb/html/2015－06/01/content_432980.htm，2015－06－1。

② 王武林、杨晶晶：《贵阳市社区养老服务供给状况及影响因素》，《中国老年学杂志》2016年第16期。

③ 陈元刚、谢金桃、王牧：《我国社区养老研究文献综述》，《重庆工学院学报》（社会科学版）2009年第9期。

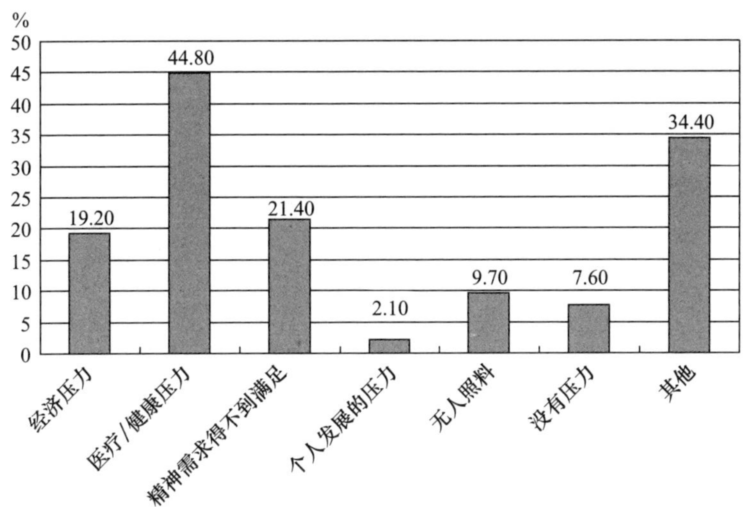

图7－1　老年人的主要压力来源

国部分大中城市已初步形成以设施服务、定点服务和上门服务为主要形式，以日常生活照料、医疗保健、心理保健、文化娱乐、参与社会以及权益保护等为主要内容的社区养老服务格局。[①] 但是，当前社区养老中存在老年人对社区养老服务满意度不高、社区养老服务管理水平有待提高、专业服务人员缺乏且素质不高、服务项目比较单一且水平不高的问题。[②]

关于社区养老服务供给的影响因素，学界探讨较多。韦宇红认为社区养老服务在财力、物力、人力、组织资源方面的供给严重不足，成为社区养老服务发展的巨大障碍。[③] 姜向群等认为，社区服务的发展受到经济资源和技术条件不足、宣传工作不到位、管理体

① 李学斌：《我国社区养老服务研究综述》，《宁夏社会科学》2008 年第 1 期。

② 温海红、张永春、文成：《陕西省城镇社区养老服务现状分析及其体系构建——基于西安市的调查分析》，《西北大学学报》（哲学社会科学版）2013 年第 5 期。

③ 韦宇红：《我国城市社区养老服务资源有效供给问题研究》，《理论导刊》2012 年第 6 期。

系和评估体系不健全、专业人才和志愿队伍匮乏等因素的影响。[①] 针对这些影响因素，学者们提供了一系列构建社区养老服务体系的政策建议。如建立多元筹资方式和机构，从低层次的扶贫帮困逐步向高层次的社会养老福利制度转变，建立专业化的服务队伍[②]；要加快构建完善的居家养老服务保障体系、加快社区机构养老服务的建设、完善社区养老服务设施的建设、采取多元投资的模式、加快养老服务队伍建设、完善养老服务信息系统。[③] 通过制度创新创造平台来引导慈善事业参与社区养老服务体系构建，弥补社区养老服务供给不足的问题。[④] 这些研究为构建社会养老服务体系提供了重要的理论和实践意义。

通过对社区养老服务供给现状分析，可以看出社区养老服务还处于起步阶段，社区养老服务在实际工作中还存在诸多问题，影响社区老年人社会养老服务供给的主要因素可以概括为以下几个方面。

1. 社区养老服务供给主体间角色定位不清

目前，社区养老服务的供给仍是以政府为主导，政府干涉得过多，社区自身主体性弱。政府既是社区养老服务的直接提供者，又是社区养老服务最大的管理者，而社区缺乏决策权，只能看政府的“眼色”行事。比如在社区养老服务基础设施建设中，政府提供资金为社区统一建立相同的设施，却没有考虑到每个社区的特殊性和差异性，导致社区资源配置不均衡，有的社区设备不够用，有的社区设备却闲置。另外，社会组织和社会企业参与度不高。社区养老

---

① 姜向群、郑研辉：《城市老年人的养老需求及其社会支持研究——基于辽宁省营口市的抽样调查》，《社会科学战线》2014 年第 5 期。

② 孙建丽：《社会转型期构建社区养老服务体系的探讨》，《中国老年学杂志》2007 年第 22 期。

③ 张艳：《快速老龄化背景下苏州市社区养老服务体系建设研究——以沧浪区“邻里情”虚拟养老院为例》，《社会保障研究》2010 年第 5 期。

④ 邓微：《积极引导公益慈善力量进入社区养老服务体系》，《湖湘论坛》2014 年第 2 期。

服务投入大，回报周期长，很多社会组织和社会企业由于自身资金的缺乏，不敢轻易试水。在调查中有14.0%的老年人愿意前往老年公寓养老，有18.4%的老年人希望老年公寓每月的收费在300元以下，19.3%的老年人希望在300元到600元，34.5%的老年人希望在600元到1000元，18.8%的老年人希望在1000元到2000元，只有9.0%的老年人希望在2000元以上。由此可见，600元到1000元的收费标准可以为多数老年人所接受，但贵阳市现有老年公寓每月的收费标准普遍在1000元以上，部分老年人有前往老年公寓的意愿，却因为价格过高而放弃。

2. 社区养老服务规范化标准化程度低

社区内每一个老人的情况都是不相同的，对养老服务的需求也是多样化的。[①] 但目前社区养老服务内容狭窄，在服务项目上主要集中在医疗卫生服务、健康服务和保障服务上，分别为54%、26.30%和28.60%，文化服务、维权服务、照料服务、心理支持服务、家庭服务、老年人再就业、婚姻服务、教育服务都比较少，其中老年人再就业服务、婚姻服务和教育服务仅为3.0%、1.6%和0.9%（见图7-2），而这些都是需要重视老年人自身发展和更高层次的精神文化需求。

另外，社区养老服务定位存在偏差。社区工作人员缺乏与老年人的沟通，所提供的养老服务项目没能充分考虑到每一位老年人的情况，差别化、针对性地提供服务。在调查中有50.8%的老年人认为社区的养老服务在服务设施上存在不足，43.5%的老年人认为社区对老年人的关注度不够，38.3%的老年人认为社区工作人员与老年人交流不多，38.1%的老年人认为社区对老年人开放的活动项目少，37.8%的老年人认为健身设施不完善，9.0%的老年人认为社区在其他地方存在不足。社区应充分了解老年人对社区养老服务提

① 董红亚：《我国社会养老服务体系的解析和重构》，《社会科学》2012年第3期。

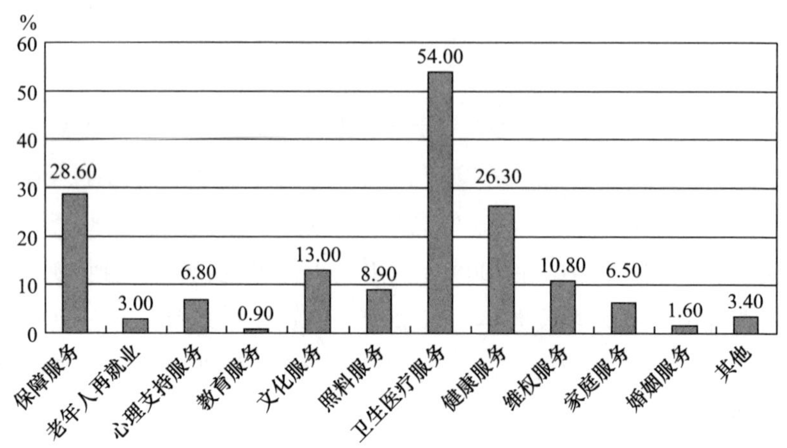

图 7－2 社区养老服务供给情况

供状况的满意程度，不断调整服务项目来满足老年人的服务需求。

3. 社区养老服务资金缺乏可持续性

社区服务的正常开展，需要充足的资金支持。目前，社区服务资金主要来源于政府的财政投入。虽然社区服务内容相当大的部分属于社会保障和社会福利的体系，属于政府的责任范围，但单纯地依靠政府的财政投入远不能满足社区养老服务发展的需要。而且政府资金投入在整个社区服务资金供给中的比重是偏低的，在社区服务开展所需经费中，发达国家政府的投入一般占服务资金构成的50%以上，我国政府的投入最多占30%。另外，资金投入的可持续性不足。政府对社区的资金投入很多都是“一次性”的，没有后继的资金保障。由于缺少资金，养老服务的硬件设施和软件设施都跟不上，有的社区甚至连老年活动中心都没有，资金只够维持对生活极为困难老人的照顾。社区服务中心的经费紧缺，导致社区养老服务供给不足，甚至有的项目因为缺乏资金而被迫停止。

4. 社区养老服务队伍专业化、职业化水平低

社区养老工作的开展大多是由社区居委会负责。这些居委会的人员文化程度不高，可能只是经过简单的培训便上岗了，缺乏专业

的知识和技能，因此服务的质量很难得到保证，服务的专业化水平低。贵阳市 2015 年成立了社工人才教育培训基地，对社区工作人员进行分层次、分批次的专业培训。同时，贵阳市还与高校合作，引进专业的社工人才。据统计，截至 2015 年，贵阳市共有国家注册社工资格证的社工人才 382 人，远远难以满足社会养老服务业发展需要。另外，贵阳市还注重与社会组织的合作，发挥其作为补充的志愿者团队的作用。虽然贵阳市已经开始重视社区服务队伍的建设，但贵阳市的社区服务工作的专业化水平和发达地区还有较大的差距。《贵州省国民经济和社会发展第十三个五年规划纲要》提出要加强社会工作人才培养，到 2020 年社会工作专业人才占贵州省总人口比重达到 1‰。① 因此，亟须提升社区养老服务的专业化、职业化水平。

5. 缺乏科学的社区养老服务评估体系

社区养老起步较晚，发展还不成熟，对社区养老服务体系的评估重视不足。实际上，许多国家非常注重对社区养老服务的评估，如英国、日本，都建立了一套科学合理的社区养老服务评估体系。我国部分社区工作先进的地区，如宁波、上海等地，也已经建立了一套社区养老服务的评估体系，这些地区虽然都采用政府购买养老服务评估的方式，但评估的指标、方法和主体方面还存在一些差别。② 然而由于经费缺乏、行政介入等因素，贵阳市一直没有形成一套科学的社区养老服务评估体系，第三方监测部门很难发挥其对社区养老服务的评估作用，不能准确地评估养老服务的供给情况和服务质量，就难以发现问题并改进服务。

通过对贵州社区养老服务的供给现状和影响因素的分析发现，尽管在近几年的试点工作中取得一些成就，但是社区养老服务工作

① 《贵州省国民经济和社会发展第十三个五年规划纲要》，http：//news. gog. cn/system/2016/02/17/014770199. shtml，2016 年 2 月 17 日。

② 胡光景：《政府购买社区居家养老服务质量评估体系研究》，《山东工商学院学报》2012 年第 5 期。

整体还处于起步阶段。从供给主体来看，社区养老服务的供给过多地依靠政府的政策和资金的支持，社区未能充分发挥其资源整合的作用，社会组织和社会企业的参与度有待提高。从供给内容来看，社区养老服务在生活照料方面提供的方式传统且单一，在医疗健康方面供给不能满足老年人的实际需求，而且在精神文化方面重视度不够。通过分析，供给主体间角色定位不清、社区养老服务规范化、标准化程度低、资金供给可持续性不足、服务队伍专业化水平低、缺乏科学的社区养老服务评估体系是影响养老服务供给的主要因素。

养老已不是家庭的独立责任，老年人的生活需要更多社会资源的投入。[①]“十二五”期间，贵州省社会养老服务体系基本框架初步建立，基本形成了以居家养老为基础、社会养老为依托、机构养老为补充的社会养老服务体系。“十三五”期间，人口老龄化、高龄化、空巢化将进一步加速，贵州省加快发展养老服务业，争取在2020年贵州全面建成以居家为基础、社区为依托、机构为支撑，功能完善、布局合理、规模适度、覆盖城乡的养老服务体系。[②] 为实现这一目标，我们要在考虑社会现实的基础上，积极探索符合经济社会发展实际的社区养老新途径，为社会养老服务体系的构建提供实践经验。要明确各主体的角色定位，明确政府是社区养老服务的购买者和监督者，社区是养老服务资源的整合者，社会组织、社会机构和社会企业是服务主体。规范社区养老服务的提供，加强服务内容的创新，推动“医养融合”，探索将大数据、大健康、“互联网+”等新一代信息技术与养老服务业的紧密融合，建立综合信息服务平台，精准识别服务需求，带动社区养老进入一个全新的信息化发展阶段。探索多元筹资模式，采取政府财政拨款、社会集资、

---

① 陈英姿、满海霞：《中国养老公共服务供给研究》，《人口学刊》2013 年第 1 期。

② 贵州省政府办公厅：《省人民政府关于加快发展养老服务业的实施意见》（黔府发〔2014〕17 号），http：//www. gzgov. gov. cn/zxfw/sbfw/zxgg/201507/t20150704 _ 313279. html，2014 年 6 月 3 日。

社会援助等方式实现资金社会化，保证资金供给的可持续性，同时推进养老服务市场化，转变社区养老服务的运营方式。加强服务队伍的专业化建设，通过加强人才引进、专业化培训等方式提高社区养老服务工作人员的专业素养，提升社区养老服务的专业化水平。要构建一套科学的社区养老服务评估体系，借鉴国内外的经验，鼓励社会力量参与社会福利评估发展，组建中介性质的评估组织，并逐步使评估人员职业化。

三　贵州省老年人养老服务需求与供给间的差距

揭示老年人的养老服务需求与城市社区养老服务供给之间的问题，找准需求与供给之间的差距，是构建社会养老服务体系的基础。因此，从老年人的社会养老服务需求和社区提供的养老服务的角度来分析，可以更清晰地了解老年人社会养老服务需求的满足情况。

社区老年人养老服务需求与社区养老服务供给之间存在较大的差距，老年人的养老服务未能得到较好的满足。部分老年人的医疗卫生服务需求无法在社区获得保障。从医疗卫生服务来看，有17.0%的城市老年人所在社区未提供医疗卫生服务，即当这部分老年人由于患病、身体健康差等原因，产生医疗卫生服务需求时，无法在社区获得应有的医疗服务。从健康服务来看，有41.2%的城市老年人无法从所在社区获得健康服务；从照料服务来看，有28.3%的老年人无法从所在社区获得照料服务；从文化服务来看，有14.8%的老年人无法从所在社区获得文化服务；从维权服务来看，有14.2%的老年人无法从所在社区获得维权服务；从心理支持服务来看，有18.1%的老年人无法从所在社区获得心理支持服务；从家庭服务来看，有7.1%的老年人无法从所在社区获得家庭服务；从教育服务来看，有3.6%的老年人无法从所在社区获得教育服务；从再就业服务来看，有8.3%的老年人无法从所在社区获得再就业服务；从婚姻服务来看，有1.4%的老年人无法从所在社区获得婚姻服务（见图7－3）。

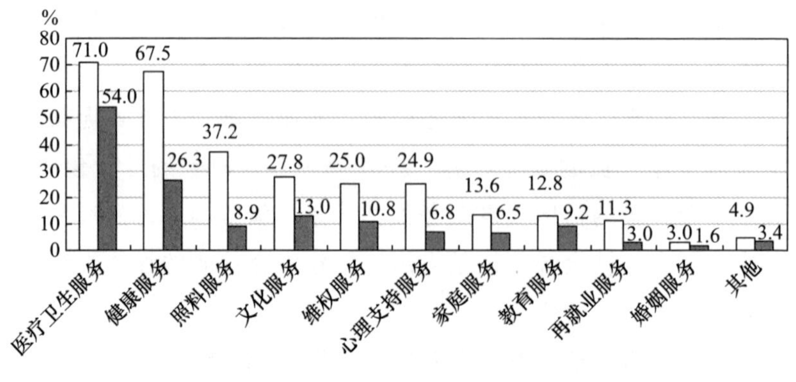

图7-3 城市社区老年人养老服务需求与供给之间的差距

可见，老年人的社会养老服务需求与社区养老服务供给之间存在较大差距，老年人社会养老服务需求未能获得充分满足。

第四节 老年人社会养老服务供需失衡的原因

当前，老年人社会养老服务需求与供给之间存在较大的差距，导致这一问题产生的根本原因是社会养老服务体系建设严重滞后，社会养老服务体系在政策法规、资金建设、人才培养、需求评估、质量评估和监督机制等方面存在问题，从而导致社会养老服务体系建设未能充分考虑老年人的养老需求。

一 社会养老服务体系缺乏资金投入

贵州省人口年龄结构转变对贵州老龄事业的发展提出了严峻的挑战，但由于贵州省经济发展速度缓慢，财政资金紧缺，以及老龄问题未引起相关部门的足够重视，导致社会养老服务体系建设缺乏资金支持。从2007年开始，贵州省级安排2720万元建设资金，资助68个非经济强县修建老干部活动场所，加上各地配套资金，实际投入建设资金 1.2 亿元；贵州省老年体协安排 700 多万元资金修建 100 多块基层老年人健身场地；贵州省财政安排给省老龄办的老龄事业发展经费由 2005 年的 40 万元增加到 2010 年的 267 万元；2008 年至 2010 年，贵州省民政厅安排 950 万元福利彩票公益金给省老龄办用于城乡居家养老服务、农村老年协会建设项目补助和开展老年文体活动、老年旅游等。[①] 虽然贵州省各级部门近年来不断增加对老龄事业的资金收入，但是与贵州老年人口规模较大，老龄化“未富先老”特征更为明显，有限的财政资金投入无法满足社会养老服务体系建设的需要，因此，导致社会养老服务供给不足。

二　社会养老服务人才队伍建设滞后

社会养老服务体系的建设缺乏专业人才的支撑。一方面，老龄部门工作人员数量少。2005 年，贵州省老龄办人员编制只有 14 名；另外，全省从事老体协工作的专、兼职人员 995 人，老年体育社区指导员、辅导员队伍 6000 多人。[②] 另一方面，从事社会养老服务的从业人员门槛低、待遇低、数量少、缺乏技能培训、工作不稳定，提供的服务质量低。当前，由于养老服务业正处于起步发展阶段，养老服务业市场不成熟，因此，养老服务从业人员的待遇低，养老服务岗位的吸引力弱，所以，当前从事养老服务工作的人员年龄偏大、文化程度低、缺乏职业道德教育和专业的岗位技能培训，养老服务水平与服务质量较低。可见，贵州省缺乏社会养老服务人才，缺少养老服务提供的载体，这是社会养老服务供给不足的主要原因。

三　社会养老服务缺乏监管，质量无法保障

当前，社会养老服务的提供主体多种多样，政府、社区、机构、组织、医院等主体都通过不同方式、不同途径为老年人提供各种养老服务，但由于缺乏相关的监督与管理，养老服务在供给方面和质

① 贵州省老龄工作委员会办公室：《贵州省老龄事业发展“十一五”规划评估报告》，http：//www.gzll.org.cn/show.php？id=399，2011 年 3 月 31 日。

② 同上。

量方面难以得到保障。社会养老服务行业刚刚兴起，养老服务业的准入、退出和监管制度尚未建立，缺乏行业标准和行业规范。养老服务主体资质参差不齐，养老服务评估标准尚未建立，对养老服务机构和养老服务主体提供的养老服务质量缺乏评估与监督，导致服务质量难以保障。

四　政策法规不完善，执行力度弱，落实不到位

针对贵州省人口老龄化的快速发展以及带来的老龄问题，贵州省不断出台了相关的法规、文件和规划，但由于政策法规体系尚未建立，相关部门执行力度不够，政策没有得到较好的落实，导致养老服务供给不足。1990 年贵州省人民政府办公厅发布了《贵州省老年人保护条例》；2005 年贵州省人民政府办公厅出台了《贵州省优待老年人试行办法》；2008 年贵州省人民政府办公厅出台了《贵州省人民政府办公厅关于加快发展养老服务机构的意见》；2011 年贵州省人民政府出台了《贵州省人民政府办公厅关于加快推进养老服务体系建设的意见》，2012 年，贵州省民政厅、财政厅关于印发《贵州省资助民办养老服务机构暂行办法》的通知，民政厅出台了《贵州省民政厅关于印发贵州省社会养老服务体系建设规划（2011—2015 年）的通知》，贵州省人民政府发布了《贵州省人民政府关于印发贵州省老龄事业发展“十二五”规划的通知》；2014 年贵州省政府发布了《贵州省人民政府关于加快发展养老服务业的实施意见》。这些政策法规的出台有利于社会养老服务体系的建设，对社会养老服务体系建设的目的、指导思想、任务、保障措施等内容作了相关的规定，但是由于社会养老服务体系尚处于建设阶段，导致政策法规执行脱节，出现目前养老服务供给不足的问题，老年人的养老服务需求没有得到较好的满足。

五　社会养老服务管理部门信息沟通不畅，缺乏资源整合

社会养老服务体系的建设和养老服务资源的供给仅仅靠某个部门是不现实的，而牵头单位的无力也是社会养老服务体系难以真正建立的原因。社会养老服务体系建设多由民政厅牵头调研、组织与

实施，但在具体实施过程中，往往出现政出多门、信息缺乏共享、沟通不畅、资源难以整合等问题，从而在执行过程中出现效率低、责权不清、难以落实等现象。社会养老服务体系建设事关老年人的权益与福利、生活质量的提升，养老服务体系建设不仅仅涉及省民政厅，同时还涉及省发展改革委、省经济和信息化委、省财政厅、省商务厅、省卫生计生委、省工商局、省国税局、省地税局、省人力资源社会保障厅、省国土资源厅等部门，因此，多部门之间的缺乏沟通、协作与配合，必然导致资源难以整合，养老服务供给不足，甚至出现资源浪费的现象。

六　社会养老服务体系数字化、信息化建设滞后

社会养老服务体系数字化、信息化建设滞后，对老年人的养老服务需求缺乏及时、有效的评估，因此，难以准确地掌握老年人的养老服务需求，从而导致养老服务供给出现不足、偏差和滞后。目前，相关部门对老年人养老服务需求的掌握主要靠各地的统计、登记和调研获取，这种方式不仅时间跨度大、不及时，而且统计数据可能会与老年人的实际养老需求产生偏差与误差。贵州省社会养老服务体系建设涉及多个部门，社会养老服务体系的网络化、数字化和信息化建设有利于部门之间及时、顺畅地沟通，有利于信息和资源的共享，提高部门办事效率，从而有针对性地解决老年人面临的问题，提高养老服务的供给效率。

第八章　欠发达地区社会养老服务体系建设目标与构建路径

第一节　社会养老服务体系构建原则

“十三五”时期，我国人口老龄化程度将进一步加深，老年人口规模将日益扩大，老年群体的社会养老服务需求将不断增加，人口老龄化将对经济社会产生深刻的影响。而欠发达地区经济发展水平落后，养老基础设计滞后，人口老龄化压力较大。因此，构建社会养老服务体系不仅是应对人口老龄化的积极措施，而且有助于欠发达地区经济社会发展。欠发达地区社会养老服务体系建设不仅要遵循和贯彻落实“创新、协调、绿色、开放、共享”的发展理念，而且必须坚持党委领导、政府主导、社会参与、全民行动，自上而下地树立积极应对人口老龄化的意识，着力完善老龄政策体系，加强老年群体的基本需求和服务的供给，大力推进老龄事业的发展，改善社会养老服务体系建设的支撑条件，构建以居家为基础、社区为依托、机构为补充、医养相结合的社会养老服务体系，满足老年群体的多层次、多样化的养老服务需求，确保老年群体共享经济社会发展的新成果。

欠发达地区在构建社会养老服务体系的过程中，以“创新、协调、绿色、开放、共享”五大发展理念统领社会养老服务体系建设，遵循“以人为本、共建共享，统筹规划、协调发展，政府主导、社会参与”的基本原则。

以五大发展理念统领社会养老服务体系建设。中共十八届五中全会提出了“创新、协调、绿色、开放、共享”的五大发展理念，以保障实现2020年全面建成小康社会的目标。人口老龄化是我国当前及今后很长一段时间内的基本国情，用五大发展理念积极应对人口老龄化。在新的人口形势下，欠发达地区构建社会养老服务体系，坚持创新发展，创新老龄事业工作思路、创新社会养老服务的相关政策法规和制度、创新有关工作机制、创新社会养老服务模式等；坚持协调发展，需要协调不同部门、不同领域、不同主体等在构建社会养老服务体系建设中的角色，发挥各自的功能，凝聚社会力量，共建社会养老服务；坚持绿色发展，构建社会养老服务体系需要以老年人口服务需求为导向，以提高老年人生活质量为目标，以服务社会化和专业化为核心，推进安全绿色便利舒适的老年宜居环境建设，构建绿色的环境友好型社会服务网络；坚持开放发展，社会养老服务体系是一项涉及广大老年群体的民生工程，要充分运用政府和市场两种手段，充分发挥国内和国外两种资源，激励国外资本和社会资本进入老龄服务产业，调动社会力量共建社会养老服务体系的积极性；坚持共享发展，构建和完善社会养老服务体系不是解决当前老龄问题的权宜之策，而是人口老龄化背景下积极应对老龄问题的可持续发展路径选择，经济社会发展的本质是共享，老龄社会也是如此，通过构建社会养老服务体系，让老年人口共享经济建设、政治建设、文化建设、社会建设和生态文明建设的成果。

坚持“以人为本、共建共享”的原则。社会养老服务体系建设应坚持以保障和改善老年人生活质量为基本目标，从老龄政策的顶层设计到贯彻执行，确保老年群体和其他群体人人参与，确保不同年龄、不同职业、不同行业的老年人都能享受经济社会发展成果。

坚持“统筹规划、协调发展”的原则。欠发达地区社会养老服务体系构建需要统筹规划，既着眼于满足老年群体当前养老服务需要，又着眼于未来老年群体的发展型需求。协调城乡、区域、产业之间的关系，统筹做好老年人的经济保障、服务保障和精神关爱等制度安排，实现养老服务体系的协调可持续发展。

坚持“政府主导、社会参与”的原则。健全和完善社会养老服务体系是一项系统工程，政府需要发挥主体责任，整合资源，将资源投入老年群体最基本、最迫切、最关注的领域。同时，政府应当激发社会和市场活力，让社会力量充分参与社会养老服务体系建设，特别是社会组织、社会机构、企业和志愿者。

第二节　社会养老服务体系构建目标及框架

基于当前贵州省人口老龄化的现状及其挑战，以及老年人养老服务需求与供给之间的状况，贵州省社会养老服务体系建设是有效应对人口老龄化及其老龄问题的根本措施。因此，我们必须未雨绸缪，在深入了解老年人社会养老服务需求的基础上，充分利用各种资源构建社会养老服务体系。贵州省社会养老服务体系的建设必须贯彻“创新、协调、绿色、开放、共享”五大发展理念，以满足城乡老年人多层次养老服务需求为根本目标，坚持以政府为主导，健全和完善相关政策法规，多部门协调配合，社会、社区和家庭积极参与，统筹规划，逐步建立与贵州省人口老龄化水平相适应，与贵州省经济社会发展水平相协调，以居家养老为基础、社区养老为依托、机构养老为补充、医疗卫生机构和养老机构相融合的可持续社会养老服务体系，从而逐步提高老年人生活质量和生存质量，让老年人共享经济社会发展成果，构建和谐老龄社会。

社会养老服务体系构建框架主要包含顶层设计、服务对象、需求评估、服务供给、质量评估、服务主体等，每个部分都有自己的建设内容、建设目标及效果（见图8－1）。

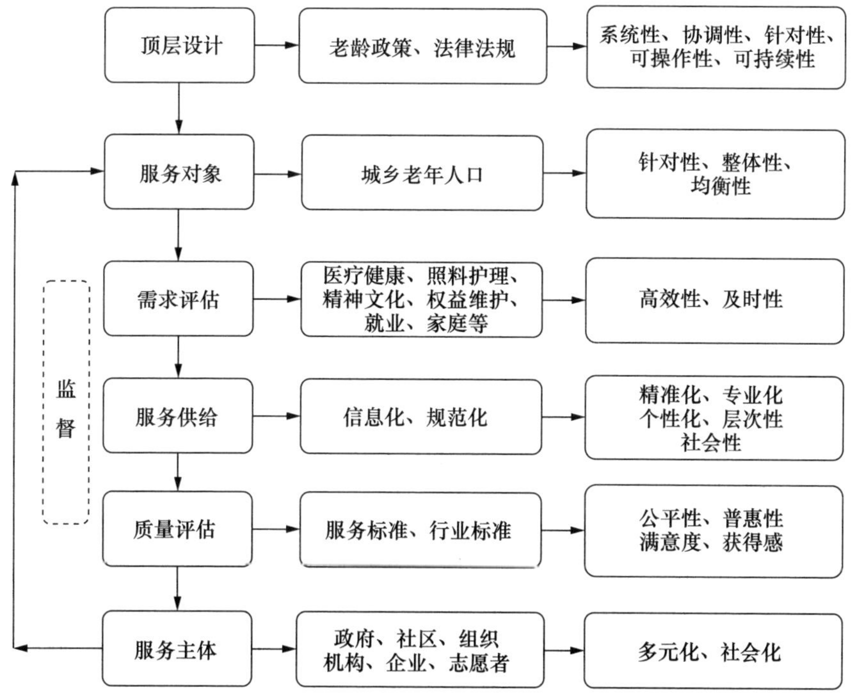

图 8－1　社会养老服务体系构架

第三节　社会养老服务体系构建路径

基于当前欠发达地区人口老龄化的现状及其挑战，以及老年人养老服务需求与供给之间的状况，社会养老服务体系建设是有效应对人口老龄化及老龄问题的根本措施。欠发达地区应建立以满足城乡老年人多层次养老服务需求为根本目标，坚持以政府为主导，健全和完善相关政策法规，多部门协调配合，社会、社区和家庭积极参与，统筹规划，逐步建立与欠发达地区老龄化程度相适应，与欠发达地区经济社会发展水平相协调，以需求为导向、供给为目标的可持续发展的社会养老服务体系，逐步改善与提高欠发达地区老年群体的生活质量，从而构建欠发达地区和谐老龄社会。当前，贵州省社会养老服务体系建设应当从政策法规、资金建设、人才培养、需求评估、质量评估、监督机制和大数据大健康产业七个方面着手。

一 健全与完善相关政策法规，做好社会养老服务体系的顶层设计

贵州省社会养老服务体系建设应当制度先行，科学的制度设计与完善的制度体系是社会养老服务体系长期健康协调发展的前提。因此，要做好社会养老服务体系建设的顶层设计，特别是老龄政策、老龄法律法规，而且在制度设计时要考虑制度的针对性、可操作性、系统性、协调性和可持续性。2012 年，贵州省民政厅出台了《贵州省民政厅关于印发贵州省社会养老服务体系建设规划(2011—2015 年）的通知》，在此基础上，2014 年贵州省政府发布了《贵州省人民政府关于加快发展养老服务业的实施意见》，提出了贵州省社会养老服务体系建设和养老服务业发展的指导性和原则性的意见。社会养老服务体系建设涉及多个领域、多个部门，政策法规涉及金融保险、土地、税收、法律、人事、教育等方面，建立养老服务业的准入和退出制度，建立行业标准和行业规范，在鼓励多方参与社会养老服务行业建设发展的同时，规范养老服务市场和参与主体的行为。制定社会养老服务体系的网络化、信息化和数字化建设政策，增强部门之间的沟通与协作，整合资源，打破部门壁垒，消除政出多门的现象，提高办事效率。健全与完善相关政策法规是贵州省社会养老服务体系的首要任务。

近年来，欠发达地区根据国务院出台的《中国老龄事业发展“十二五”规划》《社会养老服务体系建设规划（2011—2015 年)》《国务院关于加快发展养老服务业的若干意见》等政策，结合地区情况，制定出台了一系列促进社会养老服务体系建设的相关文件，但社会养老服务政策体系还不完善。与发达地区相关，欠发达地区与社会养老服务体系建设密切相关的金融保险、土地、税收、法

律、人事、教育、机构建设管理、机构服务、养老服务市场和养老服务主体、志愿者服务等方面还未制定和出台相关规定。结合地区经济社会发展实况和人口老龄化发展态势，欠发达地区应尽快完善社会养老服务政策体系，为社会养老服务体系建设以及养老服务业健康持续发展提供政策依据和政策支持。

二　多元参与，加大对社会养老服务体系建设的资金投入

社会养老服务体系建设主体不能仅仅依靠政府一家，还需要社会组织、社会企业、社会机构、志愿者等多元主体的参与。无论是基础设施建设、建立社区养老服务机构还是培养养老服务专业人才等，都需要大量的资金投入。因此，多元主体参与，可以拓宽社会养老服务体系建设资金来源渠道，为社会养老服务体系建设的资金投入提供保障。贵州省社会养老服务体系建设事关近 500 万老年人的切身利益，是一项受益面广的长期系统民生工程。社会养老服务体系建设资金需求量大，而且需要长期持续稳定的投入，仅仅靠政府出资进行建设，难以保证此项工程的长期可持续发展。没有大规模资金的持续长期投入，社会养老服务体系的制度建设、人才培养、基础设施等硬件建设、网络信息化数字化等软件建设、养老服务质量与服务水平等都会受到深刻的影响。在政府主导下，建立财政投入、彩票公益金、社会资金相结合的资金筹措机制，通过相关优惠政策的吸引，积极引导和鼓励民间企业和民间资本参与养老服务业建设，通过多方参与，提高全社会对社会养老服务体系的认识和重视，为社会养老服务体系的建设营造良好的社会环境。同时，通过政府购买服务，由专业的社会养老服务机构和组织提供养老服务，不仅为政府减轻了压力，将精力主要集中于完善制度安排、优化布局，而且保证了服务的专业化、精准化、社会化和个性化，有利于提高老年人的生活质量。

欠发达地区经济发展水平较低，财政收入少，财政投入压力大。因此，必须多元化社会养老服务体系建设投资渠道。首先，欠发达地区应发挥政府投资的引导和拉动作用，建立社会养老服务财政专

项投入机制与资金；其次，积极鼓励社会力量和民间资金支持与参与养老事业发展和社会养老服务体系建设，落实政府各项优惠政策，提高社会资本和民间资本参与建设社会养老服务体系建设的积极性；再次，向发达地区借鉴政府购买服务的成功经验，推动政府购买社会养老服务；最后，欠发达地区应积极争取国家开发银行对养老服务基础设施建设和养老服务业发展的资金和信贷政策支持，改善欠发达地区养老服务基础设施状况和养老服务业发展缺乏资金支持的困境。

三　加强人才队伍建设，为社会养老服务体系建设提供人才支持和智力支撑

当前，养老服务业所蕴含的市场潜力和经济价值已经被世人所认同，但从事社会养老服务行业的从业人员数量与人口老龄化现状与老年人的实际需求相比还远远不足，而且从业人员缺乏相关培训。社会养老服务体系建设的关键是人才队伍建设与培养，社会养老服务业的发展需要一定数量和质量的从业人员，缺少管理人才和专业人才社会养老服务体系建设就失去了发展基础。社会养老服务是专业性比较强的工作，需要对从业人员开展职业道德、岗位技能、人际沟通、法律知识等方面的培训与指导，提高从业人员的职业素质和专业服务水平。教育部门要引导在高等院校、中等职业学校和职业教育机构设置养老服务相关专业，培养服务管理、医疗健康、康复护理、心理预防与干预和社会工作等方面的专业人才。各地区相关部门应积极扶持发展各类养老服务志愿组织，大力倡导各行各业的工作人员为老年人开展志愿服务活动。

当前，国内养老服务业从业人员数量少，而且从业人员质量参差不齐，这一问题在欠发达地区尤其明显。针对欠发达地区养老服务业发展的现实情况，当前最迫切需要解决的问题是培养养老服务业的管理人才和服务人才。一方面，我们要培养大量的老年服务业管理和服务人才；另一方面，我们要改善和提高养老服务人员的工作待遇和工作环境，贯彻社会保障政策的相关规定，确保各项保险

及时足额缴纳，留住老年服务业的从业人员。从近期来看，对现有从业人员开展政策法规、护理、健康保健、照料康复、行业规范、职业资格等方面的培训，提升现有从业人员的整体素质；从长远发展来看，鼓励欠发达地区在高等教育和职业教育中设置与养老服务业发展相关的专业，如老年医学、老年社会学、老年心理学、社会工作等专业，培养一支“知识广、技术精、善管理、观念强”的专业化、职业化的养老服务专业人才。

当前，贵州省社会工作机构和社会工作组织较少，社会工作专业人才存量仅有2万余人，而且大多数没有从事社会工作领域的职业。在人口老龄化快速发展的背景下，应当鼓励社会工作机构和组织的成长，加大对社工组织的支持力度，通过政府购买服务的方式，将社会养老服务以项目的方式交给社会工作专业机构，让社会工作专业机构为老年人提供服务。这是未来的发展趋势，也是构建社会养老服务体系的重要途径。

四　加强养老服务业供给侧改革，提高服务的精准化、专业化、个性化和社会化

通过加强养老服务业供给侧改革，实现社会养老服务体系建设的根本目标，满足城乡老年人多层次养老服务需求，从而提高老年人的生活质量与生存质量，使老年人共享经济社会发展成果和改革红利。

社会养老服务体系提供哪些养老服务？如何提供？提供多少养老服务？在哪里提供？这些问题不应当是政府或者老龄事业主管部门来确定，而应当由社会养老服务对象——老年人口决定。因此，必须加强养老服务的供给侧改革，加强老年人养老服务需求评估不仅有利于养老机构、社区、组织等服务供给主体提供服务指明方向，而且有利于为老年人提供精准化、个性化的养老服务，避免出现供需脱节、资源浪费、有效供给低等问题。由于老年人养老服务需求存在一定的差异性，所以针对城乡、不同性别、不同年龄、不同健康程度等特征的老年人，特别是失能老人、失智老人、留守老

人、空巢老人、高龄老人、特困老人等，应当针对不同的老年服务对象，建立不同的养老服务需求评估指标体系，开展养老服务需求评估，精准掌握不同类型老年人的个体化养老服务需求，在此基础上，由社会养老服务主体提供专业化、社会化的养老服务满足老年人养老服务需求。

养老服务需求评估指标在参考民政部制定的《老年人能力评估》的基础上，应当在健康、经济、自理能力、心理情绪、社会生活与社会环境、生活照料、康复护理精神慰藉、紧急救援等方面，结合实际，科学确定评估对象、评估标准、评估方案、评估流程，并培育一支养老服务评估的专业人才队伍。社会养老服务主体根据老年人服务需求评估结果，制订符合不同服务对象特征和需求的服务供给方案，按服务方案提供专业化的养老服务。

五　加强社会养老服务质量评估，提高老年人生活满意度、幸福感和获得感

在社会养老服务体系建设过程中，加强社会养老服务质量评估，引入市场机制，制定服务质量标准，通过服务质量评估，提高老年人的生活满意度、幸福感和获得感。养老服务质量评估是社会养老服务体系健康、持续发展的有效措施。

养老服务业巨大的市场潜力，吸引了大量的社会资本。但当前社会养老服务业发展处于起步阶段，相关的政策法规不完善，市场准入门槛低，服务机构数量少，服务能力和水平参差不齐，这就需要引入市场机制，对养老服务主体提供的养老服务质量进行严格控制和评估，淘汰服务质量不达标的机构或企业，提高服务主体的服务意识和服务质量。社会养老服务体系最根本的目标是满足老年人的养老服务需求，养老服务质量的高低直接关系到社会养老服务体系的成败与发展。建立养老服务质量评估指标体系对养老服务项目、服务质量与服务水平开展定期的质量评估，规范服务质量标准和养老服务企业行为，对于不合格的服务产品和养老服务企业进行监管，制订限期整改方案，到期仍然达不到标准的企业，吊销企业

服务资质。养老服务质量评估指标应涉及服务形式、服务过程、服务结果，评估主体包括政府主管部门、服务机构或企业、第三方专业评估机构、老年人或家属，多方评估主体参与评估才能保证服务质量评估的真实性和可靠性，根据服务质量评估结果服务主体不断改进服务方式、规范化服务过程、提高服务质量。

六　健全和完善监督体系，推动社会养老服务体系健康发展

健全和完善监督体系是社会养老服务建设的重要保障。没有健全和完善的监督体系，社会养老服务体系建设可能会成为形象工程，耗费人力、物力和财力，而难以化解老龄社会带来的挑战。社会养老服务监督体系应当包含政府监督、社会监督和行业监督三个层面，监督内容涉及养老服务业服务内容、服务标准、服务收费、服务质量、服务供给等方面，监督方法可以采取主管部门定期和不定期抽查、媒体监督、协会自评自查，监督结果应当及时向社会公布，这有利于养老服务业企业品牌的形成，有利于养老服务企业改革与创新，有利于老年人保障自身合法权益。通过不断健全与完善监督体系，社会养老服务业市场将日益规范，养老服务供给主体更加明确自身的责任与权利，养老服务需求主体将更主动地维护自身的权益。

当前，欠发达地区社会养老服务体系缺乏政府监督、社会监督和行业监督，建立“三位一体”的监督机制将有利于欠发达地区社会养老服务体系和养老服务业的发展。一方面，养老服务业主管部门应对相关政策法规执行情况进行监督，督促涉及养老服务体系建设的相关部门实施和落实；另一方面，对养老机构或企业提供的服务产品开展督查，确保服务产品符合服务接受者的需求以及养老服务市场发展规律。

七　将社会养老服务体系建设纳入地方经济社会发展战略行动

积极应对人口老龄化，建立和完善社会养老服务体系已经成为必然趋势。将积极应对人口老龄化纳入地方经济社会发展战略行动，高度重视老龄问题，将构建社会养老服务体系作为应对老龄问

题的重要措施。

近年来，贵州经济发展速度一直位列全国前列，为老龄事业发展以及积极应对人口老龄化提供了坚实的经济保障。贵州“十三五”规划提出“大扶贫、大数据、大生态”三大战略行动，这些战略行动的提出为构建社会养老服务体系提供了良好的机遇。可以运用发展大数据产业的机遇为社会养老服务体系搭建网络化、信息化平台，通过大数据采集老年人养老服务需求，全面分析与掌握老年人的基本需求和基本特征，了解老年人养老服务需求变化趋势，科学精准地确定老年目标人群，准确定位老年群体养老服务需求，提供更加便利、快捷、质优的养老服务。同时，充分运用发展大生态的战略机遇，挖掘区域、生态和环境等优势大力发展大健康产业，大力鼓励和支持建立医养结合的社区和养老服务机构。社会养老服务体系建设应抓住大数据和大健康产业发展机遇，强化基础设施建设，合理利用资源，增强养老服务业发展动力。

第九章　研究展望

第一节　研究的创新

第一，本书对贵州省老年人生活质量与社会养老服务现状进行了深入系统的分析。贵州省老年人生活质量研究，是一次使用专业量表对贵州省老年人生活质量进行较为系统全面的研究。本书采用入户问卷访谈方法，深入实地，收集了第一手丰富、翔实的研究资料，为研究奠定了扎实的基础，为进一步开展贵州省老年人生活质量研究积累了宝贵资料。通过定量分析，对贵州省老年人生活质量进行描述和评价，深入地分析了老年人社会养老服务的需求和社区社会养老服务需求供给的状况。

第二，研究结果对欠发达地区开展老龄工作有重要的参考价值。在对老年人生活质量和社会养老服务需求与供给研究的基础上，揭示了贵州省老年人生活质量的影响因素和社会养老服务需求与供给的影响因素，并针对如何提高生活质量和构建社会养老服务体系，从政策法规、建设资金、人才队伍、需求评估、质量评估和体系监督等方面提出了相应的对策建议，这些研究成果为欠发达地区开展老龄工作提供了重要的参考。

第三，从生活质量切入社会养老服务体系研究，为欠发达地区积极应对人口老龄化提供了贵州方案。贵州是欠发达地区的典型省份，而贵州人口老龄化速度发展较快，甚至超过了东部一些省份，如何在经济、社会快速发展和转型的背景下保障老年人的生活质量，构建符合当前发展战略、符合人口老龄化发展趋势的社会养老服务体系无疑是一个重要的措施。这一研究既是一次理论探讨，又是一次实践总结，为欠发达地区积极应对人口老龄化提供了贵州方案。

第二节　研究的不足

第一，在老年人生活质量研究方面，由于缺乏相关医务人员和医疗设备，不能够对老年人的体能状况进行检查，因此，缺乏老年人的体重、血压和坐立次数的调查数据，因此，对老年人生活质量的评估不够完善。

第二，在社会养老服务体系研究方面，研究充分地关注了欠发达地区城市老年人社会养老服务的需求与供给，对农村老年人社会养老服务需求与供给分析不足；同时，仅从社会养老服务体系建设路径论述社会养老服务体系构建措施，未对居家养老、社区养老和机构养老进行论述。

第三节　研究展望

第一，深入完善老年人生活质量的研究方法。本次研究借助中华医学会老龄医学分会流行病学组研制的《老年人生活质量调查内容及评价标准建议（草案）》对贵州省老年人生活质量进行了研究，此次研究使我们对贵州省老年人生活质量现状及优劣有了较全面的认识，同时清楚了影响生活质量的因素，认识到生活质量所含内容中各方面的相互关系。使用该量表研究老年人生活质量能够比较客观、真实地反映老年人的生活质量，获得比较满意的结果。对今后老年人生活质量研究，笔者认为有一些内容需要不断改进和完善。

简化量表测量内容。调查内容过于烦琐，在调查中将耗费大量人力和物力。将该评价量表11个方面内容操作化以后，具体指标太多，在实际调查时每位老年人需耗时30分钟左右，这既耗费了大量研究资源，又容易引起被调查者的反感、不配合或敷衍，从而影响到整个研究。在往后的研究中，应当简化指标，选择必要的代表性强的能很好反映老年人生活质量的指标。

部分指标内容应当随着时代的进步而不断发展。指标应当适时反映生活质量，如果脱离或落后于现实状况，则不能达到指标应有的效果。如居住面积，具体担心事件和正负性心理事件等都需要根据社会发展，不断更新，应当多吸收一些新的研究成果。

体能检查的调查限制了该量表的广泛推广和普遍使用。在调查内容建议中，第十项是体能检查，这项指标使不具备体能检查的研究人员望而却步，即使勉强开展了研究，研究成果也会受到一定影响。

经济状况评价只涉及老年人收入，而不涉及支出。笔者认为应当将收入与支出一起考虑，才能较好地反映老年人经济状况，才能更好地为研究生活质量服务。

研制和开发专用于老年人生活质量评价的量表。老年人口规模大，人口老龄化速度快，老龄化程度深，目前尚缺乏专门针对老年人开发的生活质量评价量表，只能选用普适量表。中国城乡差异大，经济、文化、环境、风俗习惯等差别明显，用一套测评量表虽然有利于对比研究，但不能更科学地评价老年人生活质量，笔者认为这项研究意义重大，应用价值大。

第二，高度重视农村社会养老服务体系构建问题。社会养老服务体系研究是当前和今后社会保障领域研究的重点和热点，当前研究更多关注城市社区社会养老服务体系建设问题，而未对农村社会养老服务体系以及城乡社会养老服务体系差异进行深入讨论，这与农村人口老龄化高于城市人口老龄化的现实情况不符。随着农村经济发展，农村脱贫攻坚工作深入开展，老年人的养老服务需求将日益增加，并且养老服务矛盾将日益突出。今后一段时期，农村人口老龄化和老龄问题更加值得关注，农村老年人更加需要关心。因此，农村社会养老服务如何开展，社会养老服务如何供给，如何整合农村现有资源解决农村老龄问题，这些将是今后的研究重点。

附　录

贵州省社会养老服务体系调查问卷

您好！欢迎参加本次问卷调查。

我是贵州财经大学的学生，为了深入了解您目前对社会养老服务体系的认识，为今后社会养老服务体系的发展和完善提出意见和建议，进一步加强政府在此方面的工作，我们组织了本次调研。您的参与将会对社会养老服务体系的完善贡献力量。

根据随机原则，您被选为此次调查对象。本次问卷不记姓名，对问卷所列问题，您可以完全依据自己的理解和想法去回答，您的回答我们将严格保密，且仅供研究使用。

感谢您的合作！

贵州财经大学

2014 年 4 月

调查时间：____________________调查员姓名：__________问卷编号：__________省__________地区（市）__________县（市）__________街道

填表说明：

1. 请在被调查者回答的答案前打“√”，或者将被调查者回答的答案直接写在横线上。

2. 被调查对象必须是 60 岁及以上的城市老年人。

3. 被调查对象必须真实。

4. 问卷中如果未标明多选即为单项选择题。

1. 个人及家庭基本情况

1.1 性别：

A. 男　　B. 女

1.2 您的年龄：__________岁

1.3 民族：

A. 汉族　　B. 少数民族

1.4 您的户口性质：

A. 农业户口　　B. 城镇居民户口

C. 城镇外来务工人员　　D. 其他

1.5 婚姻状况：

A. 未婚　　B. 离婚　　C. 丧偶

D. 初婚有配偶　　E. 再婚　　F. 其他

1.6 您的受教育程度：

A. 没有接受过正规教育　　B. 小学　　C. 初中

D. 高中　　E. 专科　　F. 专科以上学历

1.7 您目前是否工作：

A. 已退休　　B. 仍然继续工作　　C. 找不到工作

D. 特殊原因造成的无法工作（原因：__________）

1.7.1 您目前工作或者最后一份工作的性质：

A. 务农　　B. 政府机关　　C. 事业单位

D. 企业　　E. 从事私营或者个体经营者　　F. 其他

1.7.2 您是否愿意继续工作?

A. 愿意，目前仍有精力来完成工作

B. 不愿意，想更多的休息

C. 无所谓

1.8 2013 年全年收入和消费情况金额：

	受访者个人	受访者配偶
1.8.1 总收入（单位：元）		
其中，出租\ 出售房屋		
劳务收入（工资、劳务）		
退休金		
子女供给		
其　　他		
1.8.2 总支出（单位：元）		
其中，基本日常开支（注明食物支出金额）		
医疗费用支出		
娱乐性支出		
信仰/宗教性支出		
全年人情往来费用		
民俗支出（包括节日各项支出）		
其　　他		

1.9 您现在的居住方式：

A. 独居

B. 和配偶一起居住

C. 和女儿一起居住（a. 仅包含女儿一人 b. 包含女儿家庭）

D. 和儿子一起居住（a. 仅包含儿子一人 b. 包含儿子家庭）

E. 其他

1.10 您的住房性质：

A. 自有住房　　B. 租房　　C. 子女住房　　D. 其他

1.10.1 您目前住房的面积：__________平方米

1.11 您的家庭人数：共____人（包括本人），其中老人（60 岁以上）____人，子女____人，小孩（18 岁以下）____人。其中同吃同住____人。

1.12 您的子女是否外出打工：

A. 否（跳答 1.14）　　B. 有的外出有的留在本地

C. 是　　D. 其他

1.13 您子女外出地：

A. 本区　　B. 本市　　C. 本省　　D. 外省　　E. 其他

1.14 您子女从事的职业：

A. 务农　　B. 政府机关　　C. 事业单位　　D. 企业

E. 从事私营或者个体经营者　　F. 其他

1.15 您目前是否照看孙辈（2013 年）：

A. 是　　B. 否（跳答 1.16）

1.15.1 您照看几个孙辈？__________个孩子；

1.15.2 照看孙辈是否增加您的负担？

A. 增加　　B. 不增加　　C. 是一种乐趣　　D. 不好说

1.16 您目前的主要压力来自（可多选）：

A. 经济压力　　B. 医疗/健康压力

C. 精神需求得不到满足　　D. 个人发展的压力

E. 无人照料　　F. 没有压力　　G. 其他

2. 社会养老服务状况

2.1 您的出行方式：

A. 公交车　　B. 自行车　　C. 步行

D. 小轿车　　E. 其他

2.1.1 您现有的出行方式是否方便？

A. 方便　　B. 不方便

2.1.2 您在乘坐公交车时是否有人让座？

A. 有　　B. 偶尔有　　C. 没有

2.2 从您家到下列服务点的距离：

服务点	是否有以下服务点 1. 有 2. 没有	距离远近					
		小于 1 公里	1—3 公里	3—5 公里	5—10 公里	10 公里	不知道
老年服务中心							
医务室或医院							
活动中心(活动室、广场)							
老年大学							
运动场/运动健身器材							

续表

服务点	是否有以下服务点 1. 有 2. 没有	距离远近					
		小于1公里	1—3公里	3—5公里	5—10公里	10公里	不知道
道路无障碍设施							
治安设施（岗亭、警卫室等）							
公交车站							
养老机构							
公园							
其他（请注明）							

2.3 您个人及家人享有的社会保险情况（以2013年全年为参考）：

	受访者参加情况		配偶参加情况	
	是否参加 1. 是 2. 否	共领取多少元？	是否参加 1. 是 2. 否	共领取多少？
城镇职工养老保险				
城镇居民养老保险				
农村居民社会养老保险				
城镇职工基本医疗保险				
城镇居民基本医疗保险				
新型农村合作医疗保险				
工伤保险				
失业保险				
生育保险				

2.4 您是否购买了商业保险？

A. 是　　　B. 否（跳答2.5）

2.4.1 保险金额__________

2.4.2 保险种类__________

2.4.3 购买目的__________

2.5 2013 年，您是否享有以下老年福利项目，共有多少？

	是否享有？ 1. 有 2. 没有	补助金额 （单位：元）	配偶是否享有？ 1. 有 2. 没有	补助金额 （单位：元）
老年津贴				
老年贫困补助				
高龄、护理补助				
老年优待（减免公园门票、乘车优惠等）				
其　　他				

3. 养老意愿和需求

3.1 您觉得您的子女是否孝顺？

A. 很孝顺　　B. 比较孝顺　　C. 不孝顺

3.2 您认为理想的赡养方式是什么？

A. 一起居住　　B. 经济支持

C. 按时补给生活用品　　D. 其他

3.2.1 如果不一起居住，您希望每月给予您多少生活补助？（选择答题）

A. 500 元以下　　B. 500—1000 元

C. 1000 元以上　　D. 不定期给（金额：__________）

3.3 您认为理想的居住方式是什么？

A. 独居　　B. 和子女一起居住

C. 和配偶一起居住　　D. 其他

3.3.1 您是否愿意和子女一起居住？

A. 很温馨，本人习惯　　B. 不愿意

C. 一起居住，但无可奈何　　D. 自己单独居住

3.3.1.1 您认为自己居住有什么不便吗？

A. 没有不便　　B. 日常生活照料不便

C. 单独居住安全没有保障　　D. 其他

3.3.1.2 您认为和子女一起居住有什么不便吗？

A. 没有不便　　B. 感觉融不到子女家庭中，自己很多余

C. 子女上班，无暇照顾　　D. 不适应城市生活　　E. 其他

3.4 2013 年您子女探望您的频率____次/年（选择答题）

3.4.1 子女探望您的目的是：

A. 生病　　B. 有重要事件　　C. 节假日

D. 定期探望　　E. 其他

3.5 子女平时与您沟通的方式主要是：

A. 电话　　B. 电脑　　C. 上门探望　　D. 其他

3.6 子女是否愿意陪您一起聊天？

A. 愿意　　B. 不愿意（原因：____________________）

3.7 平时您的兴趣爱好有哪些（可多选且将所选选项按爱好程度排列）？

A. 与邻居聊天　　B. 读书看报　　C. 看电视

D. 种花养草　　E. 打牌搓麻将　　F. 文体活动

G. 参加老年大学学习　　H. 外出旅游　　I. 其他

请按您的爱好程度将所选选项排序：________________

3.8 您曾经请过保姆或者小时工吗？

A. 没有　　B. 有（原因__________）

3.9 您遇到困难最先向谁求助？

A. 子女　　B. 邻居　　C. 亲戚　　D. 社区

E. 钟点工　　F. 朋友　　G 其他

3.10 您希望您所在社区为您提供哪些养老服务项目？（可多选）

A. 保障服务　　B. 老年人再就业服务　　C. 心理支持服务

D. 教育服务　　E. 文化服务　　F. 照料服务

G. 卫生医疗服务　　H. 健康服务　　I. 维权服务

J. 家庭服务　　　　K. 婚姻服务　　　　L. 其他

请按您的需求程度将您所选选项排序：________________

3.10.1 社区现有的服务有哪些？（从以上选项选择）

3.10.2 在养老服务方面，您所在社区的不足之处是：

A. 对老年人的关注度不够　　　B. 老年人服务设施少

C. 与老人的交流不多　　　　　D. 对老年人开放的活动项目少

E. 健身设施不完善　　　　　　F. 其他

3.11 您对敬老院、福利院、老年公寓等印象如何？

	好	一般	较差	您是否愿意前往养老？ A. 愿意 B. 不愿意	您希望的收费 标准是：（元\ 月）
敬老院					
福利院					
老年公寓					
其他养老机构					

3.12 本民族在养老方面是否有特殊的风俗习惯？

A. 没有　　　　B. 有（例如：__________）

3.13 您的宗教信仰是：

A. 佛教　　　　B. 道教　　　　C. 天主教

D. 基督教　　　　　　　　　　E. 伊斯兰教

F. 民间信仰（有鬼神观念）　　G. 没有（跳答 3.14）

3.13.1 您是从什么时候开始信教的？

A. 幼年　　B. 青少年　　C. 中年　　D. 晚年/近年

3.13.2 您是由于以下原因信教的吗？

A. 受家庭、民族传统影响　　　B. 本人或家人有病

C. 亲人亡故、婚姻不幸等　　　D. 他人劝说

E. 缓解压力，充实生活　　　　F. 结识朋友

G. 好奇心驱使

3.13.3 您参与宗教活动的情况是：

A. 定期参加仪式或活动　　　　B. 需要时去

C. 从不参加　　　　　　　　　D. 说不清

3.14 在生活中，您是否得到了应有的尊重？

A. 有　　B. 没有　　C. 一般　　D. 不清楚

3.15 在养老方面您最担心的问题有哪些？（可多选）

A. 没有生活费来源　　　　B. 生病没有足够的资金治病

C. 需要时没有子女的服侍　　D. 子女不孝顺　　E. 其他

3.16 您觉得哪种养老方式最好？

A. 居家养老　B. 社区养老　C. 机构养老　D. 其他

3.17 您目前的身体健康状况：

A. 很健康　　B. 比较健康　　C. 一般

D. 长期慢性病但不影响正常工作和生活

E. 长期慢性病且影响正常工作和生活

F. 不知道

3.18 您是否有定期健康体检？

A. 有　　B. 没有

3.19 您家是否有以下自检设施？（可多选）

A. 血压器　　B. 血糖仪　　C. 没有　　D. 其他

3.19.1 您所在社区是否有以上免费的健康自检、康复等设施？

A. 有　　B. 没有　　C. 不清楚

D. 有一些，但是不能满足居民需要

3.20 您的个人安全需求是否得到满足？

	很不安全	不太安全	比较安全	很安全	不确定
财产安全					
人身安全					
交通安全					
医疗安全					
食品安全					
劳动安全					
个人信息安全					
生态环境安全					

3.21 您与周围邻居的关系如何？

A. 很好　　B. 一般　　C. 不认识

3.22 您获取信息/新闻的途径是：

A. 电脑　　B. 报纸　　C. 聊天　　D. 电视

E. 收音机　　F. 其他

3.23 您是否有学习新事物（例如网络）的意愿？

A. 愿意　　B. 不愿意，没有精力学习

C. 无所谓　　D. 其他

4. 政府政策实施状况（没有养老金者跳答 4.3）

4.1 政府是否将养老金按时发放到您的手中？

A. 有　　B. 没有　　C. 有时发，有时不发

4.2 每月的养老金是否能够支付您家老人或您当月的开支？

A. 足够　　B. 不够

4.3 您所在社区/村有组织老人活动吗？

A. 有（例如：＿＿＿＿＿＿＿＿＿＿＿＿＿＿）　B. 没有

4.3.1 组织的频率：

A. 经常有　　B. 偶尔　　C. 不清楚　　D. 其他

4.4 您对延迟退休年龄的看法：

A. 赞成（理由＿＿＿＿＿＿）B. 不赞成（理由＿＿＿＿＿＿）

4.5 您对 2020 年全面建成小康社会是否有信心？

A. 有　　B. 没有　　C. 不清楚

4.5.1 贵州全面建成小康社会应采取什么措施？（可多选）

A. 加快经济发展　　B. 提高医疗水平

C. 提高养老金水平　　D. 其他

4.6 您认为目前国家对于老年人保障的政策、法律是否完善？

A. 完善　B. 不足（原因：＿＿＿＿＿＿＿＿）　C. 不清楚

4.7 您对社区工作人员的服务质量是否满意？

A. 满意　　B. 一般　　C. 很差　　D. 接触少，不清楚

4.8 您希望国家在养老政策方面有哪些改进？

调查结束，谢谢您的合作！

请您留下您的电话，以便需要时与您联系。被访者联系电话：（__________）

贵州省老年人生活质量调查问卷

您好！

我是老年人生活质量的调查员，正在进行“老年人生活质量”的调查，有幸将您选为老年人的代表。我们希望通过了解您的生活状况，来反映当前老年人的生活状况，为政府制定相关政策提供参考和依据，使老年人生活得更加健康和幸福。

请根据您的实际情况、感受和真实想法回答我们的问题。非常感谢您的大力支持！

填表说明：

1. 调查对象必须是年满 60 周岁及以上，在本地居住 3 年以上的老年人（无严重视听障碍）。

2. 有 60 岁以上老人的家庭，每户只调查一位老年人。

3. 请在调查对象回答的答案序号前打“√”或在横线上直接填写。

一　基本情况

1. 被访人性别：①男　②女

2. 年龄：______岁（周岁）

3. 民族：①汉族　②苗族　③布依族　④其他

4. 您的政治面貌：

①党员　②群众　③老红军（老自愿军）

5. 您的文化程度：

①没上过学　②识字很少　③小学　④初中　⑤高中　⑥中专　⑦大专及以上

6. 您的职业：

①农民　②教师　③干部　④商人　⑤工人　⑥其他

7. 您的婚姻状况：

①已婚（初婚）　②再婚　③未婚　④丧偶　⑤离婚　⑥分居（选择①、②、③，跳问8.）

7.1 您丧偶、离婚、分居已有多少年：______年

8. 您信仰什么宗教?

①不信教　②佛教　③道教　④伊斯兰教　⑤基督教　⑥其他

二　生活状况与生活质量

1. 您老伴的年龄：______岁（丧偶、离婚、未婚者不问）

1.1 您老伴的健康状况：

①很不好　②不太好　③一般　④比较好　⑤很好

2. 您的居住方式：

①仅与配偶同住　②与配偶、健康子女同住　③与配偶、残疾子女同住　④与配偶、孙子女同住　⑤有偶分居、与健康子女同住　⑥有偶分居、与残疾子女同住　⑦有偶分居、与孙子女同住　⑧丧偶独居　⑨丧偶、与健康子女同住　⑩丧偶、与残疾子女同住　⑪丧偶与孙子女同住　⑫与配偶、子女、孙子女同住（三代）　⑬其他（请注明）

2.1 您希望与子女一起居住吗?　　①是　　②否

3. 您家中现有总人口数（在同一个户口上）：______人

4. 您家有几个孩子：______人，其中男孩有______人、女孩有______人。

5. 现在与您同吃住的有哪些人（多项选择）：

	无	有		无	有
1. 独自一人	0	1	5. 父母	0	1
2. 儿子	0	1	6. 配偶	0	1
3. 女儿	0	1	7. 儿媳	0	1
4. （外）孙子女	0	1	8. 女婿	0	1

6. 您现在参加体力劳动吗？

①没有　②偶尔　③经常

7. 您家庭的经济状况怎样？

①很困难　②比较困难　③一般　④比较宽裕　⑤很宽裕

8. 遇到经济困难时，您首先从谁哪里获得帮助？

①儿子　②女儿　③孙子女　④邻居　⑤亲戚　⑥朋友　⑦其他

9. 平时家务事谁做得较多：

①老伴　②自己　③女儿　④儿子　⑤儿媳妇　⑥其他

10. 家中的经济，您有支配权吗：

①全部支配　②部分支配　③支配个人部分　④无权支配

11. 您家购买贵重物品时，是谁做主？

①丈夫　②妻子　③儿子　④女儿　⑤其他

12. 您是否有存款？①是　　②否

13. 您的主要生活（经济）来源：

	否	是		否	是
1. 离退休金	0	1	4. 儿子供给	0	1
2. 自己劳动收入	0	1	5. 女儿供给	0	1
3. 政府救助（如低保）	0	1	6. 其他（请注明）	0	1

14. 您家（2005 年）收入和支出情况：

收入（元）		支出（元）	
离（退）休金		食物	
土地收入		燃料	
养殖收入		医药费（本人和子女支付）	
经济活动		生活用电	
家庭		送礼	
救助（农村低保）		支持晚辈	
保险		保健品	
其他		其他	

15. 子女情况及供养情况：

按年龄排序	文化程度	是否结婚（0、1）	常住地	子女数	工作情况	钱	粮食	油	菜	肉	衣服	医药	煤	是否残疾
儿子														
1														
2														
3														
4														
5														
女儿														
1														
2														
3														
4														
5														

注：文化程度：1. 没上过学；2. 识字很少；3. 小学；4. 初中；5. 高中；6. 中专；7. 大专及以上。

工作情况：1. 务农；2. 打工；3. 固定工作；4. 做生意。

居住地：1. 本户；2. 本村；3. 外村；4. 外乡；5. 外县；6. 外省。

16. 您是否因身体不适或疾病，吃食物的品种与数量是否受限制？

①是 ②否

17. 您是否常因牙齿或口腔疾病吃饭困难？

①是 ②否

18. 您是否偏食？

①是 ②否

18.1 您有吃素的习惯吗？ （如吃“初一、十五”或“三、六、九”）

①有 ②无

19. 您每天吃饭是否按时？

①是 ②否

20. 您每天吃饭是否定量？

①是 ②否

21. 您平常每天吃几餐？

①少于两餐 ②两餐 ③三餐 ④三餐以上

22. 现在，您吃饭有胃口吗？

①没有 ②很好 ③一般 ④不好

23. 现在，您每顿能吃几碗饭？__________

24. 您生活中以吃什么油为主？

①植物油 ②动物油 ③动植物油混合

25. 您家经常出现缺油（缺粮）的情况吗？

①没有 ②偶尔 ③经常

26. 您每周吃几次荤菜？

①没有 ②1—2 次 ③3—4 次 ④5—6 次 ⑤7 次以上

27. 您每周吃几次水果？

①没有 ②1—2 次 ③3—4 次 ④5—6 次 ⑤7 次以上

28. 您每周吃几次奶制品？

①没有 ②1—2 次 ③3—4 次 ④5—6 次 ⑤7 次以上

29. 您认为自己营养状况好吗？

①很好　②好　③一般　④不好　⑤很不好

30. 您平常用什么水？

①自来水　②井水　③河水　④其他

31. 您平常喝什么水？

①开水　②生水　③茶　④其他

32. 您是否抽烟？

①从来不抽（跳答 33）　②曾抽过，现在不抽　③偶尔抽　④经常抽

32.1 您平常抽什么烟：

①有过滤嘴香烟　②无过滤嘴香烟　③土烟　④其他

32.2 您抽烟时间有多长：__________年，每天抽几支：__________

33. 您是否喝酒？

①从来不喝（跳答 34）　②曾喝过，现在不喝　③偶尔喝　④经常喝

33.1 您喝什么酒？每天喝几两：__________

①散装白酒　②瓶装白酒　③啤酒　④米酒　⑤其他

34. 您刷牙吗？

①从不刷牙　②每周 1 次　③每周 2～3 次　④每天 1 次　⑤每天 2 次

35. 您现在睡得好吗？

①按时起睡、夜间少梦　②起睡无规律、夜间多梦　③经常失眠或需服用助睡药物

36. 您每天大概睡几______小时

37. 您是否有单独的住房（卧室）：①否　②是　面积多大：______平方米

38. 您家中是否有下列生活设施（逐一询问）：

	无	有		无	有
1. 自来水	0	1	4. 煤气/天然气	0	1
2. 厕所	0	1	5. 铁火炉	0	1
3. 沼气	0	1	6. 淋浴设备	0	1

39. 您家中是否有下列电器（逐一询问）：

	无	有		无	有
1. 电视机	0	1	5. 电话	0	1
2. 收音机	0	1	6. 电饭锅	0	1
3. VCD	0	1	7. 电风扇	0	1
4. 洗衣机	0	1	8. 电冰箱	0	1

40. 您住房周围是否常有噪声？

①是　②否

41. 您的生活用水是否被污染？

①是　②否

42. 您周围的空气是否受到污染？

①是　②否

43. 您的住房是否漏雨？

①是　②否

44. 您的住房是否潮湿？

①是　②否

45. 您家主要使用什么燃料：

①煤　②柴　③煤气/天然气　④其他

46. 您家冬天用什么燃料：

①煤　②柴　③煤气/天然气　④其他

47. 子女每年都给您过生日吗？

①是　②否

48. 您希望每年都有人为您过生日吗？

①是　②否

49. 您周围的年轻人尊敬老人吗？

①非常尊敬　②比较尊敬　③一般　④不太尊敬　⑤很不尊敬

50. 您闲暇时间主要用在做什么？

①看电视　②串门聊天　③打牌/下棋　④做家务　⑤听广播　⑥打麻将　⑦其他

51. 您知道以下几件事吗？

	不知道	知道		不知道	知道
农村最低生活保障制度	0	1	中华人民共和国老年人权益保障法	0	1
新型农村医疗合作制度	0	1			

52. 村里老人享受到优惠政策吗？

①是　②否　③不清楚

53. 您参加过村委选举（投票）吗？

①是　②否　③不清楚

54. 您参加村里召开的村民大会吗？

①是　②否

55. 您参加村里年轻人的婚礼吗？

①是　②否

56. 您参加村里老年人的葬礼吗？

①是　②否

57. 村里有老年人协会或老年人组织（民间或政府）吗？

①是　②否　③不清楚

57.1. 每年组织老人开展几次活动？

①没有　②不清楚　③______次

58. 您的健康状况怎样?

①很不好　②不太好　③一般　④比较好　⑤很好

59. 与去年相比，您觉得今年的健康状况:

①好一些　②差不多　③比不上

60. 您的牙齿是否缺失?

①否　②是　　　缺失数：______颗

61. 您有视物模糊的情况吗?

①没有　②轻度　③中度　④重度　⑤极度

62. 您有耳背的情况吗?

①没有　②轻度　③中度　④重度　⑤极度

63. 您以前是否患过较严重的疾病?

①是　②否

64. 您平时生病后怎么办?

①看医生　②自己买药　③拖　④告诉家人　⑤其他

65. 您一般选择何处看病?

①个体诊所　②村卫生室　③乡镇卫生院　④区县医院

65.1 您选择上题的主要原因是:

①看病方便　②价格合理　③医生态度好　④医生医疗技术高　⑤其他

66. 日常生活中，您完成下列活动有困难吗?（逐一询问）

	很困难	有点困难	无困难
1. 吃饭	1	2	3
2. 穿衣	1	2	3
3. 上下床	1	2	3
4. 室内走动	1	2	3
5. 洗脸刷牙	1	2	3

续表

	很困难	有点困难	无困难
6. 上厕所	1	2	3
7. 洗澡	1	2	3
8. 上下楼梯	1	2	3
9. 小便情况	1. 经常失禁	2. 偶尔失禁	3. 能自制
10. 大便情况	1 经常失禁	2. 偶尔失禁	3. 能自制

67. 日常生活中，您完成下列活动有困难吗？

	很困难	有点困难	无困难
1. 做饭	1	2	3
2. 洗衣	1	2	3
3. 打扫卫生	1	2	3
4. 服药	1	2	3
5. 剪指甲	1	2	3
6. 管理财务	1	2	3
7. 打电话	1	2	3
8. 独自坐车	1	2	3
9. 购物	1	2	3
10. 看病	1	2	3

68. 您去年是否做过体检？ ①否；②是__________

69. 您是否定期进行体检？ ①否；②是__________

70. 您患有慢性病吗？（多项选择，逐一询问）：

	无	有	不清楚		无	有	不清楚
1. 关节炎	0	1	2	8. 心脏病	0	1	2
2. 高血压	0	1	2	9. 糖尿病	0	1	2
3. 骨质疏松症	0	1	2	10. 胆结石	0	1	2

续表

	无	有	不清楚		无	有	不清楚
4. 冠心病	0	1	2	11. 白内障	0	1	2
5. 哮喘	0	1	2	12. 慢性支气管炎	0	1	2
6. 慢性胃肠道疾病	0	1	2	13. 脑血管病	0	1	2
7. 肝炎	0	1	2	14. 其他	0	1	2

70.1 疾病影响您进行正常的生活、交往、劳动吗？

①无慢性病 ②轻度 ③中度 ④重度 ⑤极度

71. 在最近两周里，您是否感觉身体疼痛或不舒服？

①是 ②否（跳问 74）

71.1 有几天：______天

71.2 卧床不起有几天：______天

71.3 找医生看病有几次：______次

72. 现在，您医疗费用的负担方式：

①公费 ②半自费 ③全自费 ④其他

73. 您是否愿意参加新型农村合作医疗？ ①是 ②否

74. 您是否参加新型农村合作医疗？ ①是（跳问 77） ②否

74.1. 您没有参加的原因：

①不知道此事 ②没钱 ③怕被骗 ④其他

75. 最近 3 年中，是否有让您感到不愉快或伤心的事件：

	无	有		无	有		无	有
1. 离退休	0	1	7. 经济困难	0	1	13. 邻居不和	0	1
2. 本人严重病伤	0	1	8. 与子女不和	0	1	14. 子女严重病伤	0	1
3. 与配偶不和	0	1	9. 父母去世	0	1	15. 配偶严重病伤	0	1
4. 配偶过世	0	1	10. 好友去世	0	1	16. 法律纠纷	0	1
5. 子女生活受挫	0	1	11. 财产受重大损失	0	1	17. 严重自然灾害	0	1
6. 子女去世	0	1	12. 搬家及照顾您的人变动	0	1	18. 其他	0	1

75.1 影响您的情绪吗？

①无负性事件　②轻度影响　③中度影响　④重度影响　⑤极度影响

76. 目前，您是否有担心的事情：

	否	是		否	是
1. 经济困难	0	1	4. 无人照顾	0	1
2. 看病难	0	1	5. 家庭不和	0	1
3. 住房困难	0	1	6. 物价上涨	0	1

76.1 您担心吗？

①无担心事件　②轻度担心　③中度担心　④重度担心　⑤极度担心

77. 您平常有以下感受吗？

	无	有		无	有		无	有
1. 精力好	0	1	5. 高兴的事很多	0	1	9. 觉得无事可干也无人理睬	0	1
2. 没用了	0	1	6. 愿意和别人来往	0	1	10. 做了自己想干的事后心里很痛快	0	1
3. 常感寂寞	0	1	7. 不想和别人来往	0	1	11. 常觉得憋闷心里不痛快	0	1
4. 小心眼	0	1	8. 发脾气	0	1	12. 觉得抑郁焦虑	0	1

78. 与身边同龄人相比，您有优越感或自卑感吗？

①有明显的优越感　②有优越感　③无优越感或自卑感

④有自卑感　⑤有明显的自卑感

79. 您经常与家人聊天吗？

①没有　②很少　③经常

80. 您经常与邻居聊天吗?

①没有 ②很少 ③经常

81. 您经常走访亲戚吗?

①没有 ②很少 ③经常

82. 您经常参加各种集体活动吗?

①没有 ②很少 ③经常

83. 在最近一个月内，您经常忘事吗?

①没有 ②偶尔 ③经常 ④总是如此

84. 生活中遇到困难，您能获得帮助吗?

①无困难 ②不太困难 ③一般 ④比较困难 ⑤非常困难

85. 当您想找人聊天时，能找到吗?

①无此想法 ②不太困难 ③一般 ④比较困难 ⑤非常困难

86. 如果经济条件允许，您愿意去养老院生活吗?

①愿意 ②不愿意 ③不知道

87. 您认为养老是谁的责任:

①自己 ②儿子 ③女儿 ④其他

88. 有些老人在老伴去世后，再找老伴，您同意他们的做法吗?

①同意 ②不同意 ③不好说

89. 目前，您与______的关系好吗?

	不好	不太好	一般	较好	好
1. 配偶	1	2	3	4	5
2. 儿子	1	2	3	4	5
3. 儿媳	1	2	3	4	5
4. 女儿	1	2	3	4	5
5. 女婿	1	2	3	4	5
6. 邻居	1	2	3	4	5
7. 朋友	1	2	3	4	5

90. 您对__________满意吗:

	很不满意	不满意	一般	满意	非常满意
1. 吃穿条件	1	2	3	4	5
2. 居住条件	1	2	3	4	5
3. 生活环境（交通、生态等）	1	2	3	4	5
4. 经济状况	1	2	3	4	5
5. 医疗保健	1	2	3	4	5
6. 身体健康	1	2	3	4	5
7. 子女孝顺	1	2	3	4	5
8. 家庭关系	1	2	3	4	5
9. 人际关系	1	2	3	4	5
10. 文娱休闲活动	1	2	3	4	5
11. 夫妻生活	1	2	3	4	5

91. 您觉得您现在的生活幸福吗？

①很不幸福　②不幸福　③一般　④比较幸福　⑤很幸福

91.1 与以前生活相比，您觉得现在的生活幸福吗？

①很不幸福　②不幸福　③一般　④比较幸福　⑤很幸福

91.2 与同龄人相比，您觉得您的生活幸福吗？

①很不幸福　②不幸福　③一般　④比较幸福　⑤很幸福

92. 您觉得在老年人生活质量中，哪方面内容对您最重要？

①物质生活　②身体健康　③心情愉快　④文化娱乐　⑤生活环境　⑥其他

93. 要提高老年人的生活质量，你觉得应当首先从哪个方面着手？

①物质生活　②身体健康　③心情愉快　④文化娱乐　⑤生活环境　⑥其他

三　观察部分

94. 老人居住房屋类型：

①石板结构　②木瓦结构　③砖瓦结构　④茅草屋　⑤水泥楼房结构　⑥其他

95. 老人家中地板是否平整： ①是 ②否

96. 老人配合程度： ①好 ②一般 ③不好

97. 是否有代答的情况： ①是 ②否

98. 被调查老人是否有下列特征（多项选择）：

	无	有		无	有
1. 肥胖	0	1	3. 反应迟钝	0	1
2. 口齿不清	0	1	4. 腿脚不便	0	1

老年人生活质量调查内容及评价标准建议（草案）

1994 年 10 月中华医学会、老年医学学会、流行病学学组会议建议在全国有条件的地区进行老年人生活质量调查，调查内容及评价标准如下。

1. 健康状况：良：无症状，无影响生理功能的畸形，无明显的慢性疾病，矫正视力可看书报，听力能进行日常对话，生活活动功能良好，可胜任家务，智力正常，无异常的抑郁情绪；中：偶有症状，畸形、慢性疾病、视、听力不影响日常生活，可胜任部分家务，需要部分照顾；差：常有疾病，畸形、慢性病、视、听影响日常生活，丧失劳动能力，生活靠别人照顾，智力差，有抑郁情绪。

2. 生活习惯：良：不嗜烟酒，每日参与轻劳动及定时锻炼，经常参加文娱活动，每天睡眠 7—8 小时，定时起睡，少梦；中：每天吸烟不超过 10 支，饮酒不超过 100ml，有时参与劳动、运动、文娱活动，睡眠少于 7 小时，起睡不规律，多梦；差：嗜烟酒，不劳动，不锻炼，不参加文娱活动，经常失眠，需服安眠药。

3. 日常生活功能：包括生活自理及日常活动如吃饭、穿脱衣服、洗漱梳头、上下床、上厕所、洗澡、锁门关窗、出门坐车、上街购物、管理钱物、去医院看病、上下一层楼及行走 250m，全部完成为良，部分完成为中，不能完成为差。

4. 家庭和睦：和睦为良，一般为中，不和睦为差。

5. 居住条件：良：住房面积（卧室）4 平方米，与配偶同居或独居一室，独用自来水及冲水厕所，有洗澡设备，有煤气、暖气，住所安全，无噪声，无明显污染；中：住房面积 <4 平方米，2 或 3 代同居，公用自来水及厨所，有煤气，无洗澡设备及暖气，安全一般，有轻度噪声及污染；差：3 代人以上同居或无正式住房，无洗澡设备，无煤气、暖气，住所不安全，有严重噪声及污染。

6. 经济收入：月人均收入多于 500 元为良，200—500 元为中，少于 200 元为差。

7. 营养状况：良：不偏食，总热量及三大营养素合理，每日吃蔬菜水果，3 餐定时、定量，体重正常；中：总热量合适，但三大营养素比例不当，蔬菜、水果吃得少，每日 2 餐或不定时、定量，偏瘦或超重；差：偏食，总热量不足或过剩，三大营养素不合理，少吃或不吃蔬菜、水果，不定时、定量，消瘦或肥胖。

8. 心理卫生：评价心理卫生有 33 个项目，分为 3 组。第 1 组：近 3 年来 17 项生活负性事件，包括离退休，本人或配偶严重病伤，与配偶不和，配偶去世，子女生活受挫折或病重或去世，与子女不和，父母去世，好友去世，搬家及照顾者的变动，邻居不和，经济困难，财产重大损失，法律纠纷，严重自然灾害；第 2 组：10 项正负心理感受，包括精力好，不中用了，高兴的事挺多，常憋闷不痛快，做完了自己想干的事心里很痛快，无事干也无人理睬，愿意和别人来往，不想和别人来往，变得小心眼，常感寂寞；第 3 组：6 项目前担心的事情，包括经济困难，住房紧张，看病难，无人照顾，家庭不和，物价上涨。心理卫生良：负性事件不超过 2 项，对情绪无影响，有 4 项正性心理感受，目前无担心的事情；中：负性事件不超过 5 项，对情绪影响不严重，有 2—3 项正性心理感受，仅 1—3 项负性心理感受及担心的事情；差：5 项以上负性事件，对情绪有严重影响，负性心理感受 6 条以上，3 项以上担心的事情。

9. 社会交往：良：经常与家庭亲友、邻居交谈，经常参加各种集体活动；中：偶尔有上述活动；差：无上述活动。

10. 生活满意度：11 个项目，包括经济，吃穿，居住，夫妻生活，文娱体育，子女孝顺，家庭和睦，身体健康，医疗保健，家庭生活，人际关系。每项目满意为 3 分，一般为 2 分，不满意为 1 分。总计良 30—33 分，中 22—29 分，差 11—21 分。

11. 体能检查：良：体重、血压、视力、听力均正常，健康牙齿数达 50% 以上，30 秒能完成 5 次坐立，双手能平伸并能置颈后；中：体重超重，有临界高血压，视、听差，但不影响日常生活，存留少部分健康牙，但功能较差，30 秒内能完成坐立 1—4 次，手能平伸但不能置颈后；差：消瘦或肥胖，患高血压，视、听、牙齿情况均影响日常生活，30 秒内不能完成坐立，手不能平伸及置颈后。

11 个方面内容每方面良为 3 分，中 2 分，差 1 分。总评价总分 30—33 分为良，22—29 分为中，11—21 分为差。

参考文献

［1］民政部:《社会养老服务体系建设“十二五”规划（征求意见稿)》2011 年 2 月 11 日。

［2］民政部：《中华人民共和国 2016 年社会服务发展统计公报》2017 年 8 月 3 日。

［3］全国老龄办、民政部、财政部：《三部门发布第四次中国城乡老年人生活状况抽样调查成果》，http：//www. mca. gov. cn/article/zwgk/mzyw/201610/20161000001974. shtml，2016 年 10 月 9 日。

［4］《国务院关于印发“十三五”国家老龄事业发展和养老体系建设规划的通知》（国发〔2017〕13 号）2017 年 3 月 6 日。

［5］全国老龄委:《中国老龄事业发展“十一五”规划纲要(2006—2010)》（全国老龄委发〔2006〕7 号）2006 年 8 月。

［6］国务院办公厅：《国务院关于印发中国老龄事业发展“十二五”规划的通知》（国发〔2011〕28 号）2011 年 9 月 23 日。

［7］全国老龄工作委员会办公室：《中国人口老龄化发展趋势预测研究报告》，中国网，2006 年 2 月 24 日。

［8］人口和计划生育委员会:《全国“十一五”人口和计划生育事业发展规划》2006 年 12 月 28 日。

［9］国家统计局：《第六次人口普查数据》，中国统计出版社 2010 年版。

［10］贵州省统计局:《2016 年贵州省人口变化调查统计报告》，贵州统计信息网，2017 年 5 月 25 日。

[11] 贵州省统计局:《贵州统计年鉴 2013》，中国统计出版社 2013 年版。

[12] 贵州省统计局:《第五次人口普查公报——贵州（第 1 号）》，2001 年 4 月 9 日。

[13] 贵州省统计局:《贵州省 2010 年第六次人口普查主要数据公报》，2011 年 5 月。

[14] 林萌:《贵州三个“长寿带”百岁老人近 500 占全省近半》，《贵阳晚报》2014 年 4 月 21 日。

[15] 国家统计局:《中国 2010 年人口普查资料》，中国统计出版社 2012 年版。

[16] 曾秦:《60 岁以上老年人，今年比去年增加 4 万人！贵阳早已步入老龄化社会，程度逐渐加深》，《贵阳晚报》2017 年 4 月 21 日。

[17] 方正伟:《贵阳进入老龄化 65 岁以上近 40 万》，金黔在线，2006 年 4 月 25 日。

[18] 贵州省统计局:《2015 年贵州省 1% 人口抽样调查主要数据公报》，2016 年 4 月 28 日。

[19] 贵州省统计局:《2016 年贵州省国民经济和社会发展统计公报》，2017 年 3 月 22 日。

[20] 王素英:《中国社会养老服务体系建设现状及发展思路》，《社会福利》2012 年第 9 期。

[21] 张建伟:《中国农村社会养老保险制度：转型与发展》，《中央财经大学学报》2010 年第 5 期。

[22] 路锦非:《中国老龄化高峰期对养老设施和医疗设施的需求——以上海市为例》，《现代经济探讨》2013 年第 1 期。

[23] 张海宁:《2015 年我国基本建成社会养老服务体系》，《中国老年报》2011 年第 12 期。

[24] 刘明涛:《长春市养老服务体系运行机制研究》，长春理工大学，2011 年。

[25] UNDP《促进中国养老服务体系发展的财税政策研究》课题组：《促进中国养老服务体系发展的财税政策研究》，《财政研究》2012 年第 4 期。

[26] 鑫京：《公办养老院将界定收住标准》，《咨询信息》2013 年第 1 期。

[27] 廖晓生：《构建多层次基本养老服务体系》，《南昌日报》2013 年第 1 期。

[28] 李强：《构建适度普惠型社会养老服务体系》，《南方日报》2012 年第 12 期。

[29] 刘畅：《构建完善的社区养老服务体系——基于太原市社区建设研究》，山西财经大学，2012 年。

[30] 张跃建：《构建养老服务体系“路线图”的新思考》，《社会事业》2013 年第 1 期。

[31] 丁国钰、谷宏：《加强农村养老服务体系建设的着力点》，《河北日报》2013 年第 1 期。

[32] 林宝：《建设以老年人为中心的多层次社会养老服务体系》，《学术前沿论丛》2011 年。

[33] 林宝：《以需求管理为基础构建居家养老服务体系》，《2012 · 学术前沿论丛——科学发展：深化改革与改善民生》（上），2012 年。

[34] 李红芳：《“代沟”问题研究简述》，《青年研究》1999 年第 8 期。

[35] 谢钧、谭琳：《城市社会养老机构如何适应日益增长的养老需求？——天津市社会养老机构及入住老人的调查分析》，《市场与人口分析》2000 年第 5 期。

[36] 刘益梅：《人口老龄化背景下社会化养老服务体系的探讨》，《广西社会科学》2011 年第 7 期。

[37] 安莹：《江苏省首只养老产业投资基金首期规模达 20 亿元》，华夏经纬网，2016 年 4 月 7 日。

[38] 黄俊辉、李放：《农村养老保障政策的绩效考察——基于27个省域的宏观数据》，《人口学刊》2013年第1期。
[39] 康越：《日本社区养老服务体系的做法与经验——以大阪府岸和田市为例》，《中央社会主义学院学报》2011年第10期。
[40] 孙建丽：《社会转型期构建社区养老服务体系的探讨》，《中国老年学杂志》2007年第11期。
[41] 顾梦洁：《我国城市女性社会养老服务体系发展研究》，《劳动保障世界》2013年第1期。
[42] 刘晓梅：《我国社会养老服务面临的形势及路径选择》，《人口研究》2012年第9期。
[43] 董红亚：《我国社会养老服务体系的解析和重构》，《社会科学》2012年第3期。
[44] 杨博维、薛晓：《我国养老产业发展的思考与对策》，《天府新论》2013年第1期。
[45] 单大圣：《中国养老服务管理体制的改革与发展》，《经济论坛》2011年第9期。
[46] 曹煌玲：《中国城市养老服务体系研究——以大连市为调查分析样本》，东北财经大学，2011年。
[47] 王伟健：《农民养老，咋办才好?》，《人民日报》2013年10月14日。
[48] 江苏省人民政府办公厅：《江苏省“十三五”养老服务业发展规划》，2016年9月8日。
[49] 吕津：《中国城市老年人口居家养老服务管理体系的研究》，吉林大学，2010年。
[50] 王树新：《优先发展社会养老服务，加快构建社会养老服务体系》，《学术前沿论丛》，2011年。
[51] 唐映祥：《贵州省养老服务机构发展现状及对策建议》，http：//www.gzll.org.cn/show.php? id=544，2013-11-06。
[52] 邹谨：《我市加快构建适度普惠型社会养老服务体系》，《济

宁日报》2013 年第 1 期。

[53] 许佃兵、孙其昂：《完善我国社会养老服务体系的深层思考——基于江苏养老服务现状的考察分析》，《学海》2011 年第 6 期。

[54] 赵志强、杨青：《制度嵌入性视角下的农村互助养老模式》，《农村经济》2013 年第 1 期。

[55] 张乃仁：《社会化养老服务体系建设研究综述》，《南阳师范学院学报》2013 年第 4 期。

[56] 刘吉斌、李海霞：《焦作市加快推进社会养老服务体系建设》，《中国民政》2013 年第 1 期。

[57] 韦璞、武学丽：《贵州省人口老龄化历程、特征与趋势》，《社会福利》2013 年第 6 期。

[58] 顾海、马超、吉黎：《医疗领域的城乡差距与城乡不公正》，《南京大学学报》2015 年第 4 期。

[59] 唐钧：《中国老年服务的现状、问题和发展前景》，《社会治理》2015 年第 3 期。

[60] 唐钧：《“护联网”织就老年服务大网》，《中国人力资源社会保障》2015 年第 8 期。

[61] 章婧：《贵州省跨省外出务工 609.38 万人》，贵阳网，2017 年 3 月 23 日。

[62] 胡楠赟：《贵州大力发展医养结合提升老年人生活“获得感”》，多彩贵州网，2017 年 7 月 19 日。

[63] 丁治学：《在贵州省第三次老龄工作会议上的讲话》，2013 年 7 月 18 日。

[64] 贵州省统计局：《贵州省 2012 年国民经济和社会发展统计公报》，2013 年 2 月 27 日。

[65] 段昌婧：《我省加快养老服务业》，《贵州都市报》2014 年 5 月 10 日。

[66] 位涛、闫琳琳：《中国农村土地养老保障贡献研究》，《人口

与经济》2014 年第 1 期。
[67] 邬沧萍：《老龄社会与和谐社会》，中国人口出版社 2012 年版。
[68] 杜鹏：《中国人口老龄化过程研究》，中国人民大学出版社 1994 年版。
[69] 隋玉杰：《老年社会工作生理、心理及社会方面的评估与干预》，中国人民大学出版社 2008 年版。
[70] 于普林、杨超元、何慧德：《老年人生活质量调查内容及评价标准建设（草案）》，《中华老年医学杂志》1996 年第 5 期。
[71] 王建成、戴步效著：《中国生活质量报告》，文汇出版社 2005 年版。
[72] 王奋宇：《中国城市居民环境意识调查》，《管理世界》1991 年第 6 期。
[73] 王燕、匡翠莲：《104 名离退休老年人抑郁状态的调查分析》，《中国全科医学》2003 年第 2 期。
[74] 中共中央国务院：《中共中央国务院关于全面加强人口与计划生育工作统筹解决人口问题的决定》，中国新闻网，2007 年 1 月 22 日。
[75] 风笑天、易松国等：《武汉市社会经济发展中的居民生活质量研究报告》，1996 年 8 月。
[76] 风笑天、易松国：《武汉市居民生活质量分析》，《浙江学刊》1997 年第 3 期。
[77] 叶南客：《社会发展的新内涵：国内外“生活质量”研究简述》，《社会科学述评》1990 年第 4 期。
[78] 詹天庠、陈天平：《关于生活质量评估的指标与方法》，第六届亚洲社会学大会宣读论文，1995 年。
[79] 叶南客、唐仲勋：《老年生活质量探索》，《社会科学战线》1993 年第 1 期。
[80] 卢淑华、韦鲁英：《生活质量主客观指标作用机制》，《中国

社会科学》1992 年第 1 期。

[81] 李建民：《新时期的老龄问题我们应该如何面对》，《人口研究》2011 年第 4 期。

[82] 冯立天主编：《中国人口生活质量研究》，北京经济学院出版社 1992 年版。

[83] 冯立天、戴星翼主编：《中国人口生活质量再研究》，高等教育出版社 1996 年版。

[84] 冯立天、陈再华：《北京不同年龄段城市人口生活质量差异性研究》，《人口研究》1995 年第 2 期。

[85] 冯立天、陈再华：《北京城市不同文化层次人口生活质量探讨》，《人口与经济》1995 年第 1 期。

[86] 刘晶：《城市居家老年人生活质量指标体系》，博士学位论文，华东师范大学，2005 年。

[87] 李君、蒋守芳、苏晓宝、张圆、李克：《农村老年人生存质量评价及影响因素分析》，《现代康复》2001 年第 2 期。

[88] 周丽苹著：《老年人口健康评价与指标体系研究》，红旗出版社 2003 年版。

[89] 周东明、谭红专：《农村敬老院老年人生活质量及其影响因素研究》，《中国公共卫生》2001 年第 4 期。

[90] 邹雨茉：《老人养老院坠亡，谁的不可承受之重》，《南方周末》2016 年 12 月 14 日。

[91] 叶南客：《苏南城乡居民生活质量评估与提高战略》，《中外社会科学》1992 年第 3 期。

[92] 宋健：《中国农村人口的收入与养老》，中国人民大学出版社 2006 年版。

[93] 邬沧萍、杜鹏等：《中国人口老龄化：变化与挑战》，中国人口出版社 2006 年版。

[94] 邬沧萍主编：《社会老年学》，中国人民大学出版社 1999 年版。

[95] 陈向明：《质的研究方法与社会科学研究》，教育科学出版社 2000 年版。

[96] 国家人口发展战略研究课题组：《国家人口发展战略研究报告》，《人口研究》2007 年第 1 期。

[97] 王宁：《城市社区养老需求与社区养老服务体系建设》，《重庆科技学院学报》2011 年第 11 期。

[98] 李伟：《农村社会养老服务需求现状及对策的实证研究》，《社会保障研究》2012 年第 2 期。

[99] 晋凤：《浅析城市社区化居家养老模式的可持续性》，《辽宁行政学院学报》2010 年第 11 期。

[100] 王琼：《城市社区居家养老服务需求及其影响因素——基于全国性的城市老年人口调查数据》，《人口研究》2016 年第 1 期。

[101] 田北海：《城乡老年人社会养老服务需求特征及其影响因素——基于对家庭养老替代机制的分析》，《中国农村观察》2014 年第 4 期。

[102] [美] 林南：《生活质量的结构与指标》，《社会学研究》1987 年第 5 期。

[103] [美] 林南、卢汉龙：《社会指标与生活质量结构模型探讨》，《中国社会科学》1989 年第 4 期。

[104] 易松国：《生活质量研究进展综述》，《深圳大学学报》1998 年第 1 期。

[105] 杨中新：《构建有中国特色的老年人生活质量体系》，《深圳大学学报》（人文社会科学版）2002 年第 1 期。

[106] 姜晶梅、韩少梅等：《中国城乡老年人生活质量综合评价》，《中国卫生统计》2000 年第 12 期。

[107] 于普林、杨超元等：《老年人生活质量调查内容及评价标准建议（草案）》，Chin J Geriatr，Oct. 1996，15.

[108] 徐涛、姜宝法：《社区老年人生活质量评价及评定方法》，

《中国公共卫生》2003 年第 2 期。
[109] 徐涛、姜宝法等:《深圳市农村老年人生活质量及其影响因素研究》,《中华老年医学杂志》2003 年第 22 期。
[110] 姜宝法等:《简明健康调查问卷对农村老年人生活质量的评价》,《中国临床康复》2005 年第 2 期。
[111] 柏萍:《广东农村老年人口生活质量现状分析——从生活满意度观照老年人生活质量》,《广州市经济管理干部学院学报》2001 年第 4 期。
[112] 姚远:《中国家庭养老研究》,中国人口出版社 2001 年版。
[113] 黄荣清等:《转型时期中国社会人口》,辽宁教育出版社 2004 年版。
[114] 黄文勇、宋沈超、杨敬源、赵方贵:《贵阳市城区老年人生活质量研究》,《实用预防医学》1999 年第 6 期。
[115] 胡荣:《厦门市居民生活质量调查》,《社会学研究》1996 年第 1 期。
[116] 郑晓英:《老年人口生活质量评价原则的探讨》,《南方人口》2000 年第 1 期。
[117] 郭志刚:《社会统计分析方法——SPSS 软件应用》,中国人民大学出版社 1999 年版。
[118] 曾国珩等:《贵州遵义县高坪镇老年人生活质量评价》,《老年学》1990 年第 4 期。
[119] 詹天庠、陈天平:《关于生活质量评估的指标与方法》,第六届亚洲社会学大会宣读论文,1995 年。
[120] 姜云:《中国老年人生活质量研究现状》,《中国医学文摘》2000 年第 9 卷第 3 期。
[121] 潘仰中等:《贵州省黔灵镇社区老年人高血压知晓率、医疗率与控制率调查》,《中国临床康复》2003 年第 7 期。
[122] 潘祖光、王瑞梓:《中国老年人口生活质量研究》,《人口研究》1995 年第 5 期。

[123] 于普林、杨超元、何慧德：《老年人生活质量调查内容及评价标准建设》，《中华老年医学杂志》1996 年第 5 期。

[124] 姚引妹：《长江三角地区农村老年人居住方式与生活质量研究》，《浙江大学学报》2002 年第 6 期。

[125] 冯晓黎、李晶华等：《长春市农村老年人生活质量及其影响因素分析》，《中国老年学杂志》2005 年第 11 期。

[126] 张秀军、孙业桓等：《安徽省农村老年人群生活质量的综合评价》，《中华流行病学杂志》2005 年第 1 期。

[127] 徐陶钧、欧琼：《广东开平、博罗农村老年人生活质量调查》，《中华流行病学杂志》1998 年第 2 期。

[128] 陈元刚、谢金桃、王牧：《我国社区养老研究文献综述》，《重庆工学院学报》（社会科学版）2009 年第 9 期。

[129] 李学斌：《我国社区养老服务研究综述》，《宁夏社会科学》2008 年第 1 期。

[130] 温海红、张永春、文成：《陕西省城镇社区养老服务现状分析及其体系构建——基于西安市的调查分析》，《西北大学学报》（哲学社会科学版）2013 年第 5 期。

[131] 韦宇红：《我国城市社区养老服务资源有效供给问题研究》，《理论导刊》2012 年第 6 期。

[132] 姜向群、郑研辉：《城市老年人的养老需求及其社会支持研究——基于辽宁省营口市的抽样调查》，《社会科学战线》2014 年第 5 期。

[133] 张艳：《快速老龄化背景下苏州市社区养老服务体系建设研究——以沧浪区“邻里情”虚拟养老院为例》，《社会保障研究》2010 年第 5 期。

[134] 邓微：《积极引导公益慈善力量进入社区养老服务体系》，《湖湘论坛》2014 年第 2 期。

[135] 胡光景：《政府购买社区居家养老服务质量评估体系研究》，《山东工商学院学报》2012 年第 5 期。

[136] 陈英姿、满海霞:《中国养老公共服务供给研究》,《人口学刊》2013 年第 1 期。

[137] 杜鹏:《北京市老年人居住方式的变化》,《中国人口科学》1998 年第 2 期。

[138] 杜鹏:《中国老年人居住方式变化的队列分析》,《中国人口科学》1993 年第 3 期。

[139] 杜鹏、王武林:《论人口老龄化程度城乡差异的转变》,《人口研究》2010 年第 1 期。

[140] 伍小兰:《中国老年人的居住方式:城乡对比及历史研究》,《市场与人口分析》2004 年增刊。

[141] 王延中:《中国社会保障发展报告》,社会科学文献出版社 2014 年版。

[142] 王武林、赵子琴:《贵州农村老年人生活质量研究》,《南京人口管理干部学院学报》2009 年第 2 期。

[143] 王武林:《农村老年人居住方式与生活质量研究》,《贵州大学学报》2009 年第 5 期。

[144] 王武林:《西部地区农村老年人生活质量的民族差异》,《中国老年学杂志》2015 年第 14 期。

[145] 王武林、杨晶晶:《贵阳市社区养老服务供给状况及影响因素》,《中国老年学杂志》2016 年第 16 期。

[146] 王武林、陈瑶:《城市社区养老服务需求状况及影响因素研究》,《中国老年学杂志》2016 年第 23 期。

[147] Birren, JE. The concept and measurement of quality of life in the fraio elderly [J]. Vol. I Academic press, Inc. New York, 1991.

[148] Gurin Gerald, Veroff, Felcd: Americans View Their Mental Health [M]. New York inc Books, 1960.

[149] Levi L, Anderson L. Psychological stress: population, environment, and quality of life [J]. New York: Spectrum publications halsted press, 1975.

[150] WHO. The development of the WHO quality of life assessment instrument [J] . Gneva: WHO, 1993.

[151] Chi, I. (1998). Living arrangement choice of the elderly in Hong Kong. In E. Lo (Ed.), Housing and the elderly in Hong Kong. University of Hong Kong: Hong Kong.

[152] Chi, I. , & Chou, K. L. (2001) Social support and depression among elderly Chinese people in Hong Kong. International. Journal of Aging and Human Development.

[153] Chou, K. L, & Chi. (2000) . Comparison between elderly Chinese living alone and those living with others. Journal of Gerontological Social Work.

[154] Dean, A. , B. Kolody, P. Wood and G. E. Matt. (1992) . Influence of living alone on depression in elderly persons. Journal of Aging and Health.

[155] Fengler, A. P. , Danigelis, N. , & Little, V. C. (1983) . Later life satisfaction and household structure: living with others and living alone. Agein & Society.

[156] Kasper, J. and J. L. Pearson. (1995) . Living arrangements, social integration, and personal control: correlates of life satisfaction among older people. Journal of Mental Health and Aging.

[157] Kasper, J. D. (1988) . Aging alone: Profiles and projections. Hartford, CT: The commonwealth fund.

[158] Magaziner, J. , & Cadigan, D. A. (1989) . Community care of older women living alone. Women & Health.

[159] Steinbach, U. (1992) . Social networks, institutionalization, and mortality among elderly people in the United States. Journal of Gerontology: Social Science.

[160] Speare, A. , Jr, Avery, R. , & Lawton, L. (1991) . Disability, residential mobility, and changes in living arrangements. Jour-

nal of Gerontology：Social Science.

[161] United Nations. （2005）. Living arrangements of older persons around the world.

[162] Wolinsky, F. D., Callahan, C. M., Fitzgerald, J. F., & Johnson, R. J. （1992）. The risk of nursing home.

[163] W. W. Rostow：Politics and the Stages of Growth, Cambridge, 1971.

[164] Holmes O. W. The breakfast tables. London：Routledge&Son, 1960.

[165] Campbell etc：The Quality of American Life. New York：Russell Sage Foundation, 1976：48.